꺼지지 않는 불

종교개혁가들

꺼지지 않는 불, 종교개혁가들

지은이 이동희
펴낸이 김명식
펴낸곳 (주)넥서스

초판 1쇄 발행 2013년 3월 30일
2판 2쇄 발행 2015년 9월 10일

출판신고 1992년 4월 3일 제311-2002-2호
04044 서울시 마포구 양화로 8길 24
Tel (02)330-5500 Fax (02)330-5555

ISBN 979-11-5752-500-3 03230

www.nexusbook.com
넥서스CROSS는 (주)넥서스의 기독 브랜드입니다.

꺼지지 않는 불

종교개혁가들

이동희 지음

넥서스CROSS

기대하지 않았는데 개정판을 내게 되었다. 종교개혁 500주년을 준비하며 개정판을 내면서 독자들이 좀 더 읽기 쉽도록 판형을 키우고, 새롭게 꾸몄다. 아울러 판을 새로 내는 김에 불분명한 문장도 수정하고, 좀 더 뜻을 분명하게 하기 위해 글을 첨삭했다. 새판을 내면서 《역사를 바꾼 종교개혁가들》이라는 제목도 《꺼지지 않는 불, 종교개혁가들》로 바꾸었다. 꺼지지 않는 불은 세상에 불을 지르러 온 예수 그리스도의 말씀과 아직도 종교개혁은 현재 진행형이라는 것을 상징적으로 나타낸다.

이외에도 새 판에는 루터가 작성하여 비텐베르크교회의 문에 붙인 종교개혁 95개 반박문을 새롭게 번역하여 실었다. 이 95개 반박문을 번역하면서 새삼 느낀 것은 종교개혁이 면죄부라는 작은 사건에서 점화되었다는 것이다. 면죄부의 부당함을 찌르는 루터의 날카로운 바늘인 95개 반박문을 통해 안에서 곪을 대로 곪은 고름이 터져 나온 것이다. 2년 후면 종교개혁 500주년이다. 종교개혁을 기념하기보다 종교개혁의 정신을 되살리는 일이 무엇보다 중요하다. 또 한 번의 종교개혁에 대한 요구가 드높다. 우리 시대의 곪은 상처를 터뜨릴 날카로운 바늘이 필요하다. 터뜨리지 못하면 고름이 썩어 괴사할지 모른다. 부족하지만, 500년 전 종교개혁가들이 목숨을 걸고 하나님의 진리를 위해 애썼던 그 정신을 이 책에 담고자 노력했다.

　　이 책은 〈국민일보〉에 '크리스천 인문학'이라는 이름
으로 2011년 가을부터 2012년 가을까지 1년 동안 연재한 글을 모은
것이다. 매주 글을 쓸 때마다 내 머릿속에 떠오른 것은 톨스토이의 〈
지옥의 붕괴와 그 부흥〉이라는 이야기였다. 나는 고등학교에 입학해
이 이야기를 접하고 걷잡을 수 없는 혼란과 충격에 빠졌다. 그때는 교
회를 다니기 시작할 쯤이었는데, 톨스토이가 〈지옥의 붕괴와 그 부흥
〉에서 교회를 악마의 발명품처럼 말했기 때문이다. 톨스토이는 왜 그
렇게 말했을까? 우선 그의 이야기부터 들어 보자.

✠

　　옛날 마귀의 아버지이자 명령자인 바알세불은 예수 그리스도와 대
적해 패배했다. 오랜 시간을 지옥에 갇혀 절망에 빠져 있던 어느 날,
바알세불은 이상한 소리를 듣게 되었다. 귀 기울여 들어 보니, 지옥이
다시 부흥한 소리였다. 예수 그리스도가 승리하고 난 이후 도저히 생
각할 수 없던 일이 일어난 것이다. 묶여 있던 족쇄도 어느새 풀려 있
었다. 그는 옛날처럼 휘파람을 불며 악마 부하들을 모은 뒤 어떻게 된
일인지 물었다. 악마 부하들은 예수의 가르침이 있었지만 세상은 그
가르침을 믿지 않았고, 그렇게 해서 지옥이 다시 부흥되었다고 의기
양양하게 대답했다. 바알세불은 믿기지 않아 어떻게 그런 일이 있을
수 있느냐고 다시 물었다. 까만 망토의 악마가 '교회'라는 것이 만들

어져 그렇게 됐다고 대답했다. 바알세불은 그 교회가 어떤 것인지 궁금했다. 그 까만 망토의 악마는 교회를 이렇게 설명했다.

"네, 그들은 거짓말을 하면서 정작 다른 사람이 그것을 믿지 않는다고 느낄 때, 항상 신을 증인으로 내세워 '신에게 맹세코 제가 하는 말은 진실입니다.'라고 말합니다. 이것이 '교회'의 본질입니다. 그러나 교회에는 특이한 점이 있습니다. 스스로를 '교회'로 자처하는 그들은 자신들이 결코 오류가 없다고 확신합니다. 그러기에 아무리 어리석은 말을 하게 될지라도 그들은 결코 그것을 철회할 수가 없습니다. '교회'라고 자처하는 이들은 이렇게 생겨났습니다. 신이 사람들에게 계시했던 계율이 잘못 해석되지 않도록 하기 위해서 그들의 스승인 신은 특정한 사람에게 권한을 주었으며, 그 권한을 물려받은 자신들만이 신의 가르침을 올바르게 해석할 수 있다고 믿습니다. 그리고 그렇게 다른 사람들에게도 확언합니다. 그래서 스스로를 '교회'라고 부르는 그들은 자신들을 '진리를 가진 자'로 여깁니다. 그들이 설교하는 것이 진리이기 때문이 아닙니다. 그들은 자신들이 스승인 신의 제자들의, 또 그 제자들의 제자들로부터 이어져 내려오는 진정한 후계자라고 생각하기 때문입니다. 기적과 같은 이 방식에는 누구든 자기 자신을 진실한 교회의 성원이라고 주장할 수 있는(이것은 언제나 그랬습니다.) 결점이 있습니다. 그렇다 해도, 한번 자신들을 '교회'라고 공표해 놓고 자신들의 주장에 맞게 교리를 세우면, 그들이 이전에 말했던 것, 즉 횡설수설한 것도 다른 사람들이 뭐라고 하든 말든 교리라는 이름으로 포기할 수 없게 되는 장점도 있습니다."

바알세불은 교회라는 것이 어떻게 예수 그리스도의 가르침을 자신들에게 이렇게 유리하게 해석했는지 그 악마에게 물었다. 그 악마 부하는 또 이렇게 대답했다.

"자신만이 신의 법칙을 해석하는 유일한 해설자라고 혼자서 결정한 것을 사람들이 믿게 만듦으로써, 그들 스스로 인간의 운명을 결정짓는 최고의 결재자가 되었기 때문입니다. 이로써 인간에 대한 최고의 권력을 가지게 되었습니다. 그러나 이러한 권력을 획득하게 되자 그들은 거만해지고, 또 대부분 타락해 그들을 대하는 사람들로 하여금 증오와 적의를 불러일으켰습니다. 그래서 그들은 폭력을 사용해 자기들의 권력을 인정하지 않으려는 모든 인간을 박해하거나, 불태워 죽이기 시작했습니다. 그들은 자기의 지위를 지키기 위해 신의 가르침을 자신들의 나쁜 생활이나, 그동안 적에게 사용한 악랄한 수단을 변호할 수 있도록 왜곡하여 설명할 수밖에 없게 된 것입니다. 그리고 그들은 그대로 실행했습니다."

✠

　톨스토이는 그가 살았던 제정 러시아 말기에 있었던 교회의 부패와 타락을 풍자했다. 그러므로 오늘날의 교회 상황과 맞지 않을 수도 있다. 그러나 이 이야기를 떠올릴 때마다 한국 교회의 부패와 타락이 자꾸 연상되는 것은 어떤 이유일까? 과연 현재 한국 교회는 톨스토이의 풍자 앞에 떳떳할 수 있을까? 교회가 예수 그리스도보다 물신과 권력을 더 섬긴다는 비판은 이미 지겹게 들어 왔다. 그래도 한국 교회는 자기만이 옳다고 하는 독선에 빠져 여러 곳으로부터 들려오는 비판에 귀를 막고 있다.

　교회의 부패와 타락은 어느 시대에나 있었다. 톨스토이가 살던 시대에도 있었고, 예수 그리스도가 살던 시대에도 있었다. 예수 그리스도가 가장 강렬하게 비난한 대상은 그 당시 교회 사제인 바리새파가 아니었던가. 하나님을 섬긴다고 하면서 예루살렘에 앉아 있던 자들이 아니었던가. 그들을 향해 예수 그리스도는 이렇게 질타했다.

"예루살렘아 예루살렘아 선지자들을 죽이고 네게 파송된 자들을 돌로 치는 자여 …… 보라 너희 집이 황폐하여 버려진 바 되리라." (마 23:37~38)

　종교는 끊임없이 자기 개혁을 하지 않으면 권력화되고 부패한다. 로마 시대 초기에 핍박받던 기독교도 권력화가 되자, 스스로 부패했다. 루터가 종교개혁의 횃불을 높이 치켜들었을 때는 이미 로마 천주교 교회의 부패와 타락이 더 이상 개혁 불가능한 지경이었다. 《이탈리아 르네상스의 문화》를 쓴 야콥 부르크하르트는 알프스 이남 지역, 다시 말해 로마 교황청이 있는 이탈리아에서 종교개혁이 일어나지 않은 까닭은 그 지역이 부패할 대로 부패해 개혁의 필요성조차 느끼지 못했기 때문이라고 지적한 바 있다.

교회의 부패와 타락을 대표하는 인물이 바로 교황 알렉산데르 6세였다. 그는 역대 교황 중 가장 타락한 인물로, 성적 문란과 부패가 타의 추종을 불허했다. 교황 알렉산데르 6세는 아버지인 교황 갈리스토 3세가 대주교였을 때 낳은 사생아였다. 그는 아버지의 후광으로 25세에 대주교가 된 뒤 막대한 부를 축적했다. 교황 인노첸시오 8세가 죽었을 때에는 교황 자리를 얻기 위해 궁전, 성, 보석, 땅 등을 판 것도 모자라 자기의 딸까지 팔았다. 그리고 결국 1492년에 교황 자리를 차지했다. 이렇게 돈으로 교황의 자리에 오른 자에게 무엇을 기대할 수 있겠는가? 그는 무소불위의 권력으로 타락과 부패를 일삼았다. 여러 명의 첩을 두었고, 어린 소녀를 성 노리개로 삼거나 근친상간을 일삼았다. 알려진 사생아만 해도 무려 10명이나 되었고, 성직과 성물을 매매해 치부했다. 교황이 이런 지경이니 고위 성직자들은 어떠했겠는가? 루터를 비롯한 종교개혁가들은 로마 교황과 고위 성직자들이 자식에게 부와 교회의 자리를 세습시키고, 성직과 성물을 매매하는 것에 분노했다.

2017년 10월 31일은 마르틴 루터가 비텐베르크대학의 부속 교회당 정문에 〈95개 반박문〉을 붙여 종교개혁의 불씨를 당긴 지 500주년이 되는 해이다. 기독교가 빛과 소금 역할을 제대로 하지 못해 세상으로부터 온갖 모욕을 받고 있는 이 시점에서 초기 종교 개혁의 정신을 되새겨 보는 일은 매우 중요하다. 루터는 누구나 알고 있으면서도 감히 말할 수 없는 것을 목숨 걸고 발설한 사람이다. '임금님 귀는 당나귀 귀'처럼 모든 사람이 교황과 로마 가톨릭의 타락과 부패를 목도했지만 이단으로 심문받거나 화형당하는 것을 우려해 입을 닫았다. 그 침묵을 깬 사람이 바로 루터였다. 그 일로 루터는 겨우 죽을 고비를 넘겼는데, 이후 루터의 종교개혁 정신을 따랐던 많은 사람은 혹독한 대가를 치러야 했다.

종교개혁의 정신을 수호하고자 전쟁터에서 죽기도 했고, 이단으로 몰려 화형을 당하기도 했으며, 고문을 받다가 죽기도 했다. 이런 고난의 역사를 통해서 태어난 것이 개신교이다. 개신교라는 이름 자체가 개신교의 역사를 말해 준다. 개신교, 즉 프로테스탄티즘(Protestantism)은 당시 로마 가톨릭의 부패와 타락에 항거한다는 의미이다.

✠

종교개혁 500주년이 다가오는 지금 한국 개신교의 모습은 어떠한가? 종교의 부패와 타락에 대해 항거하던 모습과 정신은 찾아보기 힘들다. 개신교 역시 권력을 가진 기성 종교가 되어 또다시 구태의연한 모습을 보이며 항거와 개신의 대상으로 전락한 것은 아닌지 의구심이 든다.

불행하게도 개신교의 정신을 망각하고 욕되게 하는 일이 종종 벌어진다. 개신교 교회들이 앞다투어 건물을 화려하고 성대하게 짓는 것은 일상이 되었다. 이런 것은 종교개혁 시대의 교황들이 면죄부까지 팔면서 행하던 것이다. 그러다 개혁의 대상이 되어 비난을 받지 않았던가. 성대하고 화려한 건물이 결코 하나님을 기쁘게 하지 않는다. 그것보다는 하나님을 진정으로 섬기고 하나님의 사랑을 실천하는 것이 훨씬 하나님의 마음을 기쁘게 할 것이다. 조지 폭스가 하나님의 영이 없는 건물을 '뾰족집'이라고 부르며 반발했던 것을 생각해 보라.

그러나 개신교의 타락은 여기서 끝나지 않는다. 한때 한기총 회장을 뽑는 선거에서는 공공연하게 돈이 오가 문제가 되었다. 일반 선거에서도 돈으로 선거권을 매수하면 중대 범죄인데, 가장 깨끗하고 투명해야 할 목사들이 그런 짓을 했다니 뭐라 할 말이 없다. 아들에게 목사직을 세습하거나 교회 재산을 자식들에게 넘겨주기 위해 애쓰는 목사들의 모습은 어떤가? 그 모습을 보면서 성직을 이용해 돈을 벌고, 그 권력을 아들에게 넘겨주려 했던 교황들이 떠오르는 것은 왜일까?

루터가 젊은 시절에 로마를 방문했을 때, 교황 알렉산데르 6세의 악행에 대한 소문이 자자했다. 루터는 로마의 한 수도원을 방문했을 때 어떤 수도사가 "당신은 내 밥줄입니다. 언제까지나 밥줄입니다."라고 기도하는 것을 보고 엄청난 충격을 받았다. 이러한 충격적인 일들로 인해 루터는 종교개혁에 나선 것이다.

개신교는 세상의 빛과 소금 역할을 해야 한다. 그래서 끊임없이 스스로를 개신해야 한다. 그런데 지금 개신교의 모습은 어떤가? 물론 이름도, 빛도 없이 묵묵히 예수 그리스도를 따라 빛과 소금으로 사는 목회자도 많다. 그러나 교회 권력을 가진 자들의 타락과 부패가 개신교 모두를 욕먹이고 있다. 지금은 또 다른 루터가 필요한 시대이다. 이제 새롭게 〈95개 반박문〉을 붙여야 하지 않겠는가? 그러나 그것을 붙일 교회문은 어디에 있는가? 이제는 개신교인들이 깨어나야 할 때이다.

필자는 다가오는 종교개혁 500주년을 맞이해 인문학자의 시선에서 유럽 역사 속 종교개혁의 정신이 어떠한 것인가를 되새겨 보고 싶었다. 이 책의 바탕이 되었던 신문 연재의 주제는 넓은 의미의 크리스천 인문학이었다.

그 주제 아래 기독교인이 아니더라도 꼭 알아야 할 기독교 고전과 그 저자, 즉 아우구스티누스의 《고백록》이나 파스칼의 《팡세》 등을 소개했다. 그러나 이 책에서는 유럽의 근대를 형성한 '종교개혁'에 초점을 맞추어 글을 다시 구성했기에 아쉽게도 아우구스티누스나 파스칼은 뺄 수밖에 없었다. 대신 책의 의도에 따라 새로운 인물들이 추가되었다. 연재를 했을 때는 루터부터 시작해 소개하지 못한 위클리프와 얀 후스의 이야기를 추가했다. 종교개혁을 외치다가 위클리프는 죽은 뒤 화형을 당했고, 얀 후스는 살아서 화형을 당했다. 이들이 없었다면 아마 루터라는 인물도 출현하기 어려웠을 것이다. 또한 프랑스 종교개혁 역사를 소개하기 위해 칼빈의 후계자였던 테오도르 베자에 관한 이야기도 새롭게 추가했다.

보잘것없는 원고가 책으로 나오기까지 많은 사람의 도움이 있었다. 친우 전정희 선임기자는 〈국민일보〉에 이 글을 쓰는 계기를 마련해 주었다. 난삽한 원고가 세상의 빛을 볼 수 있도록 노력해 준 넥서스의 김명식 목사님과 편집자에게도 감사드린다.

이동희

차례

| 개정판을 내며 | ...004

| 머리말 | ...005

1부
종교개혁의 전야
새벽별이 뜨고 거위가 시끄럽게 울다

존 위클리프 • 죽은 뒤 화형당해 개혁의 불씨가 되다 ...022

얀 후스 • 혁명 전야, 거위가 시끄럽게 울다 ...036

2부
종교개혁의 횃불
백조가 개혁에 불을 지피다

마르틴 루터 • 백년 만에 나타난 백조가 횃불을 치켜들다 ...052

에라스무스 • 《우신예찬》으로 부패한 교회를 비웃다 ...068

필립 멜랑히톤 • 젊은 천재 교수, 글로써 루터의 개혁을 돕다 ...080

울리히 츠빙글리 • 사순절 기간에 고기를 먹는 파격으로 승부하다 ...092

요한 칼빈 • 냉혹한 열정으로 제네바의 종교개혁을 이끌다 ...104

토머스 뮌처 • 급진적 혁명을 위해 교회를 강탈하다 ...122

3부
종교개혁의 전개
순교와 희생으로 종교개혁을 이루다

윌리엄 틴들 • 성서를 영어로 번역해 화형당하다 ...142

토머스 크랜머 • 죽음의 순간에 오른손을 화형시키다 ...160

존 녹스 • 갤리선의 노예가 스코틀랜드의 종교개혁을 이끌다 ...178

존 폭스 • 순교 역사의 생생한 현장을 기록하다 ...200

테오도르 베자 • 종교개혁을 위해 왕과 맞서 싸우다 ...214

4부 종교개혁의 이상
종교개혁의 이상을 향해 나아가다

존 후퍼 • 복장 논쟁의 불을 지펴 청교도의 아버지가 되다 ...234

윌리엄 브래드포드 • 메이플라워호를 통해 미국의 역사를 시작하다 ...252

올리버 크롬웰 • 청교도 혁명의 선두에서 지휘하다 ...270

존 밀턴 • 철학적 사유와 시적 은유로 개혁을 말하다 ...286

존 버니언 • 냄비 땜장이에서 영국 최고의 작가가 되다 ...306

5부 종교개혁의 전진
내적인 양심과 관용으로 승리하다

조지 폭스 • 퀘이커 교도로서 '내적인 빛'에 따라 살다 ...330

존 로크 • 종교의 자유와 관용을 설파하다 ...350

| 맺음말 | ...368

| 부록 | 마르틴 루터의 종교개혁 95개 반박문 ...372
| 연표 | 종교개혁사 속 교황 ...381
        종교개혁사 · 세계사 · 한국사 ...383

| 참고 문헌 | ...392

일러두기
• 이 책의 곳곳에 등장하는 인용문에 대한 서지 사항은 모두 참고 문헌에 표시해 두었다.
• 이 책의 본문에서 많이 인용되는 책은 약호를 사용했고 약호는 참고 문헌에 밝혀 놓았다.
• 이 책의 본문에 나오는 인용문은 책의 가독성과 독서의 흐름을 고려해 최소화 했고, 꼭 필요한 인용에 대한 주석은 미주로 처리해 놓았다.
• 이 책의 역사적 이해를 돕기 위해 종교개혁사 속 교황 연표와 종교개혁사 · 세계사 · 한국사 연표를 책 뒤에 실어 두었다.
• 마르틴 루터의 종교개혁 95개 반박문을 새로 번역하여 실었다.

✥

이 책에서 종교개혁의 전야로 칭하는 시기의 유럽은 여러 면에서 위기와 시대적 전환을 맞고 있
었다. 1337년부터 잉글랜드와 프랑스는 백년전쟁을 벌였다. 백년전쟁이라 하지만 실제로 전쟁
은 여러 차례 휴전과 전쟁을 되풀이하면서 1453년까지 116년 동안 이어졌다. 백년전쟁은 전쟁
말기에 혜성같이 등장한 프랑스의 애국 소녀 잔 다르크 때문에 유명해졌다.

1부

종교개혁의 전야

●

새벽별이 뜨고
거위가
시끄럽게 울다

이 시기의 역사적 배경

    이 책에서 종교개혁의 전야로 칭하는 시기의 유럽은 여러 면에서 위기와 시대적 전환을 맞고 있었다. 1337년부터 잉글랜드와 프랑스는 백년전쟁을 벌였다. 백년전쟁이라 하지만 실제로 전쟁은 여러 차례 휴전과 전쟁을 되풀이하면서 1453년까지 116년 동안 이어졌다. 백년전쟁은 전쟁 말기에 혜성같이 등장한 프랑스의 애국 소녀 잔 다르크 때문에 유명해졌다. 원래 백년전쟁은 영국과 프랑스 사이의 영토 분쟁 때문에 일어났다. 섬나라 영국은 1066년 노르만 왕조의 성립 이후 프랑스 내부에도 영토를 소유해 왔다. 프랑스 내의 영국 영토는 기엔, 즉 지금의 가스코뉴 지방이었다. 기엔은 당시 유럽 최대의 포도주 생산지였다. 그리고 영국은 실질적으로 프랑스 왕의 종주권 아래에 있던 플랑드르 지방도 지배했다. 플랑드르는 당시 유럽 최대의 모직물 공업 지대였다. 모직 원료인 양모의 최대 공급국인 영국은 이 지방을 경제적으로 장악하고 있었다. 영국과 프랑스는 경제적 이권이 걸린 이 두 지역을 쟁탈하기 위해 여러 명분을 내세워 지속적으로 전쟁을 벌여 왔다. 그러나 장기간의 전쟁은 유럽을 파괴했다.

1346년부터 10년간 계속된 페스트의 창궐은 유럽을 더욱 황폐화시켰다. 당시 유럽 인구는 5분의 1로 줄어들었고, 그로 인해 백년전쟁이 중단되기도 했다. 대규모의 인구 손실은 노동력의 손실로 이어졌고, 유럽 경제의 기반인 장원 제도와 봉건 제도마저 뒤흔들었다. 또한 죽음에 대한 공포와 흑사병 때문에 사람들은 지나치게 미신에 의존했다. 그러나 교회는

검은 색을 입은 과부모습의 로마가 아비뇽의 유수를 서러워하다

미신을 막기는커녕 오히려 이를 더욱 부추겨 이득을 챙겼다.

이 시기에 로마 가톨릭교회는 유례가 없는 두 명의 교황 아래에서 교회 분열의 위기를 겪었다. 1378년에 존 위클리프가 교황을 비판할 때, 이미 교황의 권위는 땅에 떨어져 있었다. 카노사의 굴욕(Humiliation at Canossa) 이후 황제 권력을 누르고 절대 권력을 휘두르던 교황권은 십자군 전쟁의 실패로 추락하기 시작했다. 우르바노 2세(Urbanus II, 1088~1099 재위)가 1095년에 제창한 십자군 운동은 '성지 예루살렘 탈환'이라는 깃발을 내세우고 200년 동안 8차례에 걸쳐 원정에 나섰지만, 목적을 달성하지 못했다. 십자군 전쟁 기간 동안 여기저기서 일어난 무자비한 학살로 사람들은 교회라면 치를 떨게 되었다. 반면 왕들은 여러 차례의 전쟁을 지휘하면서 왕권을 강화시킬 수 있었다. 전사한 귀족가의 소유 영지는 왕령에 편입되어 왕권의 기반을 강화하는 역할을 했다. 왕권 강화와 중앙 집권화는 교황권을 급속하게 쇠퇴시켰다.

프라하 얀 후스 광장의 얀 후스 동상

교황권의 쇠퇴는 아비뇽 유수(Avignonese Captivity, 1309~1377)라는 치욕으로 나타났다. 프랑스 국왕 필리프 4세(Philippe IV, 1285~1314 재위)는 과세와 주교 처리 문제를 두고 교황 보니파키우스 8세와 싸움을 벌였다. 보니파키우스 8세는 단테가 《신곡》의 〈지옥〉 편에서 탐욕과 고성죄로 비난했던 인물이다. 《신곡》에서 보니파키우스 8세를 비난했던 자는 자신도 탐욕으로 지옥에 와 있던 전임 교황 니콜라오 3세 (Nicolaus III, 1277~1280 재위)였다. 단테는 예수께서 베드로에게 천국의 열쇠를 줄 때 돈을 요구하지 않았으며 단지 자신을 따르라고만 했다면서, 탐욕스러운 교황들은 모두 지옥에 떨어질 자들이라고 비난했다. 보니파키우스 8세는 프랑스 국왕을 굴복시켜 교황권을 더욱 강화하고자 했다. 필리프 4세와의 충돌은 불가피했다. 그러나 《신곡》에서 보듯, 보니파키우스 8세는 이미 신망을 잃어버렸고, 권위는 추락했다. 필리프 4세를 공격하는 데에 동조하는 세력이 별로 없었다.

80세가 넘은 고령의 교황 보니파키우스 8세는 프랑스 국왕의 공격을 피해 이탈리아 아나니로 피신했다. 그런데 1303년 9월 7일, 교황을 이단과 성직 매매 혐의로 고발하고 공의회를 소집했던 법학자 노가레 (Guillaume de Nogaret, 1260~1313)가 프랑스 왕의 명을 받고 일행과

두번재 프라하 창문투척
사건, Matth_us Merian,
the elder, 1618

함께 아나니로 쳐들어갔다. 그들은 교황궁에 들어가서 교황을 납치하려
했고, 완강히 거부하는 교황의 따귀를 때렸다. 교황은 이 일로 마음에 깊
은 상처를 받았고 로마로 돌아와 며칠 만에 숨을 거두었다. 교황과의 싸움
에서 승리한 필리프 4세는 아예 교황청을 로마에서 프랑스의 아비뇽으로
옮겨 버렸다. 1309년에 필리프 4세는 교황 클레멘스 5세를 아비뇽에 유
폐시켰다. 이제 교황들은 프랑스 국왕의 지배하에 놓이게 된 것이다. 그레
고리오 11세의 뒤를 이어 1378년에 콘클라베(Conclave, 가톨릭교회에서
교황을 뽑기 위해 여는 추기경단의 선거회)를 통해 이탈리아인 우르바노
6세가 선출되었다. 선출 과정에서 이탈리아인들의 무리한 압력에 반발한
프랑스 추기경들은 프랑스인 교황 클레멘스 7세를 새로 선출했다. 로마
와 아비뇽에 각각 한 명씩, 두 명의 교황이 존재하는 교회 분열이 시작된
것이다. 이렇게 가톨릭교회가 두 명의 교황으로 나뉘어 대립할 때, 존 위
클리프의 교황 비판과 기성 교회에 대한 비판이 시작되었다.

존 위클리프

John Wycliffe

1320~1384, 영국 출생
영국의 선구적 종교개혁가

존 위클리프의 초상화(1548년경)

죽은 뒤 화형당해
개혁의 불씨가 되다

1428년 어느 날, 잉글랜드의 교회 당국은 무덤에서 유골 한 구를 끄집어냈다. 그리고 유골 앞에서 죄목을 읽었다. 그가 범한 죄는 무려 260가지였다. 그후 유골은 화형에 처해졌다. 화형이 끝나자 사람들은 타고 남은 재를 박박 소리가 나도록 긁어모아 스위프트 강물에 뿌렸다. 흔적조차 지워 버리겠다는 심산이었다. 존재의 흔적마저 지워 버리려는 이 형벌은 부관참시보다 더 잔인했다. 부관참시는 무덤을 파고 관을 꺼내 시체를 베거나 목을 잘라 거리에 내걸지만 이는 그나마 형체라도 남기 때문이다.

✳

죽어서도 존재를 부정당한 이 사람은 존 위클리프였다. 그는 도대체 어떤 죄를 저질렀기에 사후에 이런 극형을 당한 것일까? 그가 저지른 수많은 죄 중 가장 중한 것은 교황의 세속 권력을 비판한 것이다. 그는 교황 제도라는 것은 성서에 없으며, 교황이 바로 적그리스도라고 주장했다. 그는

위클리프의 유골을 꺼내는 장면(존 폭스의 《순교자 열전》에 실린 삽화). 영국의 종교개혁가 위클리프는 성서를 영어로 번역했다는 대역죄로 죽어서 화형을 당하는 고통을 겪었다.

교황을 거만하고 세속적인 로마의 사제, 가장 저주받은 절름발이라고 공격했다. 그가 이렇게 교황에 대해 신랄할 비판을 할 당시 로마와 아비뇽에는 교황이 각각 따로 있었다. 로마의 교황 우르바노 6세와 아비뇽의 교황 클레멘스 7세였다. 이들 사이에서는 다툼이 벌어졌다. 어째서 그런 일이 일어났을까?

프랑스 국왕 필리프 4세와 교황 보니파키우스 8세 사이의 대립이 그 발단이었다. 국왕 필리프 4세는 13세기 말에 플랑드르·기엔 지역을 놓고 잉글랜드 국왕 에드워드 1세와의 전쟁에 소요된 전비를 마련하기 위해 성직자에게 과세를 하려 했다. 그러자 절대 권력을 휘두르던 교황 보니파키우스 8세는 1296년에 교서를 내려 이에 반대했다. 교황의 동의 없이 과세할 수 없다는 것이었다. 이에 반발한 필리프 4세는 프랑스에서 귀금속과 화폐가 교황청으로 흘러 들어가는 것을 금지했다. 난처해진 교황은 한발 물러서서 비상시에는 국왕이 교황의 동의 없이도 과세할 수 있음을 인정했다. 일단 이렇게 국왕과 교황 사이의 갈등은 봉합되는 듯했다.

그러나 필리프 4세가 국왕에게 적대 행위를 한 주교를 처벌하려고 하자, 교황과 국왕은 다시 충돌했다. 이번에는 국왕이 한발 뒤로 물러섰다. 주교의 처리 문제를 교황청에 넘겨 버린 것이다. 그러나 교황은 쉽게 분노를 가라앉히지 못했다. 분노한 교황은 〈아들아, 들어라〉라는 교서를 내려 국왕을 공개적으로 비난했다. 군주가 사악할 경우 교황이 그 나라의 일에 간섭할 수 있다고 주장했다. 필리프 4세도 가만히 있지 않았다. 교황을 '바보 전하'라고 부르며 격렬히 비난했다. 교황과 프랑스 국왕 필리프 4세 사이의 전쟁은 불가피했다. 필리프 4세는 1302년에 국민의 지지와 전쟁에 대비하기 위해 사제·귀족·도시의 대표를 모아 놓고 노트르담 성당에서 삼부회(États Généraux)를 개최했다. 1789년의 프랑스혁명 때 국민의 의사를 대변하는 기관으로 더욱 유명해진 삼부회는 이렇게 시작되었다.

교황도 가만히 있지 않았다. 교황은 1302년에 교서 〈우남 상크탐(Unam Sanctam, 단 하나의 성스러움)〉을 발표해 필리프 4세를 파문하려 했다. "신앙은 단 하나의 성스럽고 보편적이고 사도적인 교회를 승인하고 고수할 것을 우리들에게 명한다."로 시작하는 교서는 세속권에 대한 교권의 절대적 우월성을 주장했다. 이 교서는 "세속적 권력이 과오를 저지르면 영적 권력으로 심판받아야 한다."는 내용도 담고 있었다. 보니파키우스 8세는 파문을 통해 또다시 '카노사의 굴욕'을 기대했는지도 모른다. 그러나 필리프 4세는 3일 동안 눈 속에 서서 사면을 고대하던 신성로마제국의 황제 하인리히 4세(Heinrich Ⅳ, 1057~1106 재위)와 달랐다. 그는 아예 교황을 제거하기로 작정했다. 그는 심복 노가레를 이탈리아로 보내 아나니에서 교황을 납치했다. 따라가지 않으려고 완강하게 버티던 교황은 따귀까지 맞았다. 안팎의 압력 때문에 교황을 석방했으나 80세가 넘은 보니파키우스 8세는 충격과 굴욕감을 이기지 못해 곧 타계했다. 교황과의 싸움에서 승리한 프랑스의 필리프 4세는 프랑스인이 교황을 계승하게 하고, 교황청도 로마에서 프랑스의 아비뇽으로 옮겼다. 아비뇽에 거주하게 된 교황은 꼼짝없이 프랑스 국왕의 볼모 신세로 전락했다. 사람들은 교황이 프랑스 국왕의 볼모로 잡혀 있던 약 70년을 바빌론 유수에 빗대어 교황의 '아비뇽 유수(幽囚)'라고 불렀다. 교황청에게는 치욕적인 시기였다.

1378년에는 이탈리아 출신의 우르바노 6세가 교황에 선출되었다. 그는 교황권을 회복시키기 위해 개혁을 서둘렀지만 프랑스 출신 추기경들의 반발을 샀다. 프랑스 출신의 추기경 13명은 우르바노 6세의 선출이 강압에 의해 이루어졌기 때문에 무효라고 주장하며, 새로운 교황으로 클레멘스 7세를 선출했다. 동시에 두 명의 교황이 탄생한 것이다. 이른바 '교회의 분열'이라고 알려진 이 사건은 이때부터 40년 동안 이어졌다. 두 명의 교황이 존재하는 희한한 광경을 보면서 사람들은 교황을 신이 선택하는 게 아니라, 사람이 선택하는 것이라고 생각했다. 두 명의 교황이 생김에 따라 세속 권력도 재편되었다. 성직자 사회는 두 교황 가운데 어느 한 편을 지지하는 적대적 집단으로 분열했다. 성직자들이 서로에게 퍼부은 욕설은 위클리프가 묘사한 대로 '악마와 악마의 앞잡이'에게서나 들을 수 있는 것이었다. 잉글랜드가 편들었던 교황 우르바노 6세는 교황청을 지키기 위해 클레멘스 7세와 그의 지지자들에 대항해 무기를 들라고 요구했다. 그러나 위클리프는 종교의 이름을 팔아먹는 어떤 전쟁에도 참여하지 말라고 주장했다. 그는 전쟁을 획책하는 로마 교황에게 대놓고 반대하는 글을 썼다.

"지금 서로를 물어뜯고 죽이려는 로마의 오만한 사제가 언제쯤이면 인류에게 신앙의 자유를 주어 그들로 하여금 평화와 사랑 속에 살도록 할 것인가?"

위클리프는 두 명의 교황이 전쟁을 벌이는 시기에 교황 제도에 반대하는 소책자 《교황권론》(1379)을 써서 많은 사람이 읽게 했다. 그는 책에서 교회 대분열은 로마 교회의 타락을 보여 주는 확증이며, 교황을 적그리스도라고 묘사했다. 당연히 교황 우르바노 6세는 노발대발했다. 그러나 위클리프를 죽여 봤자 효과가 없을 것이라 생각했다. 이때 위클리프는 이미 중풍에 걸려 오래 살 수 없었고, 다른 한편으로 존 오브 곤트(John of Gaunt, 1340~1399) 등 위클리프를 추종하는 세력도 무시할 수 없었다. 위클리프는 1384년 말 실베스터의 날에 중풍으로 사망했다. 그러나 로마 교황청은 위클리프를 잊지 않았다. 콘스탄츠 공의회(Council of Konstanz)는 죽은 지 꽤 오랜 시간이 지나 그를 '목이 뻣뻣한 이단'으로 선포하고 그의 책을 불태우라는 결정을 내렸다.

그 후 13년이 지난 1428년에 교황 마르티노 5세는 위클리프의 뼈를 파내 불에 태우고 그 재를 잉글랜드의 스위프트 강에 뿌리라고 명령했다.

죽은 위클리프를 다시 끄집어내서 화형시킨다는 것은 시간이 지나도 그의 영향력이 사라지지 않았다는 것을 말해 준다. 사실 위클리프를 추종하는 세력은 옥스퍼드의 지식인 그룹에서 유럽 전역으로 퍼져 나갔다. 그들은 롤라드파(롤라즈, Lollards)라고 불렸는데, 헝가리의 얀 후스가 대표적인 인물이었다. 로마 교회가 죽어서도 위협적인 존재라고 생각했던 위클리프는 어떤 인물일까? 교회 당국이 모든 흔적을 지워 버렸기 때문에 그의 생애나 연보는 정확하지 않다. 위클리프는 1320년경 에드워드 2세(Edward II, 1307~1327 재위)가 통치하던 시대에 요크셔 노스라이딩에서 태어났다. 옥스퍼드의 베일리얼 칼리지에서 학사학위를 취득한 그는 대학에서 자연과학과 수학, 철학에 관심을 기울였다.

그 당시 옥스퍼드대학은 근대과학의 선구자로 평가되는 로저 베이컨(Roger Bacon, 1214~1294), '오컴의 면도날'로 유명한 윌리엄 오컴(William of Ockham, 1285~1349) 등의 영향이 남아 있었다. 베이컨, 오컴 등은 옥스퍼드대학에서 강의하며, 추상적인 스콜라 철학에 대항해 경험과 관찰에 근거한 새로운 학문을 주장했다. 오컴은 로마 교황청의 사치와 부패를 비판하고 교황청에 반기를 든 수사이기도 했다. 위클리프는 재학 시절에 이런 옥스퍼드 학자들에게서 깊은 영향을 받은 것으로 보인다.

✠

위클리프가 옥스퍼드에 있을 때 주목을 받게 된 사건이 있었다. 당시 옥스퍼드대학은 수시로 나타나 구걸을 하는 탁발 수사들 때문에 골치를 앓았다. 당국에서 제재하려고 하면 탁발 수사들은 교황청에 호소해 무산시

위클리프가 롤라드파에게 설교하는 모습. 존 위클리프를 추종하는 롤라드파는 그의 종교개혁의 취지에 동조하는 옥스퍼드 동료들이었다.

키곤 했다. 탁발 수사들은 예수 그리스도도 구걸자였고, 그분의 제자들도 구걸자였으며, 복음에도 그렇게 나와 있다는 이유를 내세웠다. 위클리프는 일도 하지 않고 게으른 삶을 살면서 구걸하는 탁발 수사들을 경멸의 눈초리로 바라보며 그들에게 인류사회에 치욕을 안겨 주는 존재라고 비난했다. 구걸하는 삶이 복음에서 말하는 삶과 전혀 관계없다는 사실도 입증했다. 옥스퍼드대학은 위클리프를 주목하고, 1361년에 베일리얼 칼리지의 교양학부 학장에 임명했다. 그러나 그해에 그는 대학에 소속된 필링엄 교구의 성직록을 받게 되어 칼리지 학장 자리를 떠나, 신학 공부를 계속했다. 그는 신학 공부에 몰두해 1369년에 신학 석사학위를, 1372년에 신학 박사학위를 받았다.

위클리프가 신학자로서 정치에 나서게 된 것은 1374년에 에드워드 3세로부터 루터워스의 주임 사제로 임명받고 나서부터였다. 그는 왕의 명령을 받아 교황의 각종 세금과 임명권 같은, 잉글랜드와 로마 사이의 중요한 이견들을 논의하는 대표단의 중요한 일원으로 브뤼헤에 갔다. 에드워드 3세는 중세시대의 가장 성공적인 잉글랜드 국왕으로 평가받는 인물이었다. 그는 에든버러 조약을 맺어 스코틀랜드와의 전쟁을 종식시키고 잉글랜드의 정치 체제를 안정시켰다. 정치가 안정된 뒤에는 잉글랜드를 프랑스의 영향력에서 벗어나게 하기 위해 노력했다. 그는 1362년에 처음으로 법정에서 프랑스어가 아닌 영어를 사용하라는 칙령을 반포했다. 또한 1337년에 프랑스와 백년전쟁을 일으켜 크레시 전투(1346)와 푸아티에 전투(1356)에서 승리를 거두었고, 승전의 대가로 서남 프랑스와 칼레의 영유권을 인정받았다.

그는 백년전쟁에서 승리한 자신감을 바탕으로 1366년에는 잉글랜드 국왕은 교황과 동격이라 선언하고, 교황청과 대립해 잉글랜드의 정치에 간섭하지 못하게 했다. 그러나 제2차 백년전쟁이 벌어지자 에드워드 3세는 교황청의 경제적 도움이 필요했다. 1366년에 즉위한 프랑스의 샤를 5세가 와신상담해 다시 잉글랜드와 전쟁을 벌인 제2차 백년전쟁에서 잉글랜드는 프랑스군에게 계속 패배했다. 할양받은 토지도 대부분 다시 빼앗겼다. 에드워드 3세는 프랑스와의 전쟁으로 인해 경제적으로 어려운 상황이었다. 그는 이런 상황에서 아비뇽의 교황청에 경제적 도움을 요청하기 위해 위클리프 일행을 브뤼헤로 보내 교황의 대리자와 만나게 했다. 그러나 예상한 대로 교황청은 아무런 도움을 주지 않았다.

위클리프는 잉글랜드로 귀국해 로마 교황청의 세속 권한과 세속 재산에 대해 비판적인 발언을 쏟아 냈다. 그는 교회와 국가의 통치에 관한 정치적 논문인《하나님의 주권에 관한 3권의 책》,《세속지배론》등을 썼다.
위플리프는《세속지배론》의 서문에서 이렇게 주장했다.

"치명적인 죄 가운데에 있는 사람은 어떠한 것도 소유할 수 없으며, 하나님
의 은총을 덧입은 사람만이 세상의 모든 것을 소유할 수 있다."(WCD, 1)

이 주장대로라면, 부패와 탐욕에 물든 로마 교회는 소유를 포기해야 한
다. 그는 교회가 복음의 정신에 따라 가난한 상태로 되돌아가야 한다고 주
장했다. 그런데 교회가 그렇게 하지 않을 경우는 어떻게 해야 하는 걸까?
그는 이렇게 주장했다.

"교회나 개인이 재산을 상습적으로 오용한다면 비록 관습에 따라 행해
진 것이라 할지라도 왕이나 군주, 세속 주권자들은 그것을 몰수할 수 있
다. 만약 성직자들이 교회의 부를 빈곤한 이들과 나누어야 한다는 종교
적 목적을 저버리고 자신들의 사치를 위해 낭비한다면, 그 재산을 몰수
하는 것이 정당하다."(WCD, 345)

교회의 세속 지배 및 세속 재산에 대한 위클리프의 비판은 당시 잉글랜
드의 위정자들의 이해 관계와도 맞아떨어졌다. 특히 브뤼헤에서 알게 된
랭커스터의 공작이자 에드워드 3세의 넷째 아들인 존 오브 곤트는 성직
자들이 부와 권력을 행사하는 것에 반대했다. 그러나 그 동기는 위클리프

처럼 순수하지 않았다. 로마 교황청에 소속된 세속 재산을 왕권으로 옮겨오고자 했을 뿐이었다. 하지만 그는 위클리프를 보호해 주었다. 위클리프는 런던에서 교회의 세속 재산 몰수를 지지하는 설교를 해 좋은 반응을 얻었다. 당연히 교황청과 잉글랜드의 고위 성직자들은 분노했다.

1377년 2월 19일, 런던 주교 윌리엄 커트니는 위클리프를 소환해 '자신의 입으로 퍼뜨린 놀라운 일들'에 대해 해명할 것을 요구했다. 재판에는 존 오브 곤트와 위클리프의 친구들이 함께했다. 재판이 열리자 수많은 사람이 몰려들었다. 주교파와 위클리프파가 나뉘어 소동을 벌이는 바람에 재판은 한바탕 해프닝에 그치고 말았다. 위클리프에 대한 유죄 판결이나 처벌도 내릴 수 없었다. 이 시기에 위클리프의 인기와 영향력은 절정에 달했다. 의회와 왕도 위클리프에게 조언을 구할 정도였다. 의회와 왕은 왕국의 재산이 로마로 반출되지 못하게 하는 것이 합법적인지 물었다. 위클리프는 그렇게 하는 것이 합법적이라고 대답했다. 교황 그레고리오 11세는 로마 가톨릭교회에 치명적인 주장을 하는 위클리프를 정죄하고자 했으나 번번이 실패했다. 1377년 5월 22일, 교황은 잉글랜드 국왕과 캔터베리 대주교, 런던 대주교 그리고 옥스퍼드 총장에게 서신을 보내 위클리프를 체포해 조사하고, 그의 사상을 징계하도록 명령했다. 그러나 아무도 그의 명령을 따르지 않았다. 잉글랜드 교회는 미온적이었고, 잉글랜드 의회는 오히려 위클리프를 의회의 공식 자문위원으로 위촉했다. 옥스퍼드대학은 위클리프 사상이 불완전한 체계이지만 정통에 속한 주장이라고 선언했다. 위클리프는 교회의 세속 지배를 더 깊이 있게 비판하기 위해 《교회론》(1378~79)을 썼다. 위클리프에 따르면, 참된 교회란 구원받기로 예정한 사람들의 '보이지 않는' 교회이다. 구원받기로 예정된 사람들로 이루어진 이 '보이지 않는' 교회는 당시 제도 교회인 로마 가톨릭교회와 배치된다. 성직 서임이 사제를 만드는 것이 아니라 경건한 삶과 하나님의 가르침에 신실한 자만이 사제가 될 수 있다. 교황, 추기경, 주교, 사제, 탁발 수도사 등 기존 교회의 성직자가 하나님의 가르침을 따르지 않는다면 현세의 권위를 주장할 수 없다.

교회의 진정한 중심은 '사람'이나 '제도'가 아니라 하나님이다. 구원도 하나님의 일에 속한 것이지, 사람이나 제도에 달린 것이 아니다. 구원은 불가사의한 하나님의 영역이다. 구원받기로 예정된 사람들의 모임인 '참된 교회'를 판별하는 근거는 성서이다. 교회가 준수해야 할 모든 신령한 메시지의 핵심은 성서에 있다. 사제의 역할은 성사를 집전하는 것이 아니라 하나님의 말씀을 설교하고 가르치는 것이다.

위클리프는 성서의 진리를 사람들에게 알리고자 1380년 8월부터 1381년 여름까지 성서를 영어로 번역하는 계획을 세웠다. 그의 지시로 두 가지 종류의 번역 성서가 나왔다. 영어 번역 성서는 불가타 라틴어 번역본에 근거했다. 그는 성서를 관용적이고 일상적인 언어로 번역했는데, 이는 글을 읽을 줄 아는 모든 사람에게 하나님의 진리를 직접 전파하려 한 것이었다. 영어 번역 성서는 설교자들이 영어로 된 성서를 읽고 그것으로 설교하게 되는 새로운 종교적 상황을 가져왔다.

위클리프 자신도 성서에 기초한 하나님의 말씀을 선포하기 위해 기다란 가운만 걸치고 맨발로 돌아다니며 열정적으로 설교했다. 잉글랜드 교회의 부패와 탐욕에 대해 실망한 사람들은 위클리프의 설교에 열광했다. 기성 교회에 대한 비판은 지배 체제에 대한 비판으로 점화될 수 있는 불씨였다. 실제로 1381년에 농민 폭동이 일어났다. 이 폭동으로 캔터베리 대주교인 서드베리가 살해당했다. 봉기의 지도자이자 순회 설교자였던 존 볼(John Ball, ?~1381)은 위클리프의 제자를 자처했다. 위클리프는 폭동과 자신은 직접적

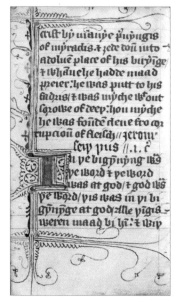

위클리프의 번역 성서

인 연관이 없다고 해명하며, 농민 폭동을 비난했다. 존 오브 곤트와 지지자들은 이 사건을 겪으며 위클리프의 사상이 가진 혁명성을 인식하고, 위클리프에 대해 거리를 두기 시작했다. 캔터베리 대주교인 서드베리의 후임이 된 런던 대주교 커트니는 위클리프를 내란 선동과 이단 혐의로 탄핵했다. 이단 혐의는 화체설에 대한 위클리프의 부인 때문이었다. 그는 가톨릭교회의 중요한 성찬 교리인 화체설을 부인했다. 화체설은 성찬에서 빵과 포도주의 본질어 그리스도의 살과 피로 변화한다는 주장이다. 따라서 성체는 빵과 포도주의 외양을 가진 그리스도라는 것이다. 그러나 위클리프는 노골적으로 화체설이 우상 숭배이며 비성서적이라고 단언했다.

그는 "빵은 축성을 받은 다음에도 그대로 빵이다."라는 말로 화체설을 부인했다. 1382년 런던에서 열린 종교회의는 위클리프의 성찬에 관한 주장은 이단으로, 세속 지배권에 관한 주장은 오류로 정죄했다. 그리고 각 교구에서 이단을 옹호하거나 오류로 정죄된 주장을 하는 자는 교회법에 따라 처벌하게 했다. 커트니는 옥스퍼드대학에서 위클리프와 그의 추종자들이 가르치거나 설교하지 못하도록 명령했다. 옥스퍼드대학의 신임 총장인 로버트 리그가 명령을 거부하자 커트니는 종교회의에서 결정된 사항을 가지고 국왕과 의회를 설득해 재가를 얻어 냈다. 위클리프를 지지하던 국왕이나 의회도 위클리프 사상이 가진 파괴력에 대해 교회와 더불어 경계심을 갖게 된 것이었다. 위클리프의 많은 저서가 정죄받았고, 그는 옥스퍼드에서 추방되었다. 그러나 위클리프에게는 어떠한 위해도 없었다. 존 오브 곤트의 보호도 있었지만, 처벌이 또다시 폭동을 불러올 수도 있었기 때문이다. 그해에 위클리프는 옥스퍼드를 떠나 루터워스로 돌아갔다. 중풍에 시달렸지만, 계속해서 많은 글을 쓰다가 1384년 12월 말에 중풍이 악화되어 죽었다. 위클리프는 마르틴 루터보다 130여 년이나 앞서 종교개혁을 실천한 사람이었다. 성서를 신앙의 근거로 삼았고, 성서를 번역했다. 기성 제도 교회의 부패와 타락을 고발했고, 앞장서서 교황을 비롯한 성직자들의 불의와 비리에 맞섰다. 로마 교황청은 사후에 그의 흔적을 없애려 했지만, 그의 빛만은 지우지 못했다. 존 위클리프는 죽어서 '종교개혁의 샛별'로 떠올랐다. 캄캄한 밤에 떠오른 샛별을 보며, 사람들은 종교개혁의 새날이 밝아 오는 것을 알았다.

얀 후스

Jan Hus

1369~1415, 보헤미아 왕국 출생
위클리프의 추종자
종교개혁의 새벽을 알린 거위라 불림

얀 후스의 초상화(16세기경, 작자 미상)

혁명 전야,
거위가 시끄럽게 울다

종교개혁의 샛별이 떠오르자 가장 먼저 새벽을 알리는 거위가 큰 소리로 울었다. 체코어로 후스는 거위라는 뜻이다. 얀 후스는 위클리프의 추종자였다. 그는 설교와 저술로 교회가 타락을 청산하고 초기 기독교 정신으로 복귀해야 한다고 주장했다. 그러나 로마 교황청에서 정죄받은 위클리프의 사상을 설교한 죄로 화형에 처해졌다. 화형대에 오른 그는 이렇게 말했다.

"당신은 지금 거위 한 마리를 태우는 것이지만, 한 세기가 지나면 굽지도 끓이지도 못할 백조를 가지게 될 것이오."

실제로 후스가 죽으며 예언한 백조는 한 세기만에 나타났다. 그 백조는 종교개혁가인 마르틴 루터였다. 루터는 지금도 독일에서 '백조'로 불린다.

후스가 예언한 대로 이 백조는 종교개혁의 거대한 횃불을 들어 올렸다. 후스는 1415년에 화형당했고, 루터의 종교개혁은 1517년에 일어났다.

✠

화형당하며 종교개혁을 예언한 얀 후스는 어떤 사람일까? 얀 후스는 보헤미아 왕국의 후시네쯔에서 태어났다. 후시네쯔는 거위를 키우는 마을이라는 뜻이다. 후스의 부모도 그곳에서 거위를 키우거나 그와 관련된 일을 하지 않았나 싶다. 1369년경에 태어난 후스는 1390년에 고향을 떠나 프라하대학에서 공부해 1393년에 학사학위를, 1396년에 인문학 석사학위를 받았다. 그는 1398년에 프라하의 제롬(Jerome of Prague, 1379~1416)을 통해 위클리프를 알게 되었다. 프라하의 제롬은 직접 옥스퍼드대학에 가서 위클리프를 공부했다. 후스가 프라하에서 위클리프 저서를 구하는 것은 어렵지 않았다. 옥스퍼드에서 위클리프의 가르침을 받은 보헤미아 공주 출신의 잉글랜드 왕후를 통해 위클리프 저서들이 보헤미아에 들어 와 있었기 때문이다. 후스는 1398년에 위클리프의 저서를 필사하기도 했다. 그는 교회 사제들의 도덕적 타락을 근거로 세속 권력과 재산을 포기할 것을 요구한 위클리프의 사상에 열광했다. 얀 후스와 프라하의 제롬, 이 두 사람은 위클리프의 사상에 의기투합했고, 종교개혁을 위해 순교를 각오한 동지가 되었다. 제롬도 후스가 화형당한 지 얼마 지나지 않아 체포되었고 지하 감옥에서 오랫동안 온갖 고초를 겪다가 화형을 당했다. 후스는 1401년에 프라하대학 철학과의 학장으로 임명되었다. 그리고 1409년부터 1410년까지 이 대학의 총장직을 수행했다. 그는 체코인으로서 민족의식이 강했다. 언어는 그 민족의 영혼이라 할 수 있다. 그는 그 영혼을 살리기 위해 그동안 사용한 라틴어에서 벗어나 체코어로도 저술 활동을 했다. 체코어로 찬송가를 보급했으며 체코어를 개량하고 체코어 철자법을 개혁하여 오늘날의 체코어가 있게 했다.

얀 후스의 화형 장면(Diebold Schilling the Older 작, 《Spiezer Chronik》 작품집 중, 1485)

후스는 1402년부터 프라하의 베들레헴교회에서 체코어로 설교했고, 찬송가도 체코어로 불렀다. 프라하의 젊은 대주교 즈비네크(Zbyněk Zajíc, 1376~1411)는 이런 후스에게 커다란 신망을 보냈다. 대주교는 후스를 교구 설교가로 임명했는데, 이후 후스는 바이에른 왕비의 고해신부로도 임명되었다. 후스는 위클리프의 가르침에 따라 세속화된 교회의 개혁을 요구했고, 성직자들의 탐욕과 방탕한 생활을 신랄하게 비판했다. 위클리프처럼 종교적 양심의 자유를 대변했고 신앙 문제에서 교황이 아니라 성서를 유일한 권위로 인정했다. 그는 교회가 타락을 청산하고 초기 기독교 정신으로 복귀해야 한다고 열정적으로 설파했다. 이와 같은 후스의 설교에 프라하대학의 교수들과 왕실, 일부 귀족 그리고 대중이 그의 설교에 지지를 보냈다.

그러나 프라하의 대주교는 로마 교황 알렉산데르 5세에게 충성하기 위해 후스의 개혁운동을 반대하기 시작했다. 로마 교황 알렉산데르 5세는 서방 교회의 대분열을 끝내기 위해 1409년에 70세의 나이로 피사 공의회에서 선출되었다. 이때는 교황이 세 명이나 있었다. 교황 그레고리오 12세와 대립 교황 베네딕토 13세가 사임하지 않아 세 명의 교황이 동시에 존재하는 초유의 사건이 발생했다. 알렉산데르 5세는 교회 분열을 끝내지 못하고 재위한 지 10개월 만에 사망했다. 그를 계승한 대립 교황 요

교황 요한 23세

한 23세에 의해 독살되었다는 소문도 흘러나왔다. 알렉산데르 5세가 재위 기간에 한 일은 프라하의 대주교 즈비네크에게 칙서를 내려 위클리프를 정죄하라고 명령한 것뿐이었다. 1410년에 칙서가 공포된 후 얀 후스는 교황에게 항의했지만 소용없었다. 이 칙서로 위클리프의 저서 200여 권이 공개적으로 불태워졌고, 후스와 그의 지지자들은 파문당했다. 그 결과 보헤미아 왕국 곳곳에서 크고 작은 소요가 벌어졌다. 보헤미아 왕 바츨라프 4세(Vaclav IV, 1346~1355 재위)는 체코 대중의 폭동을 우려해 후스를 보호했다. 교황과 대주교의 파문을 받았지만, 후스는 프라하에서 계속 설교할 수 있었다. 그 사이 요한 23세가 알렉산데르 5세를 계승했다. 요한 23세는 1411년에 또 다른 교황 그레고리오 12세의 보호자인 나폴리 왕을 공격하기 위한 십자군을 모집하면서 면죄부를 발부했다. 1412년에 후

스는 면죄부 판매가 교회 타락의 상징이라며 공개적으로 비난했다. 후스는 위클리프의 《교회론》의 마지막 장을 인용해 팸플릿을 썼다.

"교황도 주교도 교회의 이름으로 전쟁을 하라고 할 권리는 없다. 교황이나 주교가 마땅히 해야 할 일은 적을 위해 기도하는 것이고, 그들을 저주했던 사람들을 축복하는 것이다. 죄의 용서는 진정한 회개에 의한 것이지, 돈에 의한 것이 아니다."

며칠 뒤에 후스의 지지자들은 교황의 칙서를 불태워 버렸다. 후스파와 요한 23세가 대립하자 보헤미아의 왕 바츨라프 4세는 두 진영을 화해시키기 위해 노력했지만, 결국 로마 가톨릭교회 편을 들어 주었다. 왕도 면죄부 판매에 관여해 경제적 이득을 얻고 있었기 때문이다. 1412년 7월 14일, 면죄부 판매를 공개적으로 반대했던 청년 세 사람이 처형되자, 프라하에서 새로운 소요가 발생했다.

후스는 점점 커지는 압력 때문에 1412년에 프라하를 떠났다. 그후 2년간 그는 보헤미아 남부에서 소귀족들의 보호를 받으며 지냈다. 그러나 그는 그곳에서도 활동을 멈추지 않았다. 수많은 편지와 함께 위클리프의 책을 옹호하는 글을 썼다. 그리고 부패한 교황, 추기경, 대주교 등 성직자들의 타락상을 과감하게 공격했다. 1413년에 그는 대표작 《교회론》을 썼다. 《교회론》은 교회를 "구원을 예정받은 자들의 모임"으로 설명했다. 그 모임의 무리는 품행을 통해 식별 가능하다는 것이 《교회론》의 주장이었다. 이 주장은 위클리프의 견해를 그대로 대변한 것이었다. 이 예정론을 근거로 하여 후스는 하급 성직자는 물론이고 고위 성직자와 교황까지도 비판했다. 교회의 머리는 교황이 아니라 그리스도이며, 교황이 아닌 성서가 그리스도인의 안내자가 되어야 한다고 주장했다. 그러면서 그는 교황의 명령이 그리스도의 법에 일치할 때만 교황에게 순종해야 한다고 결론지었다. “빗나간 교황에 대항하는 것이 그리스도께 순종하는 것”이라며, 그는 교황의 잘못에 대해 단호하게 항거할 것을 천명했다.

✠

교회에 대한 후스의 주장은 제도 교회는 물론이고, 교황 제도와 공의회마저 전복시킬 만한 것이었다. 후스가 파문당한 후에도 저술을 통해 자신의 개혁사상을 계속 전파시키자 권위의 손상을 우려한 콘스탄츠 공의회는 후스 문제를 심의해야 한다는 안을 받아들였다. 1415년에 열린 이 공의회는 신성로마제국의 황제 지기스문트(Sigismund, 1387~1437 재위)가 제안하고 교황 요한 23세가 소집했다. 원래 콘스탄츠 공의회의 주된 목적은 로마계 그레고리오 12세, 아비뇽계 베네딕토 13세, 공의회파 요한 23세로 분열되어 있는 교회를 통일하기 위한 것이었다. 콘스탄츠 공의회는 공의회가 분열된 전 교회를 대표하고, 그 권능은 하나님으로부터 직접 온 것이라는 점을 선언했다. 또 그레고리오 12세를 설득해 자진 퇴위케 하고 베네딕토 13세는 결정에 따르지 않자 폐위시켜 버렸다. 요한 23세는 도주했지만 지기스문트 황제에게 붙잡혀 폐위되었다. 공의회는 마르티노 5세를 교황으로 선출해 교회의 분열을 종식시켰다.

콘스탄츠 공의회는 새로운 교황 선출에 이어 교회 개혁의 화두가 된 신앙 문제도 다루었다. 공의회는 후스에게 소환장을 발부했다. 신성로마제국 황제 겸 헝가리 왕인 지기스문트는 신변 안전을 보장하는 안전 통행권을 보내 주어 후스를 안심시켰다. 후스는 콘스탄츠까지 가는 동안 사람들의 열렬한 환호를 받았다. 그는 공의회에서 자신의 입장을 해명할 수 있으리라 기대했다. 그러나 1414년 11월 3일, 콘스탄츠에 도착해 숙소에서 3주간 설교한 후 11월 28일에 체포되어 구금당했다. 황제의 안전 통행권은 소용이 없었다. 후스가 구금되어 있는 동안 공의회는 위클리프와 그의 저서들을 정죄했다. 위클리프를 정죄했지만 이미 죽은 지 30년이 지난 후라 그를 체포할 수 없었다. 대신 위클리프의 유해를 꺼내 화형에 처하는 결정을 내렸다. 1415년 6월 5일부터 8일까지 후스에 대한 심문이 이루어졌는데, 후스를 지지하는 보헤미아와 폴란드 귀족들이 중재를 하고 나섰다. 공의회는 후스에게 자신의 교리를 공개적으로 포기하고 취소하라고 요구했다. 후스는 당연히 이 요구를 거부했다. 공의회는 계속해서 후스를 위협했지만 소용이 없었다. 1415년 7월 6일, 전체 공의회는 후스의 교리가 이단이므로 화형에 처하라는 결정을 내렸다. 후스는 1415년 7월 6일 오후에 그의 저서들과 함께 화형에 처해졌다. 주교들은 그의 사제복을 벗겼다. 그들은 후스의 머리에 '이단들의 주모자'라는 글과 마귀가 그려진 종이 모자를 씌우려 했다. 그 글귀를 본 후스는 이렇게 말했다.

"내 주 예수 그리스도께서는 나를 위해 진정한 가시 면류관을 쓰셨다. 그렇다면 나라고 주님을 위해 덜 고통스러운 이 면류관을 쓰지 말란 법이 있는가? 이 따위가 뭐 그리 창피하단 말인가?"(JFM, 219)

주교들은 후스의 말을 조롱했다.

"지금 우리는 너의 혼을 마귀에게 넘겨주려는 것이다." 주교들의 조롱을 듣자 후스는 눈을 들어 이렇게 말했다. "오, 예수 그리스도시여. 진정 저를 주님의 손에 맡기나이다." 나뭇단이 쌓이고, 후스는 쇠사슬로 화형대에 묶였다. 집행자들은 화형 직전까지 이제까지의 가르침을 취소하면 살려 주겠다며 후스를 설득했다. 그는 마지막으로 이렇게 대꾸했다.

"이제 나는 내가 내 입술로 가르친 것을 내 피로 확증할 것이다. 당신은 지금 거위를 한 마리 태울 것이지만, 한 세기가 지나면 굽지도, 끓이지도 못할 백조를 가지게 될 것이다."(JFM, 220)

후스가 너무도 단호한 태도를 보이자, 그들은 설득을 포기하고 나뭇단에 불을 붙였다. 불이 타오르자 후스는 힘차게 찬송가를 불렀다. 마치 거위가 내뱉는 마지막 울음 같았다. 화형이 끝나자, 그들은 타고 남은 재를 부지런히 긁어모아 라인강에 뿌렸다. 위클리프처럼 후스의 존재도 없애 버리고자 했다. 그러나 거위의 울음소리마저 지우지는 못했다. 후스의 처형은 체코인들의 강한 반발을 불러일으켰고, 체코 땅에 혁명의 기운이 감돌기 시작했다. 1415년 가을, 여러 명의 귀족이 콘스탄츠 공의회의 결정을 거부한다는 결의문을 발표했다. 후스의 가르침에 따라 체코에서 신의 말씀을 끝까지 수호하겠다는 선언문이 발표되었다. 이는 로마 교회에 대한 도전과 봉기의 신호였다. 프라하대학의 교수들과 체코 대중들은 이 선언문을 대대적으로 환영했다.

로마 교황청도 가만히 있지 않았다. 후스가 죽고 난 뒤 시끄러운 거위의 울음을 제거하기 위해 애썼다. 교황은 모든 곳에 있는 로마의 성직자들에게 명령을 내려 후스의 사상을 채택했거나 그들의 죽음

콘스탄츠 공의회 때 후스가 마지막으로 머무른 호텔

에 조의를 표한 이들을 파문시키도록 했다. 이 명령을 받은 교황주의자들은 보헤미안 개혁가들을 무자비하게 박해하기 시작했다. 박해가 극도로 가혹해지자 보헤미안 개혁가들은 스스로 무장을 하고 의사당을 공격해 12명의 의원을 의장과 함께 창밖으로 던져 버렸다. 소위 1차 창문 투척 사건이 벌어진 것이었다. 창밖으로 떨어진 의원들은 창 밑에서 기다리던 다른 개혁가들의 창에 그대로 꽂혀 버렸다. 이 사건 뒤 후스주의자들은 보헤미아를 장악했다. 교황은 이 소식에 격분해 창문 투척 사건을 일으킨 보헤미아 개혁가들을 공개적으로 파문했다. 지기스문트 황제와 더불어 교황 마르티노 5세는 면죄부까지 약속하면서 십자군을 모집해 1420년부터 1431년까지 5차례에 걸쳐 보헤미아를 공격했으나 모두 실패했다. 결국 바젤 공의회는 두 진영의 화의를 제안하기에 이르렀다. 이렇게 오랜 탄압을 거쳐 후스파는 보헤미아에서 자리를 잡게 되었다. 그리고 거위의 시끄러운 울음은 그치지 않고 사람들의 귀에 계속해서 울려 퍼졌다.

❖

종교개혁의 횃불이 타오르기 전, 유럽은 격변의 시대였다. 중국에서 전래된 3대 발명품인 인쇄술, 화약, 나침반은 철학자 베이컨이 《신기관》에서 언급한 대로 유럽에 천지개벽을 가져왔다. 또 화약과 대포로 인한 전쟁 기술의 변화는 기사 신분의 위상을 잠식해 갔다. 교황 알렉산데르 6세의 후계자인 율리오 2세도 성 베드로 성당을 새롭게 건축하기 위해 면죄부를 팔았는데, 이에 분노를 느낀 마르틴 루터는 비텐베르크 성 교회 문에 〈95개조 반박문〉을 붙였다. 이로써 위클리프로부터 시작된 종교개혁의 불씨가 루터에 의해 횃불로 거대하게 타올랐다.

2부

종교개혁의 횃불

●

백조가
개혁에
불을 지피다

이 시기의 역사적 배경

1517년에 마르틴 루터는 비텐베르크 교회 문 앞에 〈95개조 반박문〉을 붙이며 본격적으로 종교개혁의 횃불을 들어 올렸다. 종교개혁의 횃불이 타오르기 전, 유럽은 격변의 시대였다. 중국에서 전래된 3대 발명품인 인쇄술, 화약, 나침반은 철학자 베이컨이 《신기관》에서 언급한 대로 유럽에 천지개벽을 가져왔다. 구텐베르크가 발명한 인쇄술은 지식의 전달을 신속하게 했다. 구텐베르크 인쇄술은 면죄부를 찍는 데도 이용되었지만, 루터가 쓴 종교개혁 팸플릿을 인쇄하는 데에도 사용되었다.

또 화약과 대포로 인한 전쟁 기술의 변화는 기사 신분의 위상을 잠식해 갔다. 서로를 향해 말을 달려서 상대방을 쓰러뜨리던 기사 전쟁은 이미 낡은 것이 되었다. 대포는 성곽을 무너뜨렸고, 소총수들은 기사를 향해 총을 쐈다. 기사들은 총알을 막기 위해 점점 무겁고 두꺼운 철갑옷을 입어야 했다. 그들은 용감무쌍하게 싸웠지만, 둔탁한 몸놀림 때문에 전쟁에서 패배하는 일이 잦았다. 스위스 무르텐에서는 프랑스의 유명한 전투기사 '샤를르 공'이 이끄는 중무장 기사군대가 기민한 스위스 농민과 시민들에 의해 몰살당하기도 했다. 기사의 몰락과 함께 기사 중심의 장원 제도도 붕괴되었다. 이와 더불어 유럽에서는 왕권의 중앙집권화가 강화되기 시작했다.

나침반으로 인한 항해 기술이 향상되어 1492년에는 콜럼버스가 아메리카 신대륙을 발견하고, 1497년에 바스코 다가마가 인도 항로를 발견해 유럽의 교역과 경제에 영향을

한스 스티글러, 루터와 거위(후스), 아만두스 교회, 프라이베르크

주었다. 아메리카 대륙에서 흘러드는 황금 때문에 유럽에는 돈이 쌓여갔고, 아메리카 대륙으로 드나들기 편한 유럽의 서쪽 항구들을 가진 에스파냐, 프랑스, 네덜란드 등은 점점 세력이 커졌다. 나침반에 의한 원거리 여행은 유럽을 팽창시켰고 낯선 나라와 민족에 대한 유럽인의 시야를 넓혀주었다. 또한 '상업'과 '화폐 경제'의 사회 변혁을 가져왔다.

이탈리아에서는 르네상스 문화가 꽃피었는데, 레오나르도 다 빈치, 미켈란젤로 등 걸출한 천재들이 출현했다. 르네상스의 바탕에는 인문주의가 있었고, 인문주의가 내세운 휴머니즘에 대한 공부는 고대 고전에 대한 지식과 각 방면의 교양을 쌓는 것을 목표로 했다. 인문주의의 대표적 인물은 에라스무스이다. 그는 탁월한 문헌학자이자 신학자요, 교육가이며 재치 넘치는 문필가였다. 히브리어나 그리스어에도 능통했던 그는 널리 쓰

인 불완전한 라틴어 성서 판본 대신 원문 비평을 통해 원어 성서를 펴냈다. 또한《우신예찬》을 써서 로마 가톨릭교회의 부패와 타락을 조롱했다. 인문주의의 영향이 없었다면 종교개혁도 힘들었을 것이다. 루터가 종교개혁을 시작했을 때 로마 가톨릭교회는 에라스무스가 종교개혁의 알을 낳고 루터가 그것을 부화시켰다고 비난했다.

　알프스 이북에서 종교개혁의 움직임이 한창일 때, 르네상스 시대의 교황들은 본직인 사제직보다 사치와 권력에 더 몰두했다. 니콜라오 5세는 "장엄한 건물과 불멸의 기념품을 통해서 교황청의 권위가 드러난다면, 사람들의 신앙은 성장하고 강해질 것이다."라고 주장했다. 그는 바티칸 도서관을 재건하고, 많은 성당을 건축했다. 역사상 최악의 교황으로 불리는 알렉산데르 6세는 10명이나 되는 사생아의 아버지였다. 그는 음모에 탁월하며, 명성과 영예를 내세우기 위해 자신을 화려하게 치장했다. 당시 최고의 예술가였던 라파엘로, 미켈란젤로 등이 교황청을 장식하는 일에 동원되기도 했다. 알렉산데르 6세의 후계자인 율리오 2세 역시 성 베드로 성당을 새롭게 건축하기 위해 면죄부를 팔았다. 면죄부 판매는 교황 레오 10세가 행렬과 기념의식에서 얻는 기쁨에도 면죄부를 부과하면서 정점을 향해 치달았다. 면죄부 판매 등으로 교회 개혁에 대한 요구가 드높았지만, 교황은 직무를 내팽개친 채 사냥으로 시간을 허비했다. 교황 레오 10세는 "하나님께서 교황청을 주셨으니 그것을 즐기도록 하자."라고 말했다. 1517년, 독일의 수도원에서 지내던 마르틴 루터는 면죄부 판매에 분노를 느껴 비텐베르크 성 교회 문에 〈95개조 반박문〉을 붙였다. 이로써 위클리프로부터 시작된 종교개혁의 불씨가 루터에 의해 횃불로 거대하게 타올랐다.

　신성로마제국 황제인 카를 5세는 루터를 보름스 제국의회에 소환해 주장을 취소할 것을 요구했다. 그러나 루터는 이를 거부했고, 종교적 양심을 지켰다. 카를 5세는 보름스 칙령을 내려 루터를 법에서 추방했고, 로마 가톨릭 신앙을 고수했다. 그는 합스부르크 왕가의 오랜 영지인 오스트리아, 네덜란드, 에스파냐와 독일제국을 포함한 넓은 유럽 대륙을 다스렸다. 프랑스 왕을 제외하고는 유럽에서 카를 5세에 필적할 수 있는 상대는 없었다. 그러나 그의 영토 내 막강한 제후들이 루터의 종교개혁에 동조해 슈말칼덴 동맹을 맺고 황제에게 대항했다. 여기에 1453년에 오스만 투르크가 동로마제국 수도인 콘스탄티노플을 점령한 다음, 1529년에 헝가리를 황폐화시킨 뒤 비인까지 쳐들어왔다. 카를 5세는 프로테스탄트 제후들과 싸우는 한편, 영토를 놓고 로마 교황청, 프랑스와도 전쟁을 벌여야 했다. 나중에 그는 제국 경영에 싫증이 나서 동생 페르디난트를 오스트리아 군주와 독일제국의 황제로 임명하고, 아들 펠리페에게는 에스파냐와 네덜란드를 나누어 주었다. 이렇게 해서 신성로마제국 체제의 유럽 지형이 바뀌기 시작했다. 1556년에 카를 5세는 에스파냐의 한 수도원에 들어가 외롭게 여생을 보냈다. 그는 말년에 시계를 수리해 조정하는 일을 했다. 그는 모든 시계를 수리해 같은 시각을 가리키게 하려 했으나 실패하자 이렇게 말했다고 한다.

　"시계 몇 개를 일치시킬 능력도 없으면서 제국의 모든 백성을 하나로 모으려 했다니. 이 얼마나 주제넘은 생각이었던가."

마르틴 루터

Martin Luther

1483~1546, 독일 출생
가톨릭교회의 면죄부 판매에 반대하는 〈95개조 반박문〉 작성
개신교 탄생을 이끎

마르틴 루터의 초상(루카스 크라나흐, 아이제나
흐 작, 1526)

백년 만에 나타난 백조가
횃불을 치켜들다

"신부가 수녀와 결혼을 하다니!"

사람들이 수군거렸다. 게다가 신랑은 42세였고, 신부는 신랑보다 16세나 어렸다. 신랑이 '도둑놈' 소리를 들을 정도의 나이 차였다. 이러한 결혼은 당시에도 정상은 아니었다. 종교개혁이 시작됐지만, 아직도 많은 사람이 사제는 당연히 결혼하지 않아야 한다고 믿었다. 그러나 전직 신부인 늙은 신랑은 독신 생활을 반대했다. 그는 결혼에 대해 확신에 차 있었다. 사람들에게 결혼을 권유하며 이렇게까지 말했다.

"결혼을 하는 것이 하나님의 명령이오!"

이렇게 목소리를 높인 사람은 종교개혁가 마르틴 루터였다. 사실 루터가 결혼하려고 했을 때 동료들은 모두 반대했다. 신부와의 나이 차도 문제였지만, 농민전쟁이 한창인 때인지라 루터의 혼인 선언은 충격적이었다. 그러나 루터의 결혼 신념은 확고했다.

루터는 1525년 6월 13일에 결혼했다. 연하의 신부 카타리나 폰 보라(Katharina von Bora, 1499~1552)는 수도원에서 탈출한 전직 수녀였다. 1523년에 님브센(Nimbschen) 수녀원에 정기적으로 청어를 헌납했던 코프는 청어를 담았던 통에 자신의 딸과 11명의 수녀를 숨겨 데리고 나왔다. 이들 중에 루터의 아내가 된 카타리나 폰 보라도 있었다. 루터는 코프의 수녀 구출을 이집트에서 유대인들을 구출한 모세의 행위에 비유하며 칭찬했다. 루터는 왜 이렇게까지 칭찬했을까?

종교개혁이 일어나던 당시에 부모들은 신앙심도 작용했겠지만, 출세 또는 경제적 이유 때문에 어린 자녀들을 수도원으로 보내는 일이 많았다. 수도원으로 보내진 아이들은 독신 서약을 했는데, 나중에 철이 들고 나서 서약을 철회하려 해도 받아들여지지 않았다. 계속해서 자신의 의견을 주장하면 감금되어 조롱이나 채찍질을 당해야 했다. 수도원의 생활은 수도를 하기에 이상적이지 않았다. 강제 노동이 행해졌고 고위 성직자들의 성노리갯감이 되는 경우도 있었다. 수도

카타리나 폰 보라(루카스 크라나흐 작, 1526)

원을 탈출하다 잡히면 대부분 사형을 면치 못했다. 루터는 수도원의 실상을 너무나 잘 알고 있었다.

루터에게 결혼은 종교개혁의 일환이었다. 그는 결혼을 통해 종교적 진리를 몸소 실천하고자 했다. 결혼이 신이 창조한 질서를 지키는 길이고, 그것이 신의 명령이라 생각했다. 루터는 《탁상담화》에서 "만일 결혼이라는 것이 없다면 세상은 황폐해지고, 모든 피조물이 무(無)로 돌아가며 하나님의 창조도 무의미한 것이 되고 말 것입니다."라고 말한 적이 있다. 루터와 다른 맥락이기는 하지만 철학자 니체도 독신생활에 대해 이렇게 조소한 적이 있다.

"모두 수도사가 되었다면, 인류는 절멸했으리라."

✠

루터는 옛 동독 작센의 아이스레벤(Eisleben)에서 태어났다. 아버지인 한스 루터는 광산업으로 자수성가한 사람이었다. 자수성가한 사람들이 대부분 그렇듯이, 루터의 부모는 무척 부지런하고 검소했다. 또한 자식에 대해서는 지나치리만큼 엄격했다. 루터는 어릴 적에 호두 한 알을 몰래 먹다가 걸려 어머니에게 피가 나도록 맞았다고 회상한 적이 있었다. 아버지는 어머니보다 더했다. 엄격한 아버지에 대한 반작용 때문인지, 말년의 루터는 20세가 되기 전까지 젊은 사람들은 즐거운 시간을 보내야 한다고 주장했다. 루터는 아버지의 뜻에 따라 법률가가 되어 사회적 성공의 길을 밟기로 했다. 그러나 아버지의 뜻을 배반하는 놀라운 사건이 일어났다. 루터가 집에 왔다가 학교로 돌아가던 때였다. 억수같이 비가 쏟아지자 그는 얼른 나무 밑으로 가서 비를 피했다. 그 순간 무시무시한 벼락이 옆으로 떨어졌다. 그는 땅에 고꾸라져 광부들의 수호성인인 성 안나(St. Anne)를 부르며 소리를 질렀다.

"성 안나여, 나를 도우소서! 저는 신부가 되겠습니다!"

루터는 벼락 소리를 하나님의 음성으로 받아들이고 수도사가 되기로 서원했다. 아버지는 아들이 수도사가 되겠다는 서원에 노발대발했다. 심지어 그 벼락 소

거룩한 계단. 이 계단은 지금도 무릎으로만 기어 올라가도록 되어 있다.

리가 사탄의 소리였다고 저주하기까지 했다. 그러나 루터의 결심을 막지는 못했다. 루터는 아우구스티누스 수도회의 신부가 되었다. 수도사가 된 루터는 누구보다 자신에게 엄격했고, 온갖 고행을 사서 했다. 아주 사소한 자신의 행위 하나하나까지 우직하게 참회했다. 매번 루터의 고해성사를 듣던 수도원장인 슈타우피츠가 이렇게 짜증낼 정도였다.

"간통이나 살인 같은 죄다운 죄를 짓고 와야지. 그걸 뭐 죄라고 고백하나."

루터는 젊은 시절에 수도원에서 벌어진 문제를 해결하는 임무를 받아 로마 교황청을 방문한 적이 있었다. 그는 이 기회를 이용하여 로마 순례를 했다. 당시 수도사들에게 로마 순례는 꿈의 여행이었다. 로마는 순례의 최후 목적지였고, 면죄가 자동적으로 보장되는 곳이기도 했다. 루터는 교황이 거주하는 라테라노 대성당(San Giovanni in Laterano)부터 찾았다. 그 유명한

‘거룩한 계단’을 무릎으로 기어 올라가며 주기도문을 외우고 참회했다. 이 거룩한 계단은 총 28개이며 예수 그리스도가 빌라도 궁전에 들어갈 때 올라간 계단이라고 하는데, 천사들이 완전한 모습 그대로 로마에 옮겨 왔다고 전해진다. 이 계단 하나하나가 9년간의 속죄를 보증한다. 그리고 그리스도가 무릎을 꿇은 계단에는 십자가 표가 붙어 있어 속죄 기간이 2배로 늘어난다. 사람들은 이렇게 하면 연옥에 있는 영혼의 죄도 사해질 수 있다고 믿었다. 루터는 감격해서 28개의 계단을 무릎으로 기어 올라갔지만, 아무것도 느끼지 못했다. 그리고 순간 그의 머릿속에 이런 의문이 떠올랐다. "정말 계단이 그런 영험이 있는가?"

그는 로마에 머물며 여러 곳을 다녔다. 기대한 것과 달리 로마에서는 상업주의와 부패의 썩은 내가 진동했다. 로마에서는 온갖 가짜 성유물 전시가 성황이었다. 요금을 받고 모세의 불타는 장작, 가시 면류관의 한 조각, 예수의 발자국이나 유다의 은화 한 닢 등을 보여 주는 축제가 열렸다. 이 성유물을 보면 천 년간 연옥의 고통으로부터 구원받는다고 과대 선전했다. 다른 한편으로 로마에서는 교황 알렉산데르 6세가 자신의 사생아 루크레티아와 근친상간의 죄를 범했다는 소문이 공공연하게 나돌았다. 교황의 친족 등용과 성직 매매는 일상이 되었다. 루터는 자신이 머물던 로마의 수도원 수도사들을 보며 또 한 번 충격에 빠졌다. 교황청에 뇌물을 주고 성직을 얻은 사제들이 이렇게 신을 향해 기도하는 것을 들었기 때문이다.

"당신은 내 밥줄입니다. 언제까지나 밥줄입니다."

언제부터 하나님이 밥줄이 되었는가? 루터는 로마를 방문한 기간 동안 로마 교황청의 부패와 종교의 타락을 직접 목격했다. 이때부터 젊은 루터의 가슴속에 종교개혁에 대한 불꽃이 조용히 타오르기 시작했다. 루터는 이때를 이렇게 회상했다.

"나는 내 눈으로 교회의 부패를 보았고, 이와 싸울 것을 결심했다."

✠

로마에서 돌아온 뒤, 루터는 곧바로 행동으로 나서지 않았다. 불의한 것을 목도하고 곧바로 행동에 나서는 것은 쉬운 일이다. 그리고 그런 행동은 일회적인 사건으로 그칠 수 있다. 불의한 현실을 근본적으로 개혁하기 위해서는 그 뿌리부터 살펴보아야 하고, 그것이 어떻게 변질되었는지 알아야 한다. 청년 루터의 신학적 고민은 그런 물음으로 가득했다. 그러나 그러한 고민에 대한 해답을 찾는 것은 쉽지 않았다. 해답이 없는 오랜 고민은 루터를 실의에 빠지게 만들었다. 그러던 중 루터는 유명한 '탑의 체험'을 하게 되었다. '오직 믿음으로만'이라는 그의 신학은 유명한 '탑의 체험' 사건에서 비롯했다. 탑의 체험은 어떤 사건인가? 루터는 《탁상담화》에서 그때의 상황을 이렇게 밝힌 적이 있다.

"신부들을 위한 특별실이 있는 이 탑(비텐베르크 아우구스티누스 수도원의 탑) 안에서 나는 다음과 같은 말들을 깊이 생각한 일이 있습니다. 그것은 '의인은 믿음으로 살 것이다.(합 2:4)'와 '하나님의 의(롬 1:17)'입니다. 그때 만일 우리가 믿음에 의한 의 때문에 의롭게 살 수 있고, 또 믿음에 의한 의와 하나님의 의가 주를 믿는 모든 사람을 구원하기 위한 것이라면

의는 믿음에 의하여 주어지고 생명은 의에 의하여 주어진다는 결과가 갑자기 머릿속에서 떠올랐습니다. 이로써 내 양심과 영혼은 힘을 얻었고, 우리를 의롭게 하고 구원하는 것은 하나님의 의라는 것을 확신하게 되었습니다. 그리고 바로 이것은 나에게 달콤하고 즐거운 말이 되었습니다. 이 탑에서 나를 가르친 분은 성령입니다."(LTR, 205)

'탑의 체험'은 이후 루터의 신학을 결정지었다. 루터는 그동안 하나님의 의란 심판하고 정죄하고 벌을 내리시는 것으로만 생각해 왔다. 그러나 탑의 체험 이후 루터가 깨달은 하나님의 의는 무조건 용서하고 받아 주고 사랑하는 것이었다. 그러한 하나님의 의가 십자가 사건이었다. 십자가 사건을 통해 하나님은 우리에게 엄청난 은총을 베푸셨다. 우리는 그것을 믿기만 하면 의롭게 된다. 이것이 루터의 '오직 믿음으로만'의 신학으로 발전했다. 루터의 주장은 아우구스티누스의 은총론을 연상시킨다. 아우구스티누스 수도회의 수도사 출신인 루터가 '탑의 체험' 이전에 아우구스티누스의 은총론을 몰랐다는 것은 잘 납득이 가지 않는다. 사실 루터는 성령의 도움으로 이런 해석이 가능했다고 하지만, 어디에선가 이런 생각을 아우구스티누스가 먼저 했다고 슬쩍 고백했다.

"그 후 나는 아우구스티누스의《성령과 문자》를 읽었다. 그 책을 통해 나는 그 역시 하나님의 의를 비슷하게, 즉 하나님이 우리를 의롭다고 할 때 그것으로 우리를 입히시는 의로 이해하고 있다는 사실을 발견했다."[1]

아우구스티누스의 《고백록》을 보면, 그가 개종 전후로 기독교의 원리에 대해 끊임없이 고민한 흔적이 그대로 드러나 있다. 그가 고민한 대표적인 문제는 인간의 자유의지에 대한 것이었다. 당시 금욕적 삶을 살던 잉글랜드인 수도사 펠라기우스는 인간은 아무런 죄도 짓지 않고 자유롭게 태어났다고 주장했다. 그는 하나님의 도움 없이 인간이 자력으로 구원받을 수 있다고 생각했다. 그가 이렇게 주장한 배경에는 로마의 도덕적 타락이 있었다. 당연히 그는 구원받고 싶다면 금욕과 선한 행위를 하려는 인간의 노력이 필요하다는 것을 강조했다.

그러나 아우구스티누스는 다른 입장을 견지했다. 과연 인간은 자신의 힘으로 악에서 벗어날 수 있을까? 인간이 죄를 짓지 않고 자유롭게 태어났다면 세상에 왜 악이 존재하는가? 인간은 왜 악을 범하는가? 그는 이러한 질문들을 설명하기 위해 기독교 이론에 큰 영향을 끼친 '은총론'과 '예정론'을 들고 나왔다. '은총론'은 루터에게, '예정론'은 칼빈에게 영향을 끼친 것은 이미 잘 알려진 사실이다. 그에 따르면, 아담만이 아무 죄 없이 자유롭게 태어났다. 나머지 인간들은 아담이 저지른 '원죄' 때문에 자신에게 내재한 악의 성향을 갖고 있다. 그로 인해 인간은 더 이상 자유롭

---

1   Martin Luther, 《*Preface to the Complete Edition of Luther's Latin Writings*》, vol. 34, Fortress Press and Concordia Pub., House, 1955, 337쪽

지 못하고, 죄와 죽음에 굴복할 수밖에 없다. 하지만 인간이 원죄에서 벗어날 수 있는 유일한 길이 있다. 그것은 하나님의 은총이다.

당시 테첼은 면죄부를 판매하면서 선전문을 만들어 돌리기도 했다.

여기서 아우구스티누스는 '예정론'을 들고 나온다. 그에 따르면, 하나님은 모든 인간을 구원하지는 않는다. 하나님은 인간으로서는 이해할 수 없는 호의에 따라 구원받을 사람을 예정해 놓았다. 이렇게 하나님이 구원받을 사람을 미리 정해 놓았다면 우리는 구원받기 위해 노력할 필요가 없는 것이 아닌가. 그러나 그렇지 않다. 하나님은 인간의 최후 결과를 내다볼 수 있기에 예정할 수 있으나 우리는 구원의 여부를 모르기에 은총을 기대하며 열심히 노력해야 한다.

✠

아우구스티누스의 영향을 받았든 그렇지 않든 루터는 '탑의 체험' 이후 '오직 믿음으로만!'의 신학으로 무장했다. 이론적으로 무장한 루터를 행동으로 나서게 한 것은 면죄부 사건이었다.

"동전이 궤짝에 짤랑 하고 떨어지면, 영혼은 그 즉시 연옥에서 천국으로 간다."

수도사 테젤이 면죄부를 팔며 한 말이었다. 그는 모금의 귀재였다. 서커스를 앞세워 사람들을 불러 모았고, 면죄부의 효과를 선전했다. 원래 면죄부는 교회에 죄를 지었을 때 교황 처벌을 면해 주는 것을 뜻했다. 이런 면죄부가 왜곡되어 돈을 받고 온갖 죄를 사해 주는 증명서이자 교회의 주요한 수입원이 되었다. 테젤의 면죄부 판매는 로마 교황과 새로운 대주교의 합작품이었다. 1514년에 할버슈타트 교구의 주교 대행인 알브레히트가 마인츠 대주교의 입후보자로 발표되었다. 그러나 그 자리를 얻는 데에는 많은 돈이 필요했다. 그는 대은행가인 푸거 가문에게서 자금을 빌려야 했고, 주교가 되자 빌린 돈을 갚아야 했다. 로마 교회는 새로운 대주교에게 면죄부 판매를 허용하며 거둬들인 돈의 반은 베드로 대성당의 교회 건축에, 나머지 반은 푸거 가문의 상환금으로 쓰도록 했다.

1515년부터 시작된 테젤의 면죄부 판매는 루터의 가슴에 불을 질렀다. 1517년, 그는 마인츠의 신임 대주교를 향해 면죄부 판매에 대한 〈95개 반박문〉을 작성해 비텐베르크교회 문에 붙였다. 얀 후스가 예언한 백조가 탄생하는 순간이었다. 루터는 면죄부 판매에 대해 반어법과 역설을 동원해 조목조목 반박했다. 로마 교황은 교회법과 자신이 내린 징벌 외에는 어떠한 징벌도 면죄할 수 있는 권한이 없다. 오직 면죄는 진정한 참회와 신의 은총에 달려 있다. 돈이 궤짝에 짤랑 하고 떨어지면 탐욕과 물욕만 늘뿐이다. 면죄부를 사는 것보다 가난한 사람들을 돕고 곤궁한 사람들을 구제하는 것이 더 낫다. 루터는 로마 교황에게 이렇게 따졌다.

"가장 부유한 크로이소스 왕의 재산 보다 오늘날 더 많은 재산을 가진 교황이 왜 자신의 돈이 아니라 가난한 신자의 돈으로 베드로 대성당을 지으려 다,는가?"(제86조)

〈95개 반박문〉의 파장은 급속도로 번져 갔다. 대주교와 테젤이 이 반박문을 로마에 재빠르게 전달했기 때문이다. 다른 한편으로 루터의 반박문은 천사들이 전령이 되어 퍼뜨리는 것처럼 독일 전역으로 빠르게 퍼져 나갔다. 로마 교황 레오 10세는 루터를 처벌하려 했다. 그러나 상황이 복잡했다. 독일의 황제 자리가 비어 있는 상태에서 교황은 루터를 보호하던 현자 프리드리히 선제후의 비위를 건드리지 않으려 했다. 선제후는 독일 황제를 선출할 수 있는 강력한 자리였다. 로마 교황청은 일단 루터가 뉘우치는 방식으로 사건을 덮고자 했다. 그래서 여러 차례에 걸쳐 루터를 회유시키려 했으나 루터는 완고했다. 로마 교황은 루터를 로마로 소환하려 했다. 그러나 프리드리히 선제후가 반대하자, 카예탄 추기경을 독일 아우쿠스부르크로 보내 루터를 심문했다. 추기경은 면죄부를 승인한 교황의 권위에 순종해야 한다고 루터를 위협했다. 그러나 루터는 교황보다 공의회가 더 높으며, 모든 인간은 오류를 범할 수 있기 때문에 그리스도교 신앙의 최종적인 권위는 교회가 아닌, 성서가 가진다고 반박했다. 추기경은 결국 루터에게서 '나는 뉘우친다.(revoco)'는 말을 얻어 내지 못했다.

결국 로마 교황은 1520년 11월에 루터의 견해를 41항으로 정죄하고, 60일간의 근신을 명하는 파문 교서를 공표했다. 그러나 한 달 뒤 루터는

마르틴 루터의 번역실

충격적인 방법으로 대응했다. 루터가 파문 교서의 사본과 교회 법전을 사람들이 보는 앞에서 공개적으로 불태워 버린 것이었다. 그때 루터는 문서만 불태운 것이 아니었다. 교회의 부패와 비리에 몸서리치는 사람들의 가슴속에도 함께 불을 질렀다.

그 사이 신성로마제국의 새 황제가 된 카를 5세는 보름스로 루터를 소환했다. 루터는 1521년 4월 17일에 보름스 제국의회에 섰다. 젊은 황제는 루터의 의견을 철회하라고 압력을 가했다. 그러나 루터는 황제에게 담대하게 맞섰다.

"내 양심은 하나님의 말씀에 사로잡혀 있습니다. 나는 아무것도 철회할 수 없고 또 그럴 생각도 없습니다. 왜냐하면 양심에 반해서 행하는 것은 위험하며, 불가능하기 때문입니다. 하나님이여, 저를 도우소서. 아멘."

안전 보장을 약속한 덕분에 루터는 비텐베르크로 돌아갈 수 있었지만, 그것마저도 위험했다. 황제는 보름스 칙령을 통해 루터를 법에서 추방된 자라고 선언했다. 법에서 추방된다는 것은 더 이상 법적인 보호를 받을 수 없다는 말이었다. 이제 누군가가 루터를 죽인다고 해도 상관없었다. 이때 현자 프리드리히 선제후가 루터의 신변 보호를 위해 꾀를 냈다. 돌아가던 루터를 위장 납치해 바르트부르크 성에 숨겼다. 루터는 게오르크 기사로 신분을 바꿔 1년 가까이 바르트부르크 성에 숨어 지냈다. 그는 이 기간 동안 에라스무스의 헬라어판 신약성서를 독일어로 번역했다. 루터의 독일어 성서 번역은 신학적으로도 언어학적으로도 중요한 사건이다. 루터가 번역하기 이전에 성서는 라틴어로 쓰여 있어 소수의 귀족과 성직자만 읽을 수 있었다. 성직자들은 이를 악용해 자신의 입장에 따라 성서를 인용했다. 그러나 루터의 번역을 통해 이제 누구나 성서를 읽고 이해할 수 있게 되었다. 루터의 성서 번역은 현대 표준 독일어가 되었고, 이후 독일문학을 꽃피게 하는 바탕이 되었다.

✠

루터가 바르트부르크 성에 은거해 있는 동안 그의 종교개혁의 불꽃은 열정적인 제자들과 추종자들에 의해 급속도로 퍼져 나갔다. 루터가 1520년에 출판한 《독일 기독교 귀족에게 고함》, 《교회의 바빌로니아 유폐》, 《그리스도인의 자유》가 그의 사상을 전파하는 매개체 역할을 했다. 《그리스도인의 자유》는 전문이 30절밖에 되지 않는 팸플릿이다. 그러나 "오직 믿음만으로(sola fide)! 은총만으로(sola gratia)! 성서만으로(sola scriptura)!"라는 루터의 종교개혁 정신을 가장 잘 보여 준다. 루터는 이 책에서 두 가지 명제를 주장한다. 그리스도인은 누구에게도 예속되지 않는 자유인이나 또한 모든 사람을 섬겨야 하는 종이다. 이 두 명제는 서로 모순되는 것처럼 보인다. 루터는 예수 그리스도를 통한 신의 철저한 은혜와 사랑을 강조한다. 인간은 예수 그리스도로 말미암아 죄를 용서받아 '자유로운 군주'이지만, 신앙을 통해 자유로운 봉사를 하는, 즉 만물을 섬기는 종이 되는 것이다. 이런 점에서 루터는 모든 사람이 하나님을 섬기는 사제라 주장했다.

루터의 종교개혁 정신을 담은 소책자들이 급속도로 확산될 수 있었던 것은 구텐베르크의 인쇄술 덕분이다. 구텐베르크의 인쇄술은 처음에 면죄부를 대량으로 찍을 때 사용되었다. 그러나 아이러니하게도 이 인쇄술이 나중에는 종교개혁의 저서를 알리는 데 결정적으로 기여했다. 루터가 쓴 소책자는 순식간에 팔려 나갔다. 당시 사람들의 90% 정도가 문맹이라 읽을 수 없었다. 그러나 루터의 추종자들은 사람들이 모인 자리에서 소책자를 낭독했다. 그 파급 효과는 매우 놀라웠다. 루터의 영향력은 빠르게 확대되었다. 여기에는 루터의 음악적 재능도 커다란 역할을 했다. 루터는 1523년부터 독일어 찬송가를 작곡해 낱장으로 인쇄하여 마을마다 배포해 부르게 했다. 루터는 고급 예술과 대중음악을 연결해 모든 부류의 사람이 쉽게 부를 수 있는 곡을 작곡했다. 그가 〈시편〉 46장에 의거에 만든 곡인 〈내 주는 강한 성이요〉는 현재 독일의 국가이자, 우리나라의 찬송가에도 들어 있다.

루터의 글과 음악을 통해 독일은 순식간에 종교개혁의 열기로 타올랐다. 종교개혁의 불길은 엄청나서 루터조차 제어하기 어려웠다. 토머스 뮌처 등 급진적인 종교개혁가들이 생겨났고, 농민들은 루터 사상을 근거로 반란을 일으켰다. 1524년 6월, 강제 부역 문제로 슈바르츠발트에서 시작된 농민 반란은 남부 독일을 거쳐 튀링겐, 즉 작센 지방으로 확대되었다. 루터는 제후들과 농민 사이의 화해를 모색하려 했지만 농민 반란으로 인한 약탈과 폭력을 멈출 수 없었다. 그는 제후들의 편에 서서 "미친 개를 죽이듯 목 졸라 죽이고, 찔러 죽여라."라는 지시를 내렸다. 결국 농민전쟁은 1525년에 약 10만 명의 사망자를 내며 진압되었다. 토머스 뮌처도 이때 참수되었다.

카를 황제는 종교개혁의 불길이 번지는 것을 막기 위해 1529년에 슈파이어에서 제국의회를 재소집했다. 그는 이 자리에서 종교개혁을 중지하고 보름스 칙령을 실행할 것을 요구했다. 그러나 14개 도시와 여섯 제후가 이에 항거했다. 이렇게 항거한 사람들은 프로테스탄트(항거하는 자)라는 이름으로 불렸다. 이것이 프로테스탄티즘, 즉 개신교의 이름이 되었다. 이제 루터의 종교개혁은 독일뿐 아니라 스위스, 잉글랜드, 북유럽까지 번져 나갔다. 그런데 농민전쟁 도중에 결혼을 한 루터는 폰 보라와 행복했을까? 폰 보라는 그 당시 드물게 성공한 여자 CEO였다. 수도원을 개조해 학생들과 손님들의 숙소로 제공했고, 맥주 공장을 성공적으로 운영했다. 한때 루터 맥주는 선제후의 궁정에 납품될 정도로 명성이 높았다. 루터의 뚱뚱하고, 볼 살이 붙은 말년의 모습은 맥주 때문이었을 것이다.

루터는 64세의 나이로 죽었다. 무자비한 농민 반란 진압의 동조자라는 비판도 있지만, 루터는 얀 후스가 화형당하면서 예언한 "굽지도 끓이지도 못할 백조" 그 자체였다. 그 '백조'에 대해 종교개혁가 필립 멜랑히톤은 이렇게 평가했다.

"구약시대부터 교부들로 이어질 때까지 자랑스러운 스승과 예언자 반열에 드는 위대한 인물이 바로 루터였다."

에라스무스

Desiderius Erasmus

1466~1536, 네덜란드 출생

《우신예찬》, 《격언집》을 집필해 당시 사회 비판

홀바인이 그린 에라스무스 초상

《우신예찬》으로
부패한 교회를 비웃다

"예수는 바보다!"

르네상스 시대에 종교 권력이 아무리 부패하고 쇠퇴했다 할지라도 당시는 여전히 종교가 서슬 퍼런 칼날을 휘두르는 시대였다. 말 한마디 잘못하면 단칼에 목이 잘릴 수도 있었다. 그런 시대에 이런 신성모독적인 주장을 하다니! 이런 주장을 하고도 살아남을 수 있을까? 이런 주장을 하려면 일단 자신의 목을 내놓을 각오를 해야 한다. 그런데 실제로 이런 주장을 한 사람이 있었다.

그 사람은 바로 에라스무스였다. 그는 풍자적이고 익살맞은 문체로《우신예찬》을 써서 공개적으로 예수가 바보라고 주장했다. 《우신예찬》에는 인간의 순수한 어리석음을 상징하는 바보신, 즉 우신(Moria)이 등장한다. 그는 우신의 입을 통해 당대 종교 지도자와 권력자, 지식인들을 재치 있게

《우신예찬》에서 우신이 이야기를 마치고 연단을 내려가는 장면.

풍자하고 조롱했다. 우신은 예수 그리스도가 왜 바보인가를 이렇게 설명한다.

"그리스도 자신은 아버지 하나님의 지혜를 타고났음에도 자신에게 내려진 어리석음의 몫을 받아들였다."

예수 그리스도가 어리석음의 몫을 받아들였다니 이 말은 예수가 바보가 되었다는 뜻이 아닌가? 왜 예수 그리스도는 스스로 바보가 되었을까? 우신은 그 까닭을 이렇게 설명했다.

"예수 그리스도는 인간의 모습으로 나타나 죄인들을 구원하기 위해 스스로 죄인이 된 것이다. 그는 오로지 십자가의 광기를 통해 무지하고 무

예수가 바보가 된 것은 하나님의 뜻이기도 했다. 하나님께서는 지혜로 세상을 바로잡을 수 없다는 것을 알았기 때문이다. 그래서 하나님께서는 '어리석음을 통해 세상을 구원(고전 1:21)'하고자 했다. 우신은 '하나님의 어린 양'이라는 표현에도 바보라는 뜻이 담겨 있다고 말한다. 원래 고대 그리스에서 '양'은 우둔한 짐승을 뜻한다. 그것은 어리석고 머리가 둔한 사람들을 모욕할 때 쓰는 말이었는데, 사도 요한은 예수 그리스도를 '하나님의 어린 양'이라고 표현했다는 것이다.

우신이 말하는 예수 그리스도의 참모습은 이렇다. 인간을 구원하기 위해 스스로 바보가 된 예수 그리스도는 율법학자, 바리사이파 사람들과 같이 똑똑한 자보다 아이들과 여자, 어부들과 같이 보잘것없고 어리석은 자들을 선택했다. 나아가 우신은 바보 예수가 한 십자가의 말씀은 '미친 소리'라고 말한다. 십자가의 말씀은 세속적인 쾌락과 가치를 버리라고 하기 때문이다. 기독교 신앙에 완전히 사로잡힌 사람들은 삭개오처럼 가난한 자들에게 나누어 주면서 재산을 탕진하고, 남들의 모욕에도 아랑곳하지 않는다. 속임수를 감수하고, 친구와 적을 구별하지 않으며, 쾌락을 두려워하고 단식과 밤샘, 눈물, 노고, 굴욕을 맛본다. 이런 고난의 길인 십자가의 말씀을 따르는 자는 속세의 눈으로 볼 때 가장 어리석은 미치광이거나 바보일 것이다.

그런데 이러한 길을 걷겠다고 하면서 딴짓을 하는 사람들이 있다. 현자를 자처하는 교황, 추기경, 주교 등 고위성직자와 신학자가 바로 그들이다. 그들은 광인과 바보의 대척점에 서 있지만, 우신은 실제로 그들이 가장 어리석은 현자라고 조롱한다. 그중 교황에 대한 이야기만 옮겨 보자.

"그리스도를 대신하는 교황이 그리스도의 청빈과 노동, 그의 지혜와 수난, 현세에 대한 욕망을 버리는 태도를 닮고자 노력한다면, 그리고 '아버지'를 의미하는 교황이라는 칭호와 자신들에게 주어진 '지극히 성스러운' 자격에 대해 진지하게 생각해 보았다면, 그들은 인간들 가운데 가장 불행하지 않았을까? 오늘날 교황들은 힘든 일은 거의 성 베드로와 사도 바울에게 맡기고 자신들은 즐거운 일만 담당한다. 교황들은 전쟁을 주된 일로 여긴다. 이 늙어 빠진 노인네들 중에는 전쟁을 하느라 청춘의 열정을 바치고, 돈을 쏟아붓고, 피곤함을 무릅쓰고, 그 무엇 앞에서도 후퇴하지 않기에 결국에는 법률, 종교, 평화 그리고 전 인류를 뒤죽박죽 엉망진창으로 만들어 버렸다."

이렇게 에라스무스는 우신의 입을 빌어 교황뿐 아니라 똑똑한 척하는 세상의 진짜 바보들에게 신랄한 조롱을 보냈다. 에라스무스는 1506년에서 1509년까지 이탈리아에 체류하면서 교회 권력의 엄청난 광기와 우둔한 통치, 고위성직자와 귀족들의 허영과 허상을 가까이에서 목격했다. 루터가 로마를 여행하고 나서 분노를 느꼈다면, 에라스무스는 같은 현상을 보고 가가대소하며 조롱했다.

에라스무스는 이탈리아를 떠나 잉글랜드로 가는 도중 말 위에서《우신예찬》을 구상했다. 그리고 그것을《유토피아》의 저자로 유명한 절친 토머스 모어의 시골집에서 완성했다. 우신을 뜻하는 모리아는 토머스 모어의 이름에서 따온 것이다.《우신예찬》은 당대 현실에 대해 신랄한 비판을 담았지만 전혀 진지하지 않다. 아마도 이 책을 쓰면서 에라스무스나 그것을 옆에서 지켜보던 토머스 모어도 낄낄대며 웃었을 것이다.

《우신예찬》을 읽은 사람들은 통쾌하면서도 유쾌해 했다. 루터도 그 책을 읽은 사람 중 하나였다.《우신예찬》은 여러 언어로 번역되어 퍼져 나갔다. 교회는《우신예찬》을 불쾌해했다. 그러나 풍자와 익살 때문에 그 속에 담긴 종교개혁의 불씨는 제대로 찾아내지 못했다. 그런데 그 불씨를 제대로 찾아내 횃불을 붙인 사람이 있었으니 바로 루터였다.

루터가 1517년에 비텐베르크성 교회 문에 〈95개조 반박문〉을 붙이고 종교개혁의 횃불을 들어 올리자, 로마 가톨릭교회 측은 에라스무스를 비난하기 시작했다.

"에라스무스가 알을 낳고 루터가 부화시켰다."

✠

종교개혁의 알을 낳은 에라스무스라는 사람은 누구인가? 그가 언제 태어났는지는 정확하지 않다. 태어난 연도가 1466년이라는 설도 있고, 1469년이라는 설도 있다. 그의 출생연도를 두고 네덜란드와 스위스가

맞섰다. 취리히 시민이 되어 달라고
두 번이나 초청할 정도로 에라스무스
와 인연이 깊은 스위스는 출생연도를
1466년으로 지정해 1966년에 탄생
500주년을 기념했다.

반면 그의 조국인 네덜란드는 1469년
을 출생연도로 결정하여 1969년에 탄생
500주년을 기념했다. 출생연도가 불분
명한 것은 에라스무스가 거의 고아로 자
랐기 때문이다. 에라스무스는 16세 때

뒤러가 그린 에라스무스의 집필 모습

스페인의 아우구스티누스 수도원에 들어가면서부터 공부와 수도 생활에
흥미를 느꼈다. 그러나 타고난 총명함과 문필적 재능이 그를 한낱 시골 수
도원의 수도사로 썩게 내버려 두지 않았다.

그는 주교의 비서로 발탁되어 파리 고등교육원에서 신학 과정을 밟았
다. 1499년에 처음 방문한 잉글랜드는 그에게 지적인 자극과 활기를 주
었다. 이때 평생의 절친으로 지내게 되는 토머스 모어와 지적으로 새로운
자극을 준 존 콜릿을 사귀었다.

에라스무스는 1500년에 파리에서 《격언집》을 처음 출간했다. 그는
1500년부터 1533년까지 30여 년간 이 《격언집》을 끊임없이 개정하고
증보했다. 에라스무스는 왜 《격언집》에 그토록 관심과 노력을 기울였을
까? 《격언집》은 격언에 담긴 고전의 지혜를 통해 현시대를 통렬하고도 새

롭게 보여 줄 수 있었기 때문이다. 그는 격언의 특징을 이렇게 주장했다.

"그것은 널리 쓰여야 하며, 통렬하고 신선해야 한다."

《격언집》은 에라스무스의 인문주의 정신을 잘 보여 준다.《격언집》이 출판된 후 유럽 전역에 그의 이름이 알려졌다. 이후에 쓴《우신예찬》은 그의 명성을 더 높여 주었다.《우신예찬》이 나오면서 그가 1503년에 쓴《엔키리디온》도 주목받았다.《우신예찬》의 기본적 생각이 이 책에 깔려 있었기 때문이다. 원래 책 제목을 그대로 번역하면《그리스도교 전사를 위한 작은 교본》이다. 여기에 나오는 22가지 규칙은 당대 지배적 종교와 세속적 물질주의에 대항해 삶 속에서 영적인 전투를 해야 할, 그리스도인들이 지켜야 할 지침이다.

《엔키리디온》을 쓰고 난 후 에라스무스는 오래 전부터 원했던 이탈리아로 여행을 떠났다. 그는 이탈리아에 머무는 동안 뛰어난 고전 실력과 인문학적 지식으로 인해 많은 사람과 친분을 쌓았다. 그중에는 추기경들과 교황 레오 10세도 있었다. 그때 에라스무스는 신앙의 본질을 잊은 성직자들의 화려하고 의례적인 삶과 세속적인 영토 확장을 위해 끊임없이 전쟁을 벌이는 인간의 어리석음을 가까이에서 체험했다.

앞에서 언급했듯이《우신예찬》은 그러한 현상에 보내는 유쾌한 풍자와 조롱이다. 그는《우신예찬》을 쓴 후 오랫동안 작업해 왔던 헬라어 신약성서를 1516년에 처음으로 펴냈다. 뛰어난 고전 실력을 바탕으로 헬라어 필사본을 정밀하게 대조해 헬라어 신약성서를 편찬하고, 라틴어로 비평과 주해를 달아 대중도 이해하기 쉽게 만들었다.

그러나 성서가 대중의 손에 들어가는 것을 극히 두려워한 학자와 성직자들은 오히려 에라스무스를 비난했다. 루터가 독일어로 번역한 신약성서는 그가 편찬한 헬라어 신약성서를 대본으로 한 것이었다. 이렇게 에라스무스는 종교개혁의 알을 낳고 있었다. 당시 종교개혁의 횃불을 들어 올린 루터는 전 유럽에서 유명세를 떨치던 에라스무스의 지원을 기대했다. 로마 가톨릭 측에서는 에라스무스에게 루터를 반대하라고 압력을 가했다. 그러나 그는 루터를 옹호했고, 1520년에 보름스 제국의회에 소환된 루터를 구명하기 위한 중재를 시도했다. 그 때문에 그는 로마 가톨릭 측으로부터 평생 엄청난 의혹과 공세에 시달렸다. 보름스 제국의회에서 심문관 역할을 했던 알레안더 주교는 다음과 같이 말하기도 했다.

"에라스무스는 루터보다 더 우리의 신앙에 해로운 글을 써 댄다."

에라스무스는 종교개혁을 원했지만, 교회 분열을 원하지는 않았다. 격정적인 루터에게 분열과 분파적 행동을 하지 말라고 여러 차례 조언했다. 그러나 종교개혁은 루터도 에라스무스도 어쩔 수 없었다. 에라스무스는 그것이 그리스도의 뜻이라면, 루터에게 대항할 생각이 없다고 밝히기도 했다. 하지만 그가 우려한 대로 루터의 격정적 성격은 독일 농민전쟁에서 수많은 농민이 처형당하는 결과를 가져왔다.

두 사람은 어찌 보면 물과 불 같
은 사이였다. 에라스무스가 물이라
면, 루터는 불이었다. 에라스무스
가 차분하고 치밀하다면, 루터는
격정적이었다. 그런 두 사람이 부
딪치면 어떤 일이 벌어질까. 에라
스무스가 1524년에《자유의지론》
을 출간하자 본격적인 논쟁이 벌

루카스 크라나흐가 그린 종교개혁가들이 모습. 루터
가 앞에 있고, 바로 뒤편에 에라스무스가 있다.

어졌다. 두 사람 사이에 난타전이 벌어진 것이다.

루터가 에라스무스를 "교만한 회의주의자"라고 비판하자, 에라스무스
도 루터를 "민족주의의 독이 든 열매를 맺을 나무"라고 받아쳤다. 루터는
인간의 의지는 자유롭지 않기에 인간의 의지만으로는 구원받을 수 없고,
오직 믿음으로만 구원받을 수 있다고 주장했다. 루터는 카톨릭교회가 인
간의 선한 행위로 구원받을 수 있다고 하면서 신앙 이외의 행위를 요구해
온 것에 대해 비판했다. 그리고 에라스무스는 의지의 부자유에 대해 비판
했다. 그는 행위 없는 믿음 그리고 인간이 스스로 선해지려고 하는 노력이
없는 신앙을 비판했다.

불같은 성격의 루터도 가만히 있지 않았다. 그는《자유의지론》를 반박
하는《노예의지론》를 썼다. 에라스무스는 2년 뒤에《광신》이라는 책을 써
서 이를 반박했다. 그는 인간이 스스로 아무것도 개선할 수 없다면, 인간
에 대한 교육이나 사회적 진보는 가능하지 않다고 주장했다. 이에 대해 루

터는 반박하면서도 에라스무스가 정곡을 찌르고 있는 것을 분명히 느끼고 있었다.《노예의지론》의 결론에서 루터는 이렇게 말했다.

"내가 당신을 칭찬하고 높이 세우는 점이 있는데 그것은 여느 다른 사람과는 달리 당신만은 핵심적인 문제, 곧 논쟁의 요점을 공격했으며, 교황 제도, 연옥, 면죄부 등 사소한 것들에 대한 쓸데없는 논란으로 나를 지치게 하지는 않았다. …… 당신, 오직 당신만이 모든 것이 걸려 있는 질문을 제기했고, 중요한 요점을 잘 보았다. 나는 진실로 당신에게 감사하는 바이다."(LSA, 320)

말년에 루터는 에라스무스가 로마 가톨릭 측에 기우는 모습을 보이자 그를 '모든 종교의 적', '그리스도의 적대자'라 부르기도 했다. 루터파와 로마 가톨릭 양쪽의 종교 논쟁에 지친 에라스무스는 1529년에 바젤을 떠나 프라이부르크로 이주했다. 그 사이에 짧막한 책인《아동교육론》을 출간했다.《아동교육론》에서 그는 유년기의 아동교육을 강조하면서 인간이 교육을 통해 무지와 편견 그리고 오류 등으로부터 벗어나 참된 의미에서 자유로운 인간이 될 수 있다는 인문주의적 교육관을 피력했다. 이것은 루터와의 논쟁에서 보여 주었던 그의 종교관과도 일맥상통하는 것이다.

에라스무스는 종교개혁을 지지했지만 끝내 로마 가톨릭을 떠나지는 않았다. 그렇다고 그가 로마 가톨릭에 동조한 것도 아니었다. 그는 그리스도의 복음과 그것을 실천하기 위한 더 나은 교회를 원했다. 그에 따르면 신앙이란 단지 신념이나 사상이 아니라 그리스도의 복음에 대한 전적인 헌신이기 때문이다.

그는 1536년 7월 11~12일 사이에 사망했고, 그의 유해는 바젤 대성당에 묻혔다. 에라스무스는 루터를 비롯해 여러 사람과 논쟁을 벌였지만, 한 번도 원칙을 벗어나 타협하지 않았다. 그의 묘비명에는 다음과 같은 격언이 새겨져 있다.

"Concede nulli(나는 누구에게도 양보하지 않는다)."

필립 멜랑히톤

Philipp Melanchthon

1497~1560, 독일 출생
루터교의 신학적 입장과 교리를 기초함
개신교 최초의 조직신학 작품인 《신학강요》 집필

루카스 크라나흐가 그린 멜랑히톤의 모습

젊은 천재 교수,
글로써 루터의 개혁을 돕다

1518년 11월 22일, 루터는 아우쿠스부르크에서 초조하게 심문을 기다렸다. 그는 〈95개조 반박문〉을 붙인 뒤 심문을 받기 위해 로마 교황청에 의해 아우쿠스부르크로 소환되어 와 있었다. 초조한 심정을 달래기 위해 그는 비텐베르크대학의 젊은 교수에게 편지를 썼다.

"내가 나의 입장을 철회하지 않아 죽는다해도 후회는 없다네. 그러나 그대와의 말할 수 없이 달콤한 교제가 중단되는 것은 가장 견디기 어렵다네."

루터가 죽음보다 관계가 끊어질까 더 두려워했던 이 젊은 교수는 누구일까? 그는 바로 독일 비텐베르크대학에 부임한 지 얼마 되지 않은 필립 멜랑히톤이었다. 멜랑히톤은 종교개혁사에서 루터 못지않게 중요한 인물이다. 지금도 루터의 도시인 독일의 비텐베르크 광장 앞에 가면 루터 동상 옆에 그의 동상이 나란히 서 있다. 종교개혁 하면 흔히 루터와 칼빈을 연상하고, 그들을 도왔던 조력자들은 그냥 지나치기 십상이다. 츠빙글리는 칼빈의 등장을 알리는 서막으로, 멜랑히톤은 루터의 그늘에 가려진 보조 출연자 정도의 평가에 그친다. 그러나 루터는 멜랑히톤을 하나님이 보내 주신 '소중한 도구'이자 '나의 가장 소중한 필립'이라고 칭하곤 했다. 실제로 멜랑히톤은 보조 출연자가 아니라 루터교의 신학적 입장과 교리를 기초한 인물이다.

✠

멜랑히톤의 본명은 독일식 이름인 필립 슈바르츠에르트(Philipp Schwartzerdt)이다. 슈바르츠에르트는 검은 땅을 뜻한다. 이 이름을 헬라어로 바꾼 것이 멜랑히톤이다. 멜랑히톤은 천재였다. 그는 1509년 12세 때 하이델베르크대학에 입학해 2년 뒤에 문학사 학위를 받았고, 바로 2년 뒤 튀빙겐대학에서 문학 석사학위를 받았다. 그리고 1518년, 21세의 나이에 종조부 로이힐린의 도움을 받아 루터가 있는 비텐베르크대학의 그리스어 교수로 초빙되었다.

멜랑히톤의 종조부 요하네스 로이힐린은 유명한 히브리어 학자이자 인문주의자였다. 멜랑히톤은 어려서부터 그에게서 인문주의 교육을 받았다. 로이힐린은 에라스무스와도 친분이 있었다. 그 덕분에 멜랑히톤은 에라스무스도 알게 되었다. 에라스무스는 1515년에 어린 천재 멜랑히톤을 극찬하며 잉글랜드로 초청하기도 했다.

멜랑히톤은 비텐베르크대학의 교수로 오기 전에 이미 여러 권의 책을 냈다. 1518년에 출간한 《그리스어 교본》은 여러 판을 찍을 정도로 인기가 좋았다. 그는 비텐베르크대학에서 '대학 학문의 개혁'이라는 취임 연설을 했는데, 신학과 사회를 개혁하기 위해서 인문주의 계획을 과감하게 실행하고 고전과 그리스도교 원전으로 되돌아갈 것을 주장했다. 비텐베르크 대학에는 루터의 영향으로 개혁의 바람이 불고 있었다. 이 취임 연설에 대해 루터는 이렇게 평가했다.

"매우 해박하고 흠잡을 데라곤 없는 연설을 했다. 모든 사람이 그를 존경했고, 칭송했다."

멜랑히톤은 스승이자 아버지와 같았던 종조부와 의절할 정도로 루터를 따랐다. 당시 루터는 여러 곳에서 무섭게 공격을 당하고 있었다. 종조부는 멜랑히톤이 훌륭한 인문주의적 지식을 루터를 위해 사용하며 루터를 추종하는 것에 대해 매우 못마땅해했다. 비텐베르크대학을 떠나라고 종용했지만 멜랑히톤은 이를 거절했다. 이에 종조부는 그와 의절하고 말았다. 루터와 멜랑히톤 두 사람은 한 목표를 향해 '사랑과 우정의 관계'를 맺기 시작했다.

루터 같은 사람에게는 멜랑히톤이 꼭 필요했다. 그는 에라스무스처럼 해박한 고전 지식과 뛰어난 성서 지식뿐 아니라 논리적 치밀함까지 갖추고 있었기 때문이다. 1521년에는 파리의 소르본대학에서 루터를 104가지 조목으로 정죄했다. 루터 측의 반박이 필요했다. 이때 멜랑히톤은 루터를 옹호하면서 소르본의 신학자들을 비판하는 글을 썼다. 글의 제목은 〈파리의 멍청한 신학자들의 광포한 칙령을 논박함〉이었다. 참 도발적이지 않은가? 하지만 도발적인 제목과 달리 글은 매우 치밀하게 104가지 조목을 반박했다.

《신학강요》 표지 모습

이렇게 멜랑히톤은 날카롭고도 치밀한 글을 통해 루터를 옹호했다. 이미 루터는 1519년 9월 19일에 성서학 학위를 획득해서 멜랑히톤의 글을 이렇게 평가한 적이 있다.

"그의 답변은 기적이다. 만일 그리스도께서 하시고자 하신다면 여러 명이 루터 역할을 할 것이다."

멜랑히톤은 1521년에 《신학강요》의 초판을 발행했다. 이 책은 그가 해왔던 〈로마서〉 강의를 발전시킨 작품으로 개신교 최초의 조직신학 작품이다. 그는 성서에 기초하여 학문적으로 종교개혁을 옹호했다. 이 책은 루터교 신학의 최대 걸작이자 루터주의 신학의 근본 원리로 받아들여졌다. 루터는 《노예의지론》에서 이 책으로 인해 에라스무스의 《자유의지론》이 완벽하게 반박되었다고 말한다.

> "당신(에라스무스)의 논증들은 멜랑히톤의 작품《신학강요》에 의해 철
> 저히 분쇄되었다. 본인의 판단에 의하면 이 작은 책자는 반박할 여지가
> 없는, 불멸의 고전이 될 만한 책이다. …… 이 책과 비교해 보건대 당신
> 의 책은 천하고 하찮은 것이다."(LSA, 38)

이처럼 멜랑히톤은 루터의 종교개혁을 치밀하게 이론화하고 교리화했
다. 루터가 종교개혁가로서 전면에 나서서 주장하면, 멜랑히톤은 책과 글
로 이를 뒷받침했다. 멜랑히톤은 종교 개혁이 없었더라면, 훌륭한 학자
나 대학 행정가가 되었을 것이다. 그는 새로운 교육 헌장을 만들고 교재,
교과목의 새로운 편성 등 초등학교에서부터 대학까지 교육 체제를 개혁
했다. 그의 교육개혁은 독일 전역의 대학에서 받아들여져 학생들은 그를
'독일의 스승'이라 불렀다.

인문주의적 성향과 행동보다는 책과 글로 개혁을 이끌어 내고자 했던
멜랑히톤은 어쩌면 루터보다 에라스무스와 더 많이 닮았다. 그래서인지
멜랑히톤은 루터 사후에 당연히 누려야 할 루터교의 지도자 자리에서 밀
려났다. 루터교도들은 멜랑히톤을 배척하기도 했다. 어떻게 된 일일까.

1530년, 황제 카를 5세는 종교 화해를 위해 아우쿠스부르크 제국의회
를 소집했다. 말이 종교 화해였지 황제는 보름스 칙령 이래 반종교개혁적
태도를 포기하지 않았다. 한 해 전에도 황제는 종교개혁가들을 비하하는

의미로 프로테스탄트라 불렀다. 황제의 말을 듣지 않는 항거자라는 뜻이다. 그러나 프로테스탄트들은 그 말을 부끄러워하지 않았다. 루터가 1517년에 〈95개조 반박문〉을 붙인 이래 13년이 지나는 동안 점점 더 많은 제후와 귀족이 루터의 종교개혁을 지지했다.

황제는 1526년, 제1차 스파이어 제국의회를 열어 종교개혁을

아우쿠스부르크 제국의회 모습. 〈아우쿠스부르크 신앙고백서〉를 작성해 의회에 제출하고 있는 모습이 그려져 있다.(당시 동판화)

억제하고자 했다. 그러나 그 자리에 참석한 많은 제후와 귀족이 루터의 개혁신앙을 고백해 오히려 종교개혁을 인정해야 했다. 황제는 제2차 스파이어 제국의회를 열어 앞의 결정을 철회하고, 종교개혁을 억제할 것을 결의했다. 종교개혁을 지지하는 진영은 황제의 종교 정책에 항의하는 공식 문서를 보내고, 전선을 가다듬었다.

신교와 구교 측의 '올바른 신앙'에 대한 논쟁은 제국의 분열을 위협했다. 제국의 분열을 막기 위해서는 종교 화해가 필요했다. 황제는 아우쿠스부르크 제국의회를 다시 소집해야만 했다. 이때 루터는 모든 법적 권리를 박탈당한 상태라 코부르크 성에 갇혀 있었다. 대신 멜랑히톤이 협상에 참석했다. 루터는 멜랑히톤과 서신을 주고받으며 협상에 관여했다.

황제는 신구교 양측에게 신앙고백서를 제출하도록 했다. 멜랑히톤은

프로테스탄트 측의 신앙고백서인 〈아우쿠스부르크 신앙고백서〉를 작성해 몇 번의 수정 끝에 제출했다. 〈아우쿠스부르크 신앙고백서〉는 총 28개 조로 이루어져 있고 크게 두 부분으로 구성되어 있다. 1조에서 21조까지는 종교개혁가들의 신앙과 교리를 기술했다. 22조에서 28조에 이르는 나머지 7개조는 로마 가톨릭교회의 잘못을 비판하는 내용이었다. 그런데 신앙고백서에 담긴 루터의 성만찬 해석은 프로테스탄트 측 내부의 분열을 담고 있었다. 루터는 빵과 포도주에 실제로 예수 그리스도의 몸이 임재한다고 보았지만, 츠빙글리는 그것을 상징으로 해석했다. 이에 대한 해석의 차이로 루터 교회와 개혁 교회가 갈리게 된다.

스위스를 대표하는 츠빙글리는 제국의회에서 〈신앙의 원리〉를 통해 자신의 입장을 제시했다. 루터파와 츠빙글리파의 절충적 입장을 취했던 마르틴 부처도 독일 남부 4개 도시의 신앙고백서인 〈4개 도시 신앙고백서〉를 따로 만들어 의회에 제출했다.

사실 멜랑히톤도 루터의 성만찬설과 다른 입장이었지만, 〈아우쿠스부르크 신앙고백서〉에서는 루터의 입장에 충실하려 했다. 원래 멜랑히톤은《신학강요》때부터 성만찬설에 대해 루터와 다른 입장을 견지했다. 1540년에 가서 그는 이 조항을 수정해 영적 의미만을 인정했다. 그리고 루터의《노예의지론》과 다르게 구원은 성령과 인간 의지의 공동 작용이라는 '신인협동설'을 취했다. 그러나 1530년의 〈아우쿠스부르크 신앙고백서〉의 성만찬설을 두고 보면, 멜랑히톤은 충실하게 루터를 따랐다. 하지만 사람들은 멜랑히톤의 협상 태도에 불만을 쏟아 냈다. 사람들은 루터가 보름스 제국의

슈말칼덴 동맹을 맺는 모습. 가톨릭의 공세에 대응하기 위해 뜻을 모은 제후들의 모습이 그려져 있다. 이 동맹을 이끈 것은 작센의 선제후 요한 프리드리히와 헤센의 필립이었다. 스트라스부르크, 울름, 콘스탄츠, 마그데부르크, 뤼벡, 브레멘 등이 참여했다.(1546)

회에서 보여 준 대담하고도 용기 있는 신앙 태도를 기대했다. 사람들은 영웅을 원했고, 그에 맞는 행동을 기대했다. 그러나 멜랑히톤은 루터와 다른 유형의 사람이었다. 처음부터 자신의 의무가 기독교를 위협하는 분열을 막는 것이라 생각해서 조심스러운 전술과 외교적인 방식을 선택했다.

황제에게 호의적인 어법을 사용했고, 루터의 교리가 보편적인 가톨릭 교리와 본질상 다르지 않다는 점을 강조하려 노력했다. 그러나 사람들은 그가 우유부단하고, 타협적이라고 생각했다. 이때 루터가 협상 과정에서 너무 많이 양보했다고 멜랑히톤을 질책한 것으로 알려져 있다. 그러나 루터는 그의 입장을 끝까지 두둔하고 신뢰했다.

"나는 멜랑히톤이 쓴 변론문을 다 읽어 보았다. 그것은 매우 마음에 들었으며, 더 고치거나 수정할 것이 없었다."

멜랑히톤이 작성한 〈아우쿠스부르크 신앙고백서〉는 루터의 동의와 제후들의 서명을 받아 1530년 6월 25일에 의회에서 낭독되었다. 그러나 황제는 생각이 달랐다. 가톨릭 측 학자들을 동원해 이에 대한 반박서를 제출하도록 했다. 반박서에 대항하기 위해 멜랑히톤은 신앙고백서의 7배가 넘는 변론문을 작성했다. 그러나 황제는 이를 접수하지 않고 로마 가톨릭의 손을 들어 주었다. 종교 화해가 이루어지는 듯했으나, 다시 전쟁의 위기가 감돌았다. 루터는 황제에 저항하기 위한 폭력적 저항의 정당성을 인정했고, 종교개혁을 지지하는 영주들은 로마 가톨릭의 공격에 대응하기 위해 1531년에 슈말칼덴 동맹을 결성했다.

황제는 종교개혁을 저지하기 위해 지속적인 도발과 전쟁을 획책했으나, 국내외의 혼란한 상황, 영주들의 완강한 반발에 의해 뜻을 이루지 못했다. 종교 갈등은 계속 심화되어 독일은 내란 상태에 빠져 들었다. 결국 1555년, 아우쿠스부르크에서 다시 열린 제국의회에서 종교 화해가 이루어졌다. 한 나라에는 하나의 신앙이 존재한다는 원칙이었다. 다시 말해 '통치자의 종교가 백성의 종교'가 되도록 한다는 결정이었다.

✠

루터는 종교 갈등이 한창 고조되던 1546년 2월 18일, 63세의 나이로 죽었다. 루터 사후 종교 지도자의 자리에는 당연히 멜랑히톤이 올랐어야 했다. 그러나 순수 루터파 사람들은 멜랑히톤이 슈말칼덴 동맹 이후 종교회담에서 보여 준 우유부단한 태도 때문에 적잖이 실망했다. 멜랑히톤이 순수 루터파와 관계가 악화된 결정적 계기는 1548년 12월에 그가 〈라이프치히 잠정안(Leipzig Interim)〉에 동의하면서부터였다.

그는 신앙을 본질적인 것과 비본질적인 것으로 구분했다. 삼위일체에 대한 교리는 본질적인 것이라 변할 수 없으나, 예배 의식은 시대에

독일 비텐베르크 광장에 나란히 서 있는 루터와 멜랑히톤의 동상

따라 바뀔 수 있는 비본질적인 것으로 보고 가톨릭교회의 예배의식과 관례도 수용할 수 있다는 입장을 취했다. 소위 아디아포라 논쟁에서 순수 루터파를 자처하는 암스돌프와 일리리쿠스는 그의 태도가 종교개혁의 정신을 훼손하는 것이라며 거세게 비판했다.

이 논쟁을 벌일 때 멜랑히톤은 비텐베르크에서 작센의 선제후를 배반한 모리츠 밑에 있었다. 모리츠는 황제의 유혹에 넘어가 작센의 선제후를 배반하고 전쟁을 일으켜 프로테스탄트 측을 배신한 인물이었다. 작센의 선제후는 1588년에 예나대학을 신설해 멜랑히톤에 반대하는 신학을 세

우게 했다. 이로써 순수 루터파와 필립파가 갈리게 되었다. 이렇게 멜랑히톤은 루터파로부터 배척당했다.

그러나 그가 작성한 〈아우쿠스부르크 신앙고백서〉와 변론서는 루터교의 중요한 교리적 표준이 되었고, 루터파의 《일치서》에도 포함되었다. 멜랑히톤의 신앙고백서는 잉글랜드 성공회의 〈39개조〉에도 영향을 주었다. 그는 1560년에 사망해 평생 존경과 사랑을 보냈던 루터의 묘 곁에 묻혔다. 죽기 직전에 누군가가 멜랑히톤에게 물었다.

"필요한 것이 있습니까?"

"하늘나라 외에는 아무것도. 그러니 내게 더 이상 묻지 말기를!"

울리히 츠빙글리

Ulrich Zwingli

1484~1531, 스위스 출생
스위스의 대표적인 종교개혁가

츠빙글리의 초상(한스 아스퍼 작, 1549), 한스
아스퍼는 츠빙글리의 초상을 여러 점 그렸다. 츠
빙글리가 죽고 난 후 그는 다시 그의 초상화를 그
렸는데, 츠빙글리는 성서를 손가락으로 가리키
고 있다. 교회의 전통보다 성서의 권위를 주장했
던 츠빙글리는 카펠에서 전사했지만, 스위스 종
교개혁의 불을 지핀 인물이다. 생전에 그에 대한
초상화는 없고, 카펠 전투에서 죽은 뒤, 여러 초
상화가 그려졌다. 이 중 한스 아스퍼가 1549년
에 그린 이 그림은 검은 사제복과 모자를 쓰고,
성서로 보이는 책 위에 손을 얹은 채 앞을 향해
보는 눈은 종교개혁의 미래를, 꽉 다문 입술은 그
의 의지를 보여 준다.

사순절 기간에
고기를 먹는 파격으로
승부하다

1522년 사순절에 취리히 최초의 인쇄업자 크리스토프 프로사우어를 비롯한 몇몇 사람이 모여 소시지를 먹는 큰 사건이 발생했다. 소시지를 먹은 일이 큰 사건이라니? 지금으로서는 이해하기 어려운 일이지만, 당시에는 사순절 금식 기간에 소시지를 먹는다는 것은 엄청난 사건이었다.

왜 그런가? 사순절은 중세 가톨릭의 중요한 전통으로, 예수의 부활 전 40일간을 뜻한다. 이 기간은 신도들이 참회와 대속의 마음으로 예수 그리스도의 부활을 경건하게 맞이하기 위해 준비한다. 사순절을 뜻하는 영어 렌트(Lent)는 고대 앵글로색슨어 'Lang'에서 유래된 말로, 독일어의 Lenz와 함께 '봄'이라는 뜻을 가진다. 그러나 우리나라에서의 사순절은 '40일간의 기념일'이라는 뜻의 희랍어인 '테살코스테'를 따른 것이다.

그런데 원래 사순절에는 기한이 없었다. 초기에는 사순절을 예수 그리스도가 부활하기 이전의 40시간으로 계산해 2~3일만 지키면 되었다. 기한이 정해진 것은 325년 니케아 공의회에서였다. 40일이라는 기간은 모세의 '시나이산의 40일 금식'과 엘리야의 '호렙산의 40일 금식', 특히 예수의 '광야에서의 40일 금식' 일수에서 유래했다. 그러나 이때에도 사순절 기간은 교회마다 차이가 있었다. 교황 그레고리오 1세(Gregorius I, 590~604 재위) 때에 와서 사순절의 시작을 재(灰)의 수요일(Ash Wednesday)로 시작하여 40일을 엄격하게 지키게 되었다.

그런데 왜 사순절을 알리는 날을 재의 수요일로 잡았을까? 기독교에서 재를 뿌리는 의식은 자신의 죄를 참회하는 행위로 여긴다. 구약성서를 보면 재를 뿌리는 행위는 자신의 죄에 대한 슬픔, 탄식을 상징한다. 그런데 재를 뿌리는 전통은 10세기 말까지 오랫동안 사라졌다가 1091년 베네벤토 주교회의에서 교황 우르바노 2세(Urbanus II, 1088~1099 재위)가 전체 교회에 권유하면서 다시 시작되었다.

사순절 기간에 죄를 참회하는 행위는 재를 뿌리는 행위로만 그치지 않는다. 이 기간에는 철저한 단식이 행해졌다. 초창기에는 단식의 준수가 매우 엄격해서 굶어 죽지 않을 정도로, 저녁 무렵의 한 끼 식사만 허용되었다. 물론 조류, 육류와 생선, 심지어 달걀까지 금지되었다. 일상생활을 해야 하는 신도로서는 지키기 힘든 규정이었다. 시간이 지나면서 단식 규정은 상당히 완화되었다. 저녁식사 시간도 앞당겨졌고, 식사 외에 가벼운 간식도 허용되었다. 생선에 대한 금지도 해제되었다. 그러나 육식은 여전히 금지되었다. 그것은 일종의 넘어서는 안 될, 다시 말해 교회 전통이 무너질 수 있는 마지노선 같은 것이었다.

그런데 이 전통의 마지노선을 취리히의 일개 인쇄업자가 깨버린 것이다. 물론 소시지를 먹었던 프로사우어와 그 일행에게 종교적 비난이 쏟아졌다. 그는 밀려드는 일 때문에 업무가 과중해 육식을 하지 않을 수 없었다고 변명했다. 그러나 가톨릭교회 측에서는 사순절의 금식 규례를 어긴 인쇄업자뿐 아니라 그 자리에 함께 있던 자들도 처벌해야 한다고 주장했다. 그런데 그 자리에는 그로스뮌스터교회의 신임 사제도 함께 있었다. 그는 소시지를 먹지는 않았지만 그들을 옹호하고 나섰다. 그는《음식물의 선택과 자유에 대하여》라는 저작과 설교를 통해 사순절에 육식을 금하는 것은 아무런 성서적 근거가 없다고 주장했다. 하나님이 주신 음식은 무엇이든 먹을 자유가 있다는 것이다.

그로스뮌스터 성당에서 설교하는 츠빙글리의 모습

✠

신임 사제의 주장은 이내 스위스 종교계에 파장을 일으켰다. 이미 그는 그로스뮌스터교회에서 행한 참신하고도 뛰어난 설교로 사람들의 주목과 관심을 받고 있었다. 이 신임 사제의 이름은 울리히 츠빙글리였다. 그는 취리히에서 35번째 생일인 1519년 1월 1일에 사역을 시작했는데 그의 설교 방식은 상당히 새로웠다. 당시에는 날마다 정해진 본문에 따라 설교하는 것이 관례였다. 그러나 그는 그것을 무시하고, 성서에 기초해서만 설교했다. 설교를 통해 〈마태복음〉과 〈사도행전〉을 강해하고, 〈베드로전·후서〉, 〈히브리서〉를 선택해 강해했다. 지금은 너무나 당연한 것이지만, 성서를 직접 읽을 수 없는 당시 사람들로서는 대단한 일이고 충격이었다. 한 목회자의 입을 통해 성서가 어떤 복음을 전하는지 비로소 알게 되었기 때문이다. 이것은 루터의 성서 번역과 뜻을 같이하는 중요한 사건이었다. 물론 가톨릭교회가 반발했다.

츠빙글리는 1522년 7월 2일, 뜻을 같이하는 10명의 사제와 함께 콘스탄츠의 주교에게 복음을 설교할 자유와 사제들이 결혼할 자유를 간청하는 탄원서를 제출했다. 이때 츠빙글리는 비밀리에 결혼을 한 상태였다. 물론 탄원서는 받아들여지지 않았다. 그러나 취리히 의회는 츠빙글리의 방식대로 성서에 기초한 설교를 인가하기로 결정했다. 이것은 성서적 설교를 했던 츠빙글리의 명백한 승리였다.

츠빙글리는 대성당의 가톨릭 사제직을 사임했다. 그리고 1523년 1월 29일에 600명 이상의 사람이 참여하는 토론회에 참석했다. 주제는 '성서의 권위'에 관한 것이었다. 토론회에서는 라틴어가 아니라 독일어가 사용되었기에 청중들에게 종교개혁을 설명하고 옹호할 수 있는 중요한 기회였다. 그는 토론회에서 루터의 〈95개조 반박문〉에 비견할 만한 〈67개 결의〉를 제시했다. 이것은 가톨릭교회에 대해 청중들 앞에서 그가 행한 최초의 공개적 논박이었다. 콘스탄츠 주교의 대리인이자 츠빙글리의 적수였던 요한네스 파베르는 교회의 권위를 주장하며 설교 문제는 의회가 인가할 수 있는 사항이 아니라고 주장했다. 그러나 츠빙글리는 설교는 성서의 권위에 근거해야 한다고 주장했다. 가톨릭교회는 츠빙글리의 견해를 완강하게 거부했다.

그런데 왜 가톨릭교회는 츠빙글리의 설교에 대해 거부한 것일까? 츠빙글리의 주장대로 설교가 성서에 근거해야 한다면 사순절에 고기를 먹지 말아야 한다는 규정은 근거를 잃고 만다. 그러한 규정은 성서에 나오지 않기 때문이다. 아울러 교황권, 사면권, 면죄부 등도 설자리를 잃어버리게 된다. 그것은 인간이 만든 것이지 성서에 근거한 것이 아니다.

토론회에서 스위스 의회는 츠빙글리의 설교가 성서적이며, 모든 사람은 성서에 따라 설교해야 한다는 결론을 내렸다. 츠빙글리는 그해 7월에 독일어로 된 〈67개 결의〉를 내놓았다. 츠빙글리도 루터처럼 〈67개 결의〉를 통해 스위스에서 종교개혁의 불꽃을 피우기 시작했다.

✠

그렇다면 스위스의 종교개혁을 일으킨 울리히 츠빙글리는 어떤 사람일가? 그는 루터보다 7주 늦은 1484년 1월 1일, 스위스의 토겐부르크 자치주의 빌드하우스에서 태어났다. 그의 아버지는 부락 촌장으로 비교적 부유한 농부였다. 도미니크 수도원에서 그의 뛰어난 음악적 재능을 알아보고 데려가려 했지만, 아버지의 반대로 이루어지지 못했다.

비인대학과 바젤대학에서 인문고전 공부를 했으며, 바젤대학에서 1506년에 인문학 석사학위를 받았다. 사제 실습 기간을 거친 뒤 22세에 글라루스의 사제로 청빙받아 그곳에서 10년간 활동했다. 이 기간에 인문주의의 영향을 받아 그리스어를 익히고 교부철학과 성서를 연구했다. 이 시기에 츠빙글리는 에라스무스에게 결정적인 영향을 받았다.

1516년에 에라스무스는 신약성서의 비판적 판본을 발간했다. 츠빙글리는 에라스무스의 비판적 판본을 읽고 성서에 대해 눈을 뜨게 되었고, 그동안 사로잡혀 있던 스콜라 신학에서 벗어나 성서 연구에 관심을 돌리게 되었다. **성**서는 그에게 종교개혁의 도화선이자 그가 의지한 최후의 보루였다. 츠빙글리가 태어난 시대는 애국주의와 스위스 용병 제도에 대한 비판이 고조되던 시기였다. 그는 1512년부터 1515년까지 스위스 용병 부대에서 군종 사제로 복무했다. 글라루스 주민들은 교황을 위한 용병 생활로 경제를 지탱해 왔다. 지역 목회자로서 그도 자연스럽게 글라루스 용병 부대의 군종 사제가 되었다.

용병 제도는 스위스의 슬픈 역사였다. 스위스는 국토가 척박해 농사지을 땅이 부족했고 높은 산으로 둘러싸여 교역도 할 수 없어 가난했다. 스위스가 외국에서 고소득을 올릴 수 있는 길은 용병으로 가는 것밖에 없었다. 강인한 체력을 가진 스위스인들은 전투에서 대단한 용맹을 발휘했다. 게다가 우직하게 신의를 지켰다. 스위스 용병의 명성은 금세 높아졌다. 용병산업은 스위스의 주요 수입원이 되었다. 교황을 비롯해 유럽의 군주들은 앞다퉈 스위스인들을 용병으로 고용했다. 용병은 돈을 받고 전투를 치르는 전쟁 기계들이었다. 츠빙글리는 마리냐노와 카펠 전투에 참가해 전쟁의 참혹함을 목격한 다음부터 용병 제도를 반대했다. 그는 용병 제도에 대해 다음과 같이 물었다.

"범죄와 살인을 범한 자들이 용감한 사람으로 간주되고 있다. ······ 정말 그리스도가 그러한 것을 가르쳤는가?"[1]

그러나 그가 목회 활동을 하던 글라루스는 용병 제도가 주수입원인 곳이었다. 용병 제도를 부인하면 글라루스는 경제적으로 지탱하기 어려웠다. 결국 그는 그곳을 떠나야 했다. 그는 아인시델른으로 가서 2년 동안 사제 생활을 했다. 이때 그곳에서 작은 스캔들이 있었다. 바로 그가 한 처녀와 부적절한 관계를 맺은 것이다. 이후 취리히의 그로스뮌스터교회에 자리가 나서 그곳으로 옮겨 가고자 했을 때 그 일이 문제가 되었다.

그로스뮌스터 교회의 사제 자리를 두고 다른 후보자와 경합을 벌일 때, 그 약점이 밝혀졌다. 그는 순결을 지키지 못했음을 인정했지만, 그것은 과거의 일이라고 밝혔다. 츠빙글리를 비판했던 상대 후보자도 여섯 명의 자녀를 두고 있었다. 당시 사제들이 몰래 결혼하고 자식을 두는 것은 공공연한 비밀이었다. 콘스탄츠 주교 관구에서만 한 해에 1,500명의 아이가 사제들에게서 태어났다. 이런 실제적 상황 때문에 종교개혁가들은 사제의 결혼 허용을 주장했다. 츠빙글리는 1522년 봄에 그 여인과 비밀리에 결혼했고, 나중에 그 사실을 공개했다.

1519년, 츠빙글리는 최종적으로 취리히의 목회자로 선출되었다. 그는

---

1   Huldreich Zwingli, 《Sämtliche Werke》 vol. 1, Berlin, Leipzig, Zurich, 1905, 60쪽(여기서는 《츠빙글리》(2007), 41쪽에서 재인용.)

성서의 각권을 주제로 삼아 설교하기 시작
했다. 설교가 성서에 근거해야 한다는 신
념 때문이었다. 1520년에는 취리히 의회
가 그의 신념을 지지했다. 그는 중세 교회
의 수많은 신조와 관습을 성서에 근거해
계속 비판해 나갔다. 그러나 거센 반발과
공격도 받아야 했다. 공격에 맞서 싸우기
위해 그는 루터의 저작들에서 도움을 구했
고, 투쟁의 일환으로 루터 저작들을 판매
하기도 했다.

츠빙글리가 루터에게서 영향을 받은 것
은 사실이다. 그러나 그가 루터의 영향을
받아 종교개혁에 나섰다고 말하기는 어렵

옛 취리히 도시와 그로스뮌스터 교회 모습

다. 그는 일찍이 성서 연구와 인문주의 공부를 통해 루터와 비슷한 생각을
품어 왔다고 할 수 있다. 다시 말해 루터를 만나기 전부터 종교에 대해 확
고한 생각을 가지고 있었다. 잘 알려진 대로 그는 1529년, 마르부르크 회
담에서 성만찬을 두고 루터와 견해를 달리했다. 루터는 성만찬에 그리스
도가 실제로 임재한다고 주장했다. 우리가 성만찬에서 빵을 먹는 것은 그
리스도의 육체를 먹는 것이며 그것이 구원에서 중요한 사항이라고 생각
했다. 그러나 츠빙글리는 그리스도의 육체를 먹는 것과 그리스도를 믿는
것은 다른 사항이라고 여겼다. 그는 성만찬을 순전히 영적 의미로만 해석

했다. 그는 언어 연구를 통해 그리스도가 말씀하신 "이것이 내 몸이다."라는 뜻은 "이것이 내 몸을 의미한다."로 해석해야 한다고 주장했다. 성만찬에 대한 그의 생각은 그가 받은 인문주의의 영향을 그대로 보여 준다. 츠빙글리는 1530년에 아우쿠스부르크 제국의회에 루터파와 별도로 자신의 입장을 담은 서신을 따로 제출했다. 이로써 루터파와 츠빙글리파가 갈라지게 되었다.

✠

츠빙글리가 스위스 종교개혁에 나서게 된 결정적 사건은 앞서 언급한 대로 1522년 '소시지 사건'이었다. 그는 1523년 1월 23일, 600여 명이 참석한 제1차 취리히 토론회에서 67개의 결의 조항을 발표했다. 〈67개 결의〉를 통해 그는 교회의 권위에 반대해 성서의 권위를 내세웠고, 사람이나 사물을 통한 구원 추구에 반대해 그리스도를 통한 구원 추구를 주장했다. 1523년 10월에 제2차 토론회, 1524년 1월에 제3차 토론회가 연속으로 열렸다. 급진주의자들이 미사와 성상이 성서에 맞는가 하는 것을 토론하기 위한 자리였다. 제2차 토론회에서 미사와 성상은 비성서적인 것으로 판결이 났다. 제3차 토론회에서는 가톨릭 측과 보수주의자들의 반격이 있었지만, 의회는 교회에서 조각상과 화상들을 철거하기로 결정을 내렸다.

취리히 토론회에서 나타난 것처럼 츠빙글리는 종교개혁의 정신을 시의회의 공개 토론회를 통해 확산시켰다. 이런 방식은 시민의 합의를 이끌어내면서 혼란을 적게 하는 효과가 있었다. 이런 효과 때문에 스위스나 독

츠빙글리의 죽음(칼 아우슬린 작, 1889년경) 구교 측 병사가 부상을 당해 기진해 있는 츠빙글리의 목에 창을 꽂으려 하고 있다. 츠빙글리는 손을 모은 채 최후의 기도를 드리는 자세이다. 구교 측 병사들은 성모 마리아가 그려진 성화 깃발을 들고 있다.

일 서남부의 여러 도시에서 츠빙글리의 개혁 방식이 큰 호응을 얻었다. 그러나 단점은 토론회에서 합의를 얻는 시간이 너무 오래 걸린다는 것이었다. 급진주의자들은 개혁이 지체되는 것에 불만을 토로했다. 그들은 의회가 결정을 내리기도 전에 교회의 성상들을 파괴하고, 미사 대신 자기들 방식으로 성만찬을 거행했다.

구교 가톨릭 측과 급진개혁주의자들 사이에서 공격을 받았지만 츠빙글리의 종교개혁은 취리히, 베른, 바젤로 확산되었다. 그러나 스위스의 다른 주들은 여전히 가톨릭을 추종했다. 가톨릭을 신봉하는 주들에서 몇몇 종교개혁가가 박해를 받자 츠빙글리는 가톨릭 주들에 대한 공격을 촉구했다. 취리히가 이 주들에 대한 식품 선적을 금지하자 다섯 개의 가톨릭 주가 연합해 공격했다.

1531년에 츠빙글리는 취리히 시민들을 독려하기 위해 군목이 되어 깃발을 들고 직접 전쟁에 참가했다. 그러나 취리히 근교의 카펠에서 벌어진 전투에서 츠빙글리는 전사했고, 전쟁은 패배로 끝났다. 그의 시신은 네 갈래로 찢겨 화장되었다. 츠빙글리의 죽음으로 스위스 종교개혁은 잠시 중단되었다. 그러나 츠빙글리가 뿌려 놓은 씨앗은 죽지 않았다. 하인리히 불링거(Heinrich Bullinger, 1504~1575)가 바통을 이어받아 또다시 종교개혁을 진행해 나갔다. 몇 년 후 제네바에서 또 한 명의 강력한 종교개혁가가 등장했다. 그의 이름은 칼빈이었다. 그렇게 죽은 듯했던 씨앗에서 꽃은 피고 있었다.

요한 칼빈

Johannes Calvin

1509~1564, 프랑스 출생

제네바 종교개혁에 성공

프랑스의 복음주의 전파에 노력함

칼빈의 초상화(플랑드르화파, 16세기) 마치 종
교개혁이라는 이상적 목표 하나만을 생각하는 듯
한 시선을 가진 칼빈의 모습이 묘사되었다.

냉혹한 열정으로
제네바의 종교개혁을 이끌다

"쾅, 쾅, 쾅!"

누군가 문을 부술 듯이 과격하게 두드리며 소리쳤다.

"빨리 문을 열라."

방문을 걸어 잠갔지만 오랫동안 버틸 수 없을 것 같았다. 도망갈 수 있는 길은 정원 쪽밖에 없었다. 창문에서 내려다보니 아래까지 높이가 꽤 됐지만 선택의 여지가 없었다. 다급해진 청년은 커튼을 꼬아 아래로 늘어뜨려서 타고 내려와 가까스로 도주에 성공했다. 이 청년은 얼마 전 파리대학 학장이 행한 연설의 실제 작성자로 의심받고 있었다. 그의 친구이자 파리대학 학장인 니콜라 콥은 1533년 11월 1일 만성절에 관례대로 새 학기를 여는 연설에서 〈마태복음〉 5장 3~8절의 팔복에 대해 설교했다. 설교 내용은 인문주의적이고, 종교개혁적이었다. 에라스무스와 루터의 영향을 그대로 느낄 수 있었다. 소르본신학교는 이 연설을 이단적이라고 비난했다. 프랑스 남부에 있던 프랑스 왕 프랑수아 1세는 이 사실을 보고받고, 그를 즉각 체포하라는 조치를 내렸다. 그로 인해 파리대학 학장 콥의 연설문의 배후로 드러난 이 청년도 몸을 숨겨야 했다. 실제로 파리대학 학장의 연설문을 작성했을 것이라 의심받은 이 청년은 요한 칼빈이었다. 당시 그의 나이는 24세였다.

칼빈은 체포령을 피해 새로운 사상이 불고 있는 앙굴렘으로 갔다. 앙굴렘은 프랑수아 1세의 여동생이자 나바르 여왕인 마르게리트의 보호를 받고 있었다. 마르게리트는 히브리어, 헬라어, 라틴어를 읽을 수 있었고, 이탈리아어, 스페인어, 영어, 독일어를 구사할 수 있는 매우 지적이면서도 흥미로운 여성이었다. 그녀 주변으로 인문주의적 지식을 갖춘 종교개혁적 성향의 진보 인사들이 모여들었다. 칼빈은 앙굴렘에 사는 친구 루이 뒤 틸레의 집을 은신처로 삼았다. 앙굴렘에는 훌륭한 도서관이 있었기 때문에 그곳을 이용해 계속 학문을 닦을 수 있었다. 1534년 5월, 그는 고향 누아용을 방문해 로마 교황청에서 받는 성직록을 포기했다. 이로써 그는 구교와의 관계를 완전히 끊었다. 성직록을 포기한 것은 그의 종교개혁을 향한 회심 때문이었다. 그의 회심은 파리대학 학장 콥의 연설 이전에 이루어졌던 것으로 보인다. 그는 1557년에 쓴 《시편 주석》의 서두에서 회심에 대해 이렇게 말했다.

"무엇보다 먼저 나 자신이 교황청의 미신에 매우 집요하게 밀착되어 있었기 때문에 그 깊은 나락에서 벗어나는 것이 쉽지 않았다. 그러나 하나님께서는 '깨우침과 수용력으로 인도한 직접적인 변화(subita conversione ad docilitatem)'를 통해 나이가 들어 제법 완고해진 마음을 변화시켜 개종하도록 인도하셨다. 참된 개혁주의 신앙의 확실한 맛을 보고나자마자 그 신앙 안으로 더 나아가고자 하는 열정이 나에게 불타올랐다."[2]

회심에 대한 칼빈의 진술에서 특기할 만한 것은 라틴어 'subita'라는 말이다. subita는 '갑작스러운'의 뜻도 있지만, '매개가 없는 직접적인'의 뜻도 가지고 있다. 다시 말해 subita는 '하나님'으로인해 갑작스럽고도 직접적인 변화가 자신에게 일어났다는 것을 뜻한다. 그의 회심은 교회의 전통이나 교황, 고위 성직자들로부터 일어난 것이 아니라, 하나님으로부터 직접 일어났다는 것을 의미한다. 칼빈이 회심 이전에도 믿음이 없었던 것은 아니다. 그는 회심 이전의 상태에 대해 이렇게 통렬하게 고백하기도 했다.

"나는 하나님에게 대적했다. 나는 하나님께 절대 순종하지 않았다. 오히려 교만과 악이 가득 차 있었다. 또한 하나님께 대적하여 영원한 죽음으로 뛰어드는 악독하고 완고함으로 가득 찬 사람이었다. 하나님이 긍휼하심으로 나를 영접하시고 무궁한 자비를 베풀지 않으셨다면 나는

2 《Calvini opera quae supersunt omnia》 vol. 31, 21쪽 ; 크리스토프 슈트롬, 문명선·이용주 역, 《개혁가 칼뱅》, 넥서스CROSS, 2009, 27쪽에서 재인용

분명 멸망에 이르렀을 것이다."[3]

✠

칼빈의 회심은 진정한 신앙을 위한 '터닝 포인트'였다. 그는 회심 이후 종교개혁의 길을 선택했다. 그러나 그 길은 가시가 널려 있는 고달픈 길이었다. 숨어 지냈지만 한편으로는 자유를 누렸던 앙굴렘에서의 평화는 오래가지 못했다. 칼빈이 고국인 프랑스를 떠나 평생 외국을 떠돌게 된 결정적인 사건이 벌어졌기 때문이다. 프랑수아 1세는 카를 5세와의 대결에서 승리하기 위해 종교개혁 성향의 독일 선제후들의 도움이 필요했다. 그래서 그는 전략적 차원에서 종교개혁에 대해 제한적이지만 관용 정책을 펴 왔다. 그러나 그러한 관용 정책을 접게 되는 사건이 벌어졌다. 1534년 10월 17일 밤, 프랑수아 1세의 침실 밖에 팸플릿이 붙었다. 그것은 미사를 용서할 수 없는 영적 남용으로 비난하는 글이었다. 팸플릿은 왕의 침실 밖에만 붙은 것이 아니었다. 성의 이곳저곳에서 발견되었다. 팸플릿이 붙여진 다음 날, 왕은 자신이 자는 곳까지 누군가 몰래 들어 올 수 있다는 사실에 큰 충격을 받았다. 당연히 프랑수아 1세는 이런 상황을 영적인 전투 상황이자 자신에 대한 도전으로 간주했다. 독일 선제후들과의 전략적 제휴는 이미 물 건너간 일이 되었다. 그는 미사와 교회를 비난하거나 공격하는 행위를

---

3 Herman J. Selderhuis, 《John Calvin: A Pilgrim's Life》, Inter Varsity, 2009 ; 헤르만 셀더르하위스, 조승희 역, 《칼빈》, 코리아닷컴, 33쪽

자신에 대한 공격으로 간주했다. 따라서 종교 개혁을 추종하는 세력들은 끔찍한 탄압을 당했다. 프랑스에 남아 있다가는 목숨을 부지하기 어려운 상황이었다.

칼빈의 대표작인 《기독교 강요》

상황이 이러했기에 칼빈도 프랑스를 떠나야만 했다. 그는 처음에는 스트라스부르크로 갔다가 1535년에 스위스의 바젤로 건너갔다. 바젤은 로마 가톨릭이 지배하지 않는 도시로 1529년에 이미 종교개혁에 동참했다. 인문주의 성향의 대학이 있고, 새로운 사상을 접하고 전파하기 좋은 출판의 중심지였다. 또한 프랑스와 국경을 접하고 있어 프랑스의 소식을 계속 들을 수 있었다. 칼빈은 이미 프랑스에서 도망쳐 온 친구 콥을 만나 이곳에서 언어 훈련을 계속할 수 있었다. 그리고 칼빈이 존경했던 에라스무스도 그해에 바젤에 정착했다. 그때 그가 에라스무스를 만났는지는 알 수 없다. 바젤은 칼빈이 종교개혁가로서의 삶을 시작하기에 최적의 조건을 갖춘 도시였다. 그러나 바젤에서도 칼빈은 여전히 불안해서 마르티누스 루시아누스라는 가명으로 학문 연구에 몰두했다. 그런데 그는 프랑스의 박해받는 신교도들을 잊을 수 없었다. 그들을 옹호하기 위해 간결하면서도 힘 있는 책을 쓰기 시작했다. 1536년에 처음 출간된 이 책의 이름은 《기독교 강요》였다. 칼빈은 대담하게 《기독교 강요》를 프랑수아 1세에게 헌정하며 프랑스의 신교도들을 옹호했다. 《기독

교 강요》는 중세 교회의 잘못된 모든 과
정을 밝히고, 종교개혁이 성서적 원리로
돌아가려는 운동이라는 것을 밝혔다.

이 책으로 칼빈은 유명세를 얻었다.
이 책은 유럽 역사의 흐름을 결정하고,
유럽의 얼굴도 바꾸어 놓았다. 그리고
종교개혁가로서 칼빈이 걸어가야 할 운
명도 함께 결정지었다. 그러나 칼빈은
제네바에서 기욤 파렐을 만나기 전까지

기욤 파렐의 초상화(테오도레 베자 작, 1580)

그러한 운명이 자신을 기다리고 있는지 알지 못했다.

✣

기욤 파렐(Guillaume Farel, 1489~1565)은 어떤 사람일까? 파렐은 칼
빈이 제네바로 오기 전에 제네바에서 종교개혁을 성공시킨 인물이었다.
제네바는 1536년 5월 21일에 전체 시민회의를 통해 "오직 복음서와 하나
님의 말씀에 따라 살겠다."라고 서약했다. 가톨릭 주교의 나라에서 개신교
를 유일한 신앙으로 받드는 도시가 탄생한 것이다. 이렇게 제네바가 개신
교 도시가 된 것은 파렐의 열정적이고 선동적인 설교 덕택이었다. 그의 설
교는 시민들로부터 큰 호응을 얻었지만 과격했다. 에라스무스는 파렐을
"일생 동안 한 번도 본 적 없는 뻔뻔하고 과격한 사람"이라 평했다. 파렐은
자신의 지지 세력을 데리고 막무가내로 가톨릭교회로 쳐들어가 미사를 방
해하고, 강단에 올라가 설교를 하기도 했다. 하나님의 말씀에 위배된다 하

여 교회에서 성화를 내다 버리게 했고, 미사를 폐지시키기기도 했다. 이렇게 해서 그는 제네바에서 가톨릭 세력을 쫓아내고 종교개혁을 성공시켰다. 그러나 성공 다음이 문제였다. 그는 과격한 행동가였지, 창조적 혁명가는 아니었다. 행동만으로는 오래가지 못한다는 것을 자신도 잘 알고 있었다. 그래서 그는 젊은 칼빈에게 도움을 청했다. 당시 제네바의 상태에 대해 칼빈은 이렇게 회고했다.

"내가 처음 이 교회에 왔을 때 거의 아무것도 없는 것이나 마찬가지였다. 설교하는 것이 전부였다. 사람들이 우상 숭배와 관련된 그림들을 불태웠지만, 진정한 종교개혁은 없었다. 그곳에는 혼잡한 무질서 외에 어떠한 것도 없었다."[4]

칼빈은 원래 제네바에 정착할 생각이 없었다. 그는 아버지의 유산 정리 문제로 파리에 갔다가 동생들을 데리고 스트라스부르크로 여행을 떠날 예정이었다. 그러려면 가톨릭 세력의 수호자인 카를 5세의 영향권에서 벗어나 안전하게 제네바 쪽으로 돌아가야만 했다. 그는 제네바로 돌아가는 중에 파렐을 만났다. 파렐은 1534년에 칼빈과 비슷한 목적으로《간결하고 간명한 해설》이라는 책을 출판했다. 그러나 그는《기독교 강요》를 읽은 다음 칼빈의 탁월함을 깨끗하게 인정했다. 칼빈을 붙잡을 수 있다면 협박도 마

---

4 크리스토프 슈트롬, 문명선 · 이용주 공역,《개혁가 칼뱅》, 넥서스CROSS, 2009, 89쪽

다하지 않았다. 칼빈은 1557년에 《시편 주석》의 헌정사에서 파렐에 대해 이렇게 말했다.

"내가 개인적 공부에 헌신하기 원한다고 말하며 아무리 요청해도 아무것도 받아들이지 않겠다는 뜻을 보였을 때, 그(파렐)는 자신도 모르게 다음과 같은 저주의 말을 했다. '만일 당신이 이 위기 가운데서 나를 돕지 않는다면, 하나님께서 당신의 평안함에 나의 저주를 보내실 것이다.' 나는 파렐의 말에 놀라 계획한 여행을 포기했다."[5]

과격한 행동가였지만 파렐은 사람을 알아보는 뛰어난 안목이 있었다. 그는 칼빈을 만나고 나서 자기보다 스무 살이나 어린 그를 평생 지도자이자 정신적 스승으로 삼았다. 그러나 그는 칼빈을 자유롭게 내버려 두지 않았다. 협박과 저주를 퍼붓는 것을 마다하지 않으며 칼빈을 종교개혁의 길로 내몰았다. 파렐로 인해 칼빈은 제네바에서 '성서 교사'로 일을 시작했다. 그러나 그의 존재는 미미했다. 제네바 시의 서기는 그의 이름조차 몰라 월급 명부에 '그 프랑스인'이라고 적을 정도였다.

그러나 칼빈은 천성적으로 치밀한 기획자이자 이론가였다. 그는 무질서한 것을 참지 못했다. 무질서한 제네바에 새로운 질서를 가져오기 위해 교회 행정에 관한 규칙과 시민 교육용 신앙고백서를 만들려고 생각했다.

5　크리스토프 슈트롬, 문명선·이용주 공역, 《개혁가 칼뱅》, 넥서스CROSS, 2009, 86~87쪽

칼빈주의의 시작(플랑드르 판화, 1566). 이 그림에서 칼빈주의자들이 가톨릭교회의 상을 부수고 그림을 떼어내는 장면을 볼 수 있다. 칼빈이 활동하기 전 이미 제네바에서는 기욤 파렐의 영향으로 가톨릭교회의 상들이 부서지고 그림들이 버려졌다.

그는 1537년 1월, 〈교회 행정에 관한 조례〉를 제네바 시의회에 제출했다. 이 조례는 바울의 가르침대로 시편 찬송을 부를 것, 성찬을 매월 시행할 것, 어린이를 위한 교육을 실시할 것, 결혼법을 개혁할 것 등의 내용이 담겨 있었다. 칼빈은 《젊은이들을 위한 교리문답》을 출판했는데, 나중에 여기에 21개 조항으로 된 간단한 신앙고백서를 추가로 발간했다. 그는 모든 시민이 이 신앙고백서를 받아들이고, 맹세할 것을 시의회에 요구했다. 시의회는 이 주장을 받아들였다. 이제 이 맹세를 거부하는 사람은 곧바로 제네바에서 추방되었다.

칼빈은 야심차게 제네바에서 모범적인 신앙공동체를 건설하고자 했다. 제네바 시민들은 초등학생처럼 10명씩 관원 앞으로 나와 오른손을 들고 그가 만든 신앙고백을 준수하겠다는 서약을 해야만 했다. 그러나 이러한 강압적인 시도는 제네바 시민들에게 불평을 샀다. 공개적인 신앙고백 방식은 루터가 주장한 '기독교인의 자유'와 '개인의 양심'과 충돌하기 때문이다.

신앙고백을 하지 않은 사람이나 부도덕한 행위를 한 사람은 성만찬에 참석할 수 없었다. 성만찬에 참석할 수 없는 사람은 시민으로서도 끝이었다. 그에게 물건을 사거나 팔아서도 안 되었다. 공적인 참회를 거부하면 그 사람은 제네바에서 추방당했다. 칼빈은 이런 성만찬을 매주 행할 것을 요구했다. 시 당국이 성만찬을 1년에 네 번으로 제한했지만, 성만찬의 위력은 대단했다. 제네바 시민들은 성만찬에서 배제될까 전전긍긍하며 두려워했다. 단 한 잔의 포도주를 마시고 즐거워서 노래를 하다가 또는 너무 화려한 옷을 입었다가 칼빈의 눈 밖에 나지 않을까 걱정했다. 제네바 시민들은 칼빈에 대해 노골적으로 불평을 쏟아냈다.

"프랑스에서 흘러들어 온 외국인에게 우리가 책망을 받아야 하는가?"

1537년 11월, 시의회는 신앙고백에 서약하지 않는 사람을 추방시키도록 한 결정을 문제 삼았고 1538년 1월 4일에 누구도 성만찬에서 제외될 수 없다는 결정을 내렸다. 칼빈과 그를 지지하는 목사들의 과도하고도 성급한 종교개혁적 시도는 폭넓은 지지를 받지 못하고 시민들의 불평만 샀다. 그런 와중에 공개적 신앙고백과 성만찬을 권징의 수단으로 사용하는 칼빈을 비판한 장 필립이 시장으로 당선되었다. 새로운 시 당국은 칼빈과 추종자들에게 교회 규칙의 시행은 목사만이 아니라, 시 당국의 관료에게도 맡기도록 하는 새로운 지시를 내렸다. 엘리 코랄이라는 목사가 이에 대해 공개적으로 공격하다 체포되었다.

칼빈과 파렐을 포함한 목사들은 부활절에 성만찬을 집전하지 않겠다고 선언했다. 시의회는 그들에게 설교를 금지했다. 부활절이 다가오자 칼빈은 이 금지를 무시하고 성 피에르교회에서 설교했다. 그는 강단에서 성만찬에 대해 이렇게 말했다.

"주님의 성스러운 육체를 개들에게 던져버리느니 차라리 죽어버리겠다."

연구실에서 《기독교 강요》를 읽고 있는 칼빈(G. Vissche의 판화, 제네바 공립대학 도서관 소장, 1650), 종교개혁가라기 보다 인문주의자로서의 칼빈의 모습이 묘사되었다.

칼빈에게서 개로 취급받은 시 당국의 인내심은 한계에 도달했고, 결국 최고회의인 200인 위원회를 소집했다. 그리고 시 당국의 명령을 무시한 칼빈과 목사들의 해임안을 의결에 붙였다. 압도적으로 다수가 찬성했다. 반란을 일으킨 칼빈과 그 추종자들은 직위에서 해제되고 사흘 안에 도시를 떠나라는 선고를 받았다. 칼빈이 18개월 동안 수많은 시민을 위협했던 '추방의 벌'이 자신에게 떨어졌다. 1538년 4월 23일 아침, 그들은 제네바에서 추방당했다.

그러나 칼빈은 추방된 지 몇 년 되지 않아 제네바 시 당국으로부터 돌아와 달라는 간청을 받게 되었다. 시 당국은 1541년 9월 13일에 제네바에 도착한 추방자 칼빈을 특별한 예우를 갖춰 영접했다. 대체 그 사이에 어떠한 일이 벌어진 것일까? 파렐과 칼빈이 떠난 후 제네바는 다시 구교의 회유와 공세에 시달렸다. 명망 높은 추기경 야고보 사돌레토는 1539년 5월, 제네바 시민들에게 편지를 보내 "가톨릭교는 오류가 없으니, 교황의 품으로 돌아오라."고 선동했다. 제네바 시의회는 마땅한 대응을 하지 못하다가 결국 칼빈에게 부탁하기로 했다. 6일 만에 칼빈은 〈추기경 사돌레토에 대한 응답〉을 작성했다. 이 서신은 짧고 정확하게 교황청의 부정을 지적하면서 종교개혁의 가르침을 설명해 가톨릭의 공세를 무력화했다. 이 사건 이후 제네바의 목회자들은 칼빈에게 여러 차례 제네바로 돌아와 달라고 요청했지만, 칼빈은 그때마다 단호하게 거부했다.

파렐이 제네바로 돌아와 달라고 요청했을 때, 1540년 3월 29일에 칼빈은 죽어도 가지 않겠다는 투의 편지를 보냈다.

"이 십자가를 지는 것보다 차라리 100번 이상이라도 다른 죽음의 고통을 당하는 것이 나을 것 같다."

✠

그가 제네바에 다시 온 것은 이 서신을 작성한 후 2년이 더 지난 1541년 9월이었다. 칼빈은 사실 제네바에 돌아갈 마음이 별로 없었던 것 같다. 그는 스트라스부르크에서 목회자로서 신약성서를 강의하며 행복하고 만족한 생활을 했다. 항상 존경하던 마르틴 부처와 함께 일하며 하게나우, 보름스 종교회의에 스트라스부르크 대표로도 참석해 종교개혁 운동에 앞장섰다.

한편 그는 《기독교 강요》(제2판, 1539년), 《로마서 주석》(1540년) 등 여러 저술을 집필하고 출판했다.

1541년에 《기독교 강요》 제2판을 프랑스어로도 출판해 프랑스에서 더 많은 사람이 읽도록 했다. 물론 프랑스 당국은 즉각 이 책을 금서 목록에 올리고, 노트르담성당 앞에서 불질러 버렸다. 칼빈은 제2판에서 초판의 내용을 훨씬 확대시켰다. 초판은 6장이었으나, 2판은 17장으로 확대되었다. 하나님에 대한 지식, 신약과 구약의 유사성과 차이성, 예정과 섭리, 그리스도의 생애 등 새로운 내용이 들어갔다. 칼빈은 《기독교 강요》 초판을 쓴 이래 죽을 때까지 이 책을 계속 수정·보완해 나갔다. 최종판은 1599년에 나왔고, 초판에 비해 5배 정도 늘어났다. 내용은 늘어났지만 초판에서부터 최종판까지 그의 입장은 수미일관했다. 저술 작업 외에도 칼빈은 인생에서 중요한 성과를 스트라스부르크에서 얻었다. 페스트로 사망한 사람의 부인이었던 이들레트 드 뷔르라는 여인과 결혼한 것이다.

스트라스부르크에서 보낸 시간은 칼빈에게 학문적으로나 인간적으로나 모두 행복한 시간이었다. 이런 행복한 스트라스부르크에서 십자가가 기다리는 제네바로 돌아가기 싫었을 것이다. 그러나 열정적인 파렐은 이번에도 칼빈을 하나님의 저주로 협박하며 몰아붙였다. 칼빈은 못마땅했지만 '주님께 자신을 제물로 드리는 심정'으로 돌아가기로 결심했다. 칼빈은 돌아오자마자 권징을 포함한 교회 규율의 제정을 요구했다. 칼빈이 초안을 작성한 교회 규율은 시의회에서 수정을 거쳐 채택되었다.

교회 규율에 의하면 교회직제는 목사, 교사, 장로, 집사의 네 가지 직분

제네바 시에 있는 종교개혁가 동상. 10명의 종교개혁가가 새겨진 벽 가운데 베자, 칼빈, 파렐, 녹스의 동상이 도드라져 세워져 있다. 사진에서 왼쪽의 두번째가 칼빈으로 성서를 손에 들고 있다. 동상 아래 글자는 예수 그리스도를 나타낸다.

으로 구분된다. 목사의 직분은 공적인 말씀 선포와 성례 집행 그리고 상담이다. 교사는 참된 가르침에 대한 책임을 담당하며, 신학적인 교육뿐 아니라 교회와 관련된 모든 학교 영역을 관장한다. 장로는 성도의 삶을 감독하고, 집사는 가난한 이들을 돕는 사역을 한다. 칼빈은 12명의 장로와 목사로 구성된 종교국을 만들어 교회 규율을 담당했다. 이 종교국은 직접 처벌은 할 수 없지만, 권징은 할 수 있었다. 종교국의 권징은 세속 권력의 처벌로 그대로 이어졌다. 칼빈은 이 종교국을 통해 신정정치를 구현했다. 그의 신정정치는 엄격했고 가혹했다. 처음 5년 동안 13명이 교수대에 매달리고, 10명이 목이 잘리고, 35명이 화형당하고, 76명이 추방당했다. 오죽하면 감방마다 죄수로 가득 차서 간수장이 시 당국에 단 한 명의 죄수도 더 받을 수 없다고 통보할 정도였다.

제네바는 엄격한 개신교의 도덕과 율법주의가 지배하는 모범도시로 찬양받았다. 그러나 더 이상 활기찬 도시는 아니었다. 신성한 노동 외에

노래, 춤, 카드놀이 등 모든 쾌락이 금지되
었다. 당연히 칼빈에 대한 불만도 증가했
다. 처음에 칼빈의 지지자였던 사람들도
노골적으로 불만을 털어놓았다. 카드놀이
금지로 피해를 본 카드 제조업자 피에르
아모는 칼빈을 "제네바를 프랑스인이 지배
하도록 만든 자"라며 비방했다. 그러나 그
대가를 톡톡하게 치러야 했다. 속옷 차림
으로 횃불을 들고 시내를 순회하며 칼빈에
게 용서를 구하라는 처벌이 내려졌다. 존

칼빈에게 화형을 당한 세르베투스의 초
상. 그가 화형을 당했다는 것을 나타내
듯이 그의 초상 아래에 불꽃이 타오르
고 있다.

경받던 제네바 시민이 굴욕당하는 광경을 목격한 시민들의 불만은 더욱
커졌다. 이에 대한 대응으로 시 당국은 성 제르베교회 앞에 교수대를 세
웠다. 그러나 반항과 충돌은 줄지 않았다.

　칼빈의 신학론에 대한 반발도 이어졌다. 칼빈은 구원은 전적으로 하나
님의 선택에 따른다는 예정론을 주장했다. 제롬 볼섹은 칼빈의 예정론이
아우구스티누스의 복사판이며, 하나님을 죄의 근원이자 폭군으로 만들
뿐이라고 비난했다. 제롬 볼섹은 체포되었고 심문받은 후 추방됐다. 이후
장 트롤리에가 볼섹과 유사한 비난을 칼빈의 예정론에 퍼부었다. 그런 와
중에 칼빈에게 '냉혹한 독재자'의 인상을 심어 준 결정적 사건이 벌어졌
는데, 이는 1553년 10월 27일에 시행된 세르베투스의 화형 사건이다.

　세르베투스는 '소 혈액순환'을 발견한 유명 의사이자 신학자였지만, 삼

칼빈의 무덤, 그는 죽은 후에 영웅처럼 떠받들어지는 것을 경계해 묘비도 세우지 말고 아무도 모르는 곳에 묻으라고 유언했다. 유언대로라면 이 묘지가 칼빈의 것인지 확실하지 않다.

위일체를 공공연하게 부정했다. 칼빈은 그가 온다면 산 채로 돌려보내지 않겠다고 별렀다. 세르베투스는 제네바에 와서 예배를 보는 도중에 체포되었고, 심문을 거쳐 화형을 당했다. 이를 놓고 인문학자 카스텔리오는 위험에도 불구하고 "성서에 나오지 않는 교리" 때문에 세르베투스를 화형시켰다고 칼빈을 맹비난했다.

현대 독일의 작가 스테판 츠바이크는 《폭력에 대항한 양심》이라는 책에서 카스텔리오를 옹호하며 칼빈을 냉혹한 독재자로 묘사했다. 이렇게 칼빈은 죽을 때까지 그리고 죽고 나서도 적대자들에게서 비난을 받았다. 그러나 칼빈의 단호하고도 관용 없는 개혁이 없었다면 제네바는 단시간에 성서에 따라 사는 종교개혁의 도시로 탈바꿈하지 못했을 것이다. 칼빈은 죽기 전에 제네바에 아카데미를 세워 수많은 개혁주의 학자를 배출해 개신교의 가르침을 유럽 전역에 전파했다. 존 녹스는 이런 제네바를 보고 "사도 시대 이후 지상에 존재했던 가장 완전한 그리스도의 학교"라고 찬양했다.

칼빈은 자신의 적대자들뿐 아니라 그 자신에게도 결코 관용을 보이지 않았다. 그것이 하나님의 일이라고 굳게 믿었기 때문이다. 칼빈은 평생 하루에 서너 시간의 잠만 잤고 매일 단 한 번의 검소한 식사를 했다. 그것도 일을 하면서 재빨리 해치웠다. 그의 몸은 온갖 병을 달고 다니는 종합병원이었다. 그래도 그는 4,000번이 넘는 설교를 했고, 270회의 결혼 주례를 맡았으며, 50회의 세례를 거행했다. 또 죽을 때까지 많은 사람을 가르치며 수많은 책을 저술했다. 칼빈이 말년에 과로로 쓰러져 동료들이 휴식을 권하자, 그는 이렇게 대답했다고 한다.

"주님께서 다시 오실 때에 내가 게으름 피우고 있는 것을 보시면 어떻게 합니까?"

이런 칼빈의 눈으로 볼 때 제네바 시민들은 나태하고 연약했다. 칼빈은 그들에게 필요한 것은 끊임없는 권징, 즉 채찍질이었다고 생각했을 것이다. 그러나 그것은 구약식 율법주의이지 사랑의 권고는 아니었다.

토머스 뮌처

Thomas Müntzer

1490~1525, 독일 출생
급진적 사회개혁 운동의 지도자

토머스 뮌처의 초상(작자 미상)

급진적 혁명을 위해
교회를 강탈하다

"당신이 제후들을 책망했다니 믿을 수 없는 일이오. 당신은 다시 그들의 비위를 맞추고 있소. 당신은 새로운 교황으로서 그들에게 수도원과 교회를 선물로 주고 있소. 그래서 그들은 당신에게 만족하는 것이오."
(ETM,189)

루터를 새로운 교황으로 비난하는 이 글은 시의회가 칼슈타트(A. B. Kalstadt, 1480~1541)의 글을 압수하기 위해 인쇄소를 뒤질 때 함께 발견되었다. 칼슈타트는 비텐베르크대학의 교수로 루터에게 신학 박사학위를 수여한 선배 교수였다.

그는 루터가 바트부르크 성에 피신했을 때 비텐베르크에서 종교개혁운동을 이끌었다. 그는 계급적인 교회 제도를 배척하고 사회적 평등주의를 실현하고자 했다. 또한 성직자와 평신도를 구별하는 복장 착용을 반대해 농부들의 옷을 입고, 교회에서 서로 형제라고 부르게 했다. 하지만 그는 루터와 달리 급진적인 종교개혁을 추진했다. 성서에 맞지 않는다고 제단, 성상, 성화를 부수어 버렸고, 교회 수입을 평신도 위원회에 맡겨 가난한 자들을 위한 구제금과 가난한 처녀들을 위한 결혼 지참금으로 분배했다. 또한 성직자의 결혼을 찬성했고, 매매춘과 구걸 행위를 금지시켰다. 시의회는 칼슈타트와 그의 동조자들이 주장하는 종교적 공동체와 법안을 통과시켰다. 그러나 선제후 프리드리히는 성상 파괴 운동과 더불어 기존의 사회 질서까지 흔드는 급진적인 종교개혁에 불안해했다. 그는 시의회에 전 독일인이 교회 개혁에 참여할 때까지 종전의 상태로 돌아갈 것을 명령했다.

그 사이에 바트부르크에 은신해 있던 루터가 비텐베르크로 몰래 돌아왔다. 1522년 8월 23일에 비텐베르크에 도착한 그는 8일간 행한 설교에서 개혁가들이 성서 지식은 남다르지만, 급진적 개혁은 사회 혼란을 초래하고, 적그리스도가 좋아할 빌미를 제공한다고 비판했다.

루터는 개혁은 혼란이 아니라 자유와 질서 위에서 행해져야 하며, 이를 위해 하나님이 세운 정부의 도움이 필요하다고 설교했다. 루터는 권력자의 입장을 대변했다. 그러나 칼슈타트와 같은 급진주의자들은 루터가 지나치게 권력과 타협한다며 루터와 갈라섰다. 선제후 프리드리히와 루터의 영향 아래 있던 시의회는 칼슈타트의 글을 금지했고, 그의 글을 압수하기 위해 인쇄소를 뒤졌다.

이 과정에서 또 다른 책《변론》이 발견되었다.《변론》은 루터를 종교개혁가가 아니라 새롭게 등장한 '비텐베르크의 교황'이라고 노골적으로 비판했다. 그런데 이 책을 쓴 사람은 칼슈타트가 아닌 토머스 뮌처였다. 루터를 비판하는 글은 이렇게 계속되었다.

"당신이 전에 보름스에서 주권을 그렇게 고백했던 것은 당신이 그 주둥이를 잘 어루만져 꿀을 발라 주었던 귀족들 덕분일 것이오. 그 귀족들은 당신이 당신의 설교로 그들에게 보헤미아의 선물(교회 재산의 세속화)을 주게 될 것이라고 기대했기 때문이오. 당신이 영주들에게 주기로 약속한 수도원이 바로 그것이오. 만일 당신이 보름스에서 주춤거렸다면 당신은 석방되기는커녕 귀족들에 의해 창에 찔려 죽었을 것이오."
(ETM, 189)

루터의 종교개혁은 영주들의 지지가 없었다면 성공하지 못했을 것이라는 주장이다. 그런데 이 주장은 상당히 설득력이 있었다. 교황과 황제에 반대했던 영주들의 지지가 없었다면 사실 루터는 이단 심문을 받고 일찌감치 화형에 처해졌을지도 모른다. 루터가 프리드리히 선제후의 보호와 지원을 받은 것은 잘 알려진 사실이다. 그렇기 때문에 루터는 운신의 폭이 좁을 수밖에 없었다. 한편으로는 현실적 역학 관계에 대한 고민도 있었다. 그 고민 끝에 루터는 농민전쟁에서 농민 편이 아니라 영주들의 편에 섰다. 이런 루터의 보수적인 입장은 급진파의 불만을 더욱 가중시켰다.

토머스 뮌처도 그러한 급진파들 중 한 사람이었다. 그가 루터에 대적하는 글을 쓸 때는 농민전쟁이 발발하기 전이었다. 그러나 농민전쟁은 이미 일촉즉발의 상황이었다. 루터가 종교개혁의 횃불을 들어 올릴 때, 농민들은 영주들과 달리 새로운 세상을 기대했다.

그가 인간은 누구나 하나님 앞에 평등하며

농민전쟁을 알리는 경고 그림. 이 그림에서는 대홍수처럼 다가올 농민전쟁을 경고하고 있다.

만인제사장주의를 주장하고 기독교인의 자유를 선언하자, 농민들은 새 세상이 열렸다고 기뻐했다.

농민들은 루터의 주장을 정치적·경제적·사회적 의미로 해석했다. 루터가 농민의 요구를 무시하던 영주들과 고리대금을 즐기던 자본가들을 비판하자, 농민들은 환호했다. 그런데 정작 루터는 '폭력'에 의한 급진적인 사회 개혁을 반대했고, 성서 말씀에 의한 점진적인 변화를 원했다.

그러나 농민들은 더 이상 그 상황을 견딜 수 없었다. 결국 1524년 6월에 남부 독일에서부터 농민들의 반란이 시작되었다. 뤼펜 백작 부인이 연회에 쓸 딸기와 달팽이 껍데기를 모아 올 것을 요구하자, 과도한 세금과 노동에 지쳐 있던 농민들이 이를 거부하면서 반란이 시작되었다. 한스 뮐러라는 평범한 농민이 주동이 된 이 반란은 영주와 귀족들에 대항하는 농민전쟁으로 발전했다. 농민 반란은 순식간에 독일 전역으로 번져 나갔다. 1524년 말에는 독일의 3분의 1이 농민의 수중에 들어갔다. 농민 반란 초기에 농민들은 폭력을 사용하지 않고 온건한 방식으로 사회 개혁을 요구했다. 그들이 1525년 2월에 작성한 〈12개 조항〉에는 그러한 요구가 잘 나타나 있다.

1) 목사는 회중에 의해 선택되어야 한다.
2) 가축의 십일조 제도를 폐지하고, 곡물의 십일조는 목사와 다른 공동체를 위해 사용되어야 한다.
3) 복음 정신과 기독교인의 자유사상에 배치되는 농노 제도는 폐지되어야 한다.
4) 농노는 그리스도에 의해 구속된 자유인들이므로, 더 이상 소유물이 되어서는 안 된다.
5) 귀족들이 약탈해 간 수렵권, 어획권, 벌목권 등을 농민들에게 되돌리도록 법이 개정되어야 한다.
6) 과도한 세금 제도는 폐지되어야 한다.
7) 농노에게 부과되었던 강제 노역은 폐지되어야 하고 정당하게 보수

로 지불되어야 한다.

8) 과도한 소작료는 폐지되어야 한다.

9) 귀족들에 의한 새로운 법 제정을 반대하며, 공정한 법의 집행과 성문화된 독일의 법으로 환원되어야 한다.

10) 영주들이 돈을 지불하지 않고 소유한 모든 공유지는 영주와 농민이 공동으로 소유해야 한다.

11) 과부와 고아를 불의하게 억압하는 상속세와 사망세는 폐지되어야 한다.

12) 위의 요구 가운데 하나님의 말씀에 저촉되는 것은 무엇이든지 철회되어야 한다.

농민들은 12개의 요구 사항이 루터의 복음과 일치한다고 보고, 지배계급과의 화해를 통해 문제를 해결할 수 있다고 기대했다. 그러나 지배계급은 이러한 요구사항을 들어 줄 생각이 전혀 없었다. 루터는 농민들에 대한 영주들의 탐욕을 비판했지만, 결국에는 영주들의 편에 서고 말았다.

토머스 뮌처는 농민혁명 이전부터 루터에게 지배계급인 영주가 아니라, 가난하고 핍박받는 자의 편에 서라고 요구했다. 그것이 진정한 복음이며 하나님의 말씀을 실천하는 길이라고 주장했다. 그는 루터를 새로운 '비텐베르크의 교황'으로 비판하며, 농민들과 함께했다. 그는 종교개혁의 횃불로 교회뿐 아니라 세상에도 불을 지르기 시작했다.

이렇게 세상에 불을 지르기 시작한 혁명의 신학자 토머스 뮌처는 누구인가? 그는 독일 작센주의 하르츠에 있는 작은 동네 스톨베르크에서 태어났다고 알려져 있다. 뮌처의 아버지가 저항운동으로 처형당했다는 이야기도 있으나, 이는 뮌처에 대한 혐오감을 불러일으키기 위해 나중에 날조된 것일 수 있다. 그의 어린 시절에 대해서는 알려진 것이 없다. 라이프치히대학의 학적부에 1506년 10월 16일에 입학했다고 기록된 것을 미루어 볼 때, 그가 1490년 이전에 태어난 것으로 추정할 수 있다.

그 당시 대학은 최소 연령인 16~17세가 되어야 등록할 수 있었기 때문이다. 뮌처가 공부한 라이프치히대학은 로마 교황청의 입장을 지지하는 보수적인 대학이었다.

뮌처는 이 대학에서 전통적인 인문학 과정을 마친 후, 프랑크푸르트 오더에서 신학 수업을 받았다. 그는 신학 수업을 받으면서 특히 교부 철학자, 신비주의자, 요아킴 폰 피오레, 성서 공부에 관심을 기울였으며, 헬라어와 히브리어도 배웠다. 당시에 그가 받은 교육은 평범한 것이 아니었다.

그는 대학을 졸업한 후, 1516년에

츠비카우에 있는 토머스 뮌처 동상, 그는 루터의 도움으로 츠비카우에 사제가 되어 그곳에서 활동했다.

프로제에 있는 수도원의 수석 신부로 일했다. 그리고 1517~18년에는 브라운슈바이크 마르티네움시의 고등학교에서 학생들을 가르쳤다. 1517년에 마르틴 루터가 종교개혁의 횃불을 들어 올렸을 때부터 그는 루터의 개혁사상에 매료되었다.

뮌처는 루터의 면죄부 비판 이전부터 면죄부에 대해 비판적 입장을 가졌다. 그는 루터가 활동했던 비텐베르크에 체류하면서 필립 멜랑히톤을 알게 되었고, 1519년 7월에는 루터를 만났다. 이때 그는 종교개혁의 열성 당원으로서 루터를 따랐다. 루터도 그를 인정해 츠비카우교회의 사제로 추천했다. 그는 츠비카우의 성 마리아교회에서 담당 사제인 요한 실비우스 에그라누스가 휴가 여행을 간 사이 그의 일을 대행했다. 그러다 에그라누스가 복직하자 츠비카우의 작은 카타리파 교회를 담당하게 되었다.

이로 인해 그에게 변화가 일기 시작했다. 성 마리아교회의 구성원들이 상류층과 중산층이었다면, 그가 담당한 카타리파 교회는 수공업자, 광부, 직조공 등 하층민이 출입했다. 그는 이 교회를 통해 하층민의 비참한 삶과 고통을 알게 되었다. 이때부터 그는 루터와 다르게 종교개혁뿐 아니라 사회개혁을 급진적으로 주장한 츠비카우의 예언자들에게 관심을 쏟았다. 츠비카우의 예언자들의 대표자인 니콜라오 스토르히는 〈8항목〉을 통해 다음과 같이 위정자와 성직자들을 신랄하게 비판했다.

"만약 모든 사람이 똑같고 평등한 위치라면, 또 모든 것이 공동의 필요에 따라 사용되고 쥐새끼 같은 왕을 더 이상 섬기지 않아도 된다면 얼마

나 좋겠는가? 색욕에 사로잡힌 나쁜 성직자들과 뚱뚱한 호색가들은 없어져야 한다."(ETM, 91)

뮌처는 자신이 관심을 기울여 왔던 신비주의와 츠비카우 예언자들의 영향으로 성서 문자에 집착하는 인문주의적 입장을 떠나 직접적인 성령 체험을 주장하기 시작했다. 뮌처가 이런 자신의 입장을 분명하게 나타낸 것은 성 마리아교회의 담당 사제인 에그라누스와의 분쟁 때문이었다. 에그라누스는 에라스무스주의자로 인문주의적 경향을 띠었다. 에그라누스가 중산층의 입장을 대변하는 훌륭한 삶을 지향하는 조용한 인문주의자였다면 뮌처는 평신도들의 고통을 함께하며 예수의 고난이라는 문제에 대해 고민하는 뜨거운 심장의 신학자였다. 에그라누스와 뮌처의 반목과 갈등은 도시가 양분되는 결과를 가져왔고, 그 결과 폭동의 조짐이 나타나기 시작했다. 결국 에그라누스를 지지한 시의회는 1521년 4월 16일에 뮌처를 해임했다.

뮌처는 츠비카우를 떠나 종교개혁가인 얀 후스의 고향이자 천년왕국 전통이 살아 있는 프라하로 갔다. 그는 프라하에서 설교했고, 그의 신학적 입장을 나타내는 최초의 신학 문서인 〈프라하 선언〉을 썼다. 그는 이 선언을 통해 그동안 추종해 왔던 루터와 또 다른 입장을 나타냈다. 〈프라하 선언〉에서 뮌처는 루터의 '문자적 믿음'에 대하여 '영적 믿음'을 대립해 내세웠다. 그가 영적 믿음을 내세운 이유는 루터가 주장하는 '문자적 믿음'이 성령과의 만남이 없을 때 얼마나 현학적이고 기만적으로 변질될 수 있는가를 깨달았기 때문이었다. 대다수의 민중이 문맹자였던 시대에 문자를 해독할 수 있는 사람은 소수였다. 문자를 해독할 수 있는 사제들은 그 점을 이용해 성서의 내용을 차단하고 은폐시킬 수 있었다.

뮌처는 성서를 통해 증언되는 '가련한 민중의 살아 있는 목소리'가 그렇게 차단되고 은폐되었다고 보았다. 이와 관련해 뮌처는 〈프라하 선언〉에서 세 부류의 무리를 비판했다. 첫 번째 부류는 성서를 은폐시키는 사제들과 승려들이었고, 두 번째는 민중을 착취하며 살아가는 영주들이었으며, 세 번째 부류는 '죽은' 지식을 대변하는 '멍청한 불알 달린 박사들'이었다. 뮌처는 프라하에서 자신의 신학적 입장을 야심차게 표명하고 추종자들을 모았지만, 성공을 거두지는 못했다.

다시 독일로 돌아온 그는 잠시 고향과 할레의 수녀원에서 일하다가 알스테트의 요한교회의 사제로 일했다. 그는 알스테트에서 자신이 생각했던 바를 작은 것부터 실천에 옮기기 시작했다. 이는 바로 독일어 예배였다. 뮌처는 루터보다 3년이나 앞서 독일어 예배를 도입했다. 독일어 예배는 루터의 독일어 성서 번역을 예배에서 실현하는 것이었다.

그러나 그가 독일어 예배를 한 목적은 라틴어를 모르는 가난한 평신도를 위한 것이었다. 뮌처는 이때부터 분명하게 루터에 대해 비판적인 목소리를 내기 시작했다. 루터가 쓰라린 그리스도의 고난과 십자가를 강조하지 않고 달콤함만을 강조하며 반쪽 그리스도만을 가르친다고 비판했다. 또한 그는 민중의 고통과 함께하는 예수 그리스도의 고난을 강조했다. 뮌처의 설교는 광부와 같은 하층민들의 열렬한 지지를 얻었다.

그의 주일 설교를 듣기 위해 2,000명 이상의 외부인이 몰려들 정도였다. 하지만 지배계층은 달콤하고도 안락한 삶을 위협하는 뮌처의 설교를 불편해했다.

뮌처는 1524년 7월 13일에 독일의 영주들에게도 설교를 했다. 그는 영주들에게

농민전쟁 가담자에 대한 심판과 처형

복음을 위해 힘쓰지 않으면 "하나님은 영주들에게서 칼을 빼앗아 성난 백성들에게 줄 것이고, 하나님을 모르는 자들은 파멸할 것이다."라고 선언했다. 영주들은 뮌처의 설교에 위협을 느꼈다. 작센의 영주 요한은 뮌처를 법정에 출두하라고 요구하기까지 했는데, 뮌처는 이를 거부하고 자신과 비슷한 사상을 가진 파이퍼가 있는 뮐하우젠으로 도피했다. 뮐하우젠에서도 그는 도시의 일들을 하나님의 말씀으로 바로잡고자 노력했다. 그러나 혼란만 일으킨 채 결국 뮐하우젠에서 추방되고 말았다.

그는 추방된 뒤 독일 서남부의 폭동 지역을 여행하면서 그들과 합류했다. 그는 추종자들의 요청으로 뮐하우젠에 돌아왔으나 농민 봉기에 깊은 감명을 받아 점점 더 사회개혁가의 길로 나아갔다. 그 사이 뮐하우젠에도 독일 남부에서 불타오른 농민 반란의 불씨가 옮겨 붙었다. 물론 뮐하우젠의 봉기에 뮌처의 선동도 작용했다.

토머스 뮌처의 초상. 뮌처 초상 뒤로 뮌처의 처형을 나타내는 그림과 함께 다음과 같이 적혀 있다. '슈톨베르크 출신의 토머스 뮌처 알슈테트의 목사, 극렬분자, 농민봉기자들의 수호자 및 지도자 주후 1525년 교수형'

뮌처는 자신의 추종자들에게 하나님의 종으로서 기드온의 칼을 들고 경건치 못한 자들을 대적해 싸우라고 선동했다. 그리하여 1525년, 뮐하우젠 근처의 프랑켄하우젠에서 농민들과 영주들 간의 일대 결전이 벌어졌다. 뮌처가 농민들을 이끌었지만, 조직된 정예군대와 압도적인 수를 가진 영주를 이길 수는 없었다. 결국 농민들은 패했고, 뮌처는 잡혀가 고문을 당했다. 그는 고문을 당할 때 이렇게 고백했다.

"영주이든 백작이든 귀족이든 만인은 평등하다는 원리를 행하고자 하지 않는 사람은 누구나 그 목을 치거나 교수대에 매달려야 한다." (ETM, 241)

결국 그는 1525년 5월 27일 훈풍이 불어오는 날에 53명의 동료와 함께 처형당했다. 종교개혁뿐 아니라 평등과 자유로운 사회를 이루기 위해 짧은 생애를 불꽃같이 살다 간 신학자 토머스 뮌처는 사회주의 혁명의 역사적 아이콘이었다. 동독과 서독이 서로 대립하던 시절, 토머스 뮌처는 동독 화폐의 인물이었다. 엥겔스, 카우츠키 등은 독일 사회주의의 기원으로 그를 찬양했다. 그가 사회주의 혁명가들의 선구인가에 대해서는 의문이 있지만, 그가 꿈꾼 종교적 이상의 세계는 분명하다. 그것은 만인이 자유롭고, 평등한 하나님의 세계였다. 그는 하나님의 세계를 이루기 위해 십자가의 고난이 있다는 것을 죽음으로 증언했다.

❖
에드워드 6세가 죽고 소위 '피의 메리'라 불리는 메리 튜더가 남동생의 뒤를 이어 1553년에 즉위했다. 그녀는 캐서린 왕비의 딸로 가톨릭 신자였다. 그녀는 어머니의 복수를 위해 개신교의 모든 특권을 박탈했고, 토머스 크랜머를 비롯한 종교개혁의 지도자 수백 명을 처형했다. 존 폭스는 이때의 순교 역사를 《순교자 열전》에 생생하게 기록해 놓았다.

3부

종교개혁의 전개

●

순교와 희생으로
종교개혁을
이루다

이 시기의 역사적 배경

잉글랜드에도 종교개혁의 바람이 불었다. 헨리 8세는 왕권 강화를 위해 종교개혁의 바람을 이용했다. 그는 1509년에 왕으로 즉위하면서 형의 미망인이었던 스페인 아라곤의 카테리나, 즉 캐서린과 결혼했다. 그러나 캐서린이 아들을 낳지 못하자 이혼을 요구하고 앤 불린과 결혼하려고 했다. 그때까지만 해도 헨리 8세는 루터의 종교개혁을 비판하는 글을 써서 교황 레오 10세로부터 '신앙의 수호자'라는 존칭을 들었다.

그러나 그는 로마 교황에게 이혼을 허락받지 못했다. 그러자 토머스 크랜머를 캔터베리 대주교로 임명해 자신의 결혼이 무효임을 선언하게 했다. 결국 헨리 8세는 로마 가톨릭과 단절하고, 1534년에 자신을 교회의 수장으로 하는 수장령을 공포해 종교개혁을 단행했다. 또한 1536년, 1539년에 수도원을 해산하고 재산을 몰수했다. 수장령에 따라 잉글랜드 교회는 독자적인 잉글랜드 국교회가 되었다. 헨리 8세는 여섯 차례나 결혼을 한 끝에 그토록 원하던 아들 에드워드 6세를 얻었다.

그가 죽자 병약한 아홉 살의 에드워드 6세가 왕위를 이었다. 어린 왕의 섭정은 종교개혁에 우호적이라 에드워드의 치세에는 예전 통일법 제정과 영문 성공회 기도서 발표(1549년) 등에 의해 영국국교회의 탈 로마 가톨릭화가 진행되었다. 그러나 에드워드 6세가 죽고 소위 '피의 메리'라 불리는 메리 튜더가 남동생의 뒤를 이어 1553년에 즉위했다. 그녀는 캐서린 왕비의 딸로 가톨릭 신자였다. 그녀는 어머니의 복수를 위해 개신교의 모든 특권을 박탈했고, 토머스 크랜머를 비롯한 종교개혁의 지도자 수백 명을 처형했다. 존 폭스는 이때의 순교 역사를 《순교자 열전》에 생생하게 기록해 놓았다.

메리 여왕의 종교개혁에 대한 극심한 탄압은 사람들로 하여금 가톨릭에게서 멀어지게 만들었다. 반작용으로 사람들은 오히려 개신교로 향했다. 그녀가 죽자 가톨릭 재건의 꿈도 함께 사라졌다. 1558년에 앤 불린의 딸 엘리자베스 1세가 왕위에 올랐을 때 잉글랜드는 가톨릭과 개신교로 양분되어 있었다. 엘리자베스 1세는 두 신앙 사이의 타협점을 추구했다. 여왕은 〈수장령〉과 〈통일령〉을 부활시켜 국왕을 종교상의 수장으로 인정하도록 했다. 교리적으로는 칼빈주의에 가까운 〈39개 신조〉를 만들어 전국민적인 신앙의 통일을 꾀하면서 동시에 주교의 직책, 미사 제복 등과 같은 전통적인 요소들은 그대로 고수했다.

스코틀랜드는 가톨릭 신자인 여왕 메리 스튜어트가 프랑스에서 귀국해 종교개혁이 중단될 위기에 처했다. 그러나 그녀는 존 녹스 등의 종교개혁가들과 스코틀랜드의 귀족들에게 반발을 사 폐위되었다. 뒤이어 그녀의 어린 아들인 제임스 6세가 스코틀랜드 왕위를 이어받았다. 스코틀랜드는 정치와 교회를 둘러싸고 1세기에 가까운 싸움 후 장로교를 국가적 신앙으로 채택했다.

　메리 여왕은 폐위되고서도 엘리자베스 1세를 전복하려는 음모를 꾸미다 발각되어 엘리자베스 1세에게 처형당했다. 그녀의 아들 제임스 6세는 나중에 후사가 없는 엘리자베스 1세의 왕위를 이어받아 제임스 1세가 되었다. 엘리자베스 1세는 스코틀랜드의 여왕 메리를 처형하고 나서 에스파냐의 위협에 시달렸다. '피의 메리'의 남편이자 가톨릭 옹호자인 펠리페 2세가 무적함대를 앞세워 잉글랜드로 쳐들어왔기 때문이다. 하지만 엘리자베스 1세는 무적함대를 물리쳐 해상권을 장악했다. 해상권 장악은 잉글랜드가 조그만 섬나라에서 대해상국으로 성장할 수 있는 기초를 마련해 주었다. 그녀는 인클로저 운동과 수도원 해산으로 인해 토지를 잃은 농민의 빈민화를 방지했다. 그리고 금속·광산·모직물 공업 등 각종 공업

1588년 8월 스페인 무적함대의 침몰 (Philip James de Loutherbourg. 1796)

분야를 보호·육성하고 중상주의 정책을 채용했다. 중상주의 정책으로 잉글랜드에서 무역 확대와 해외 진출이 촉진되었다. 그녀의 치세 동안 잉글랜드는 문화면에서도 르네상스를 맞았다. 윌리엄 셰익스피어, 프

랜시스 베이컨 등의 작가와 학자들이 연이어 등장했다.

엘리자베스 1세의 통치 시기에 프랑스에서는 신구교 간의 위그노 전쟁 (1562~1598)이 치

성 바르톨로메오 축일의 대학살 Francois_Dubois 1572

열했다. 위그노는 칼빈주의의 영향을 받은 프랑스의 개신교도들을 일컫는다. 위그노 전쟁은 성 바르톨로메오 축일의 대학살로 인해 절정에 달했다. 카트린의 딸과 나바르 왕의 결혼식이 열리는 1572년 8월 24일, 성 바르톨로메오의 축일에 기즈 공작과 카트린이 결탁하여 축제에 참석한 위그노 지도자들과 위그노들을 대량 학살해 버린 사건이다. 이에 격분한 위그노들이 전국에서 들고 일어났고, 신교와 구교가 다시 격렬한 전투를 벌였다. 위그노 전쟁은 신구교 양측 모두에게 많은 희생자를 냈으며 당시 유럽의 악화된 경제 사정, 전염병, 국제적 갈등이 더해지면서 프랑스 국토를 심각하게 황폐화시켰다. 그러나 위그노의 지도자격인 나바르의 왕이 앙리 4세로 왕위에 오르자 종전의 희망이 보였다. 그는 왕위를 위해 가톨릭으로 개종했지만, 위그노들을 보호하기로 맹세했다. 앙리 4세는 1598년에 낭트 칙령(1598년)을 발표해 신구교간에 36년간 벌어 왔던 위그노 전쟁을 종결시켰다.

윌리엄 틴들

William Tyndale

1494~1536, 영국 출생
최초로 신구약 성서를 원전에서 영어로 번역

윌리엄 틴들의 초상화. 최초로 신구약 성서를 영
어로 옮기고 화형을 당한 영국의 종교개혁가이자
성서 번역자. 그의 번역이 없었다면 《킹 제임스
성서》는 탄생하지 못했다.

성서를 영어로 번역해 화형당하다

쾰른의 비밀경찰들이 급습했다. 인쇄를 앞두고 있던 신약성서 영어 번역 원고를 급히 챙겼지만, 워낙 다급해 많은 부분을 챙길 수 없었다. 비밀경찰들이 문을 부수고 들어오기 전에 창문을 통해 간발의 차로 도주할 수 있었다. 비밀경찰들은 대신 남겨진 원고와 인쇄기를 압수했다.

영국에서 온 코클라이우스는 무척 실망했다. 성서 사냥꾼이라는 별명을 가진 그는 책을 출판하기 위해 찾은 쾰른에서 우연히 인쇄공들에게 어떤 잉글랜드인이 자기들과 함께 영어 성서 출판을 진행하고 있다는 이야기를 들었다. 그는 본국에 영어 성서가 유포되는 위험한 일을 막고자 은밀하게 쾰른 비밀경찰들을 동원해 그 잉글랜드인을 체포하고자 했다. 그는 급히 헨리 8세와 울지 추기경에게 편지를 보냈다.

"모든 항구를 감시해 그 해로운 물건이 들어오지 못하게 막으시옵소서.

그리고 해로운 물건을 생산하는 틴들을 속히 체포하시기 바랍니다."

비밀경찰들을 피해 인쇄하던 원고를 가지고 황급하게 달아난 사람은 잉글랜드 출신의 윌리엄 틴들이었다. 틴들은 쾰른을 탈출해 라인강을 따라 남쪽으로 향했다. 그런데 그는 왜 신약성서를 몰래 영어로 번역하여 출판하려 한 것일까? 그것도 잉글랜드가 아니라, 독일의 쾰른에서 말이다.

지금으로서는 이해하기 힘들지만, 당시에는 성서를 라틴어 외에 다른 언어로 번역하는 것이 금지되어 있었다. 루터가 종교개혁과 더불어 성서를 독일어로 번역했지만, 독일어 성서는 종교개혁을 지지하는 지역에서만 통용되었다. 잉글랜드 교회는 영어 성서 번역이 교회의 권위를 훼손하는 일이고, 이제까지 사용해 왔던 라틴어 성서에 대한 모욕이라 생각했다. 그러나 윌리엄 틴들의 생각은 달랐다. 그는 교회나 성직자의 목소리가 아니라 성서 속에 진리가 있다고 믿었다.

기존의 라틴어 성서는 소수의 성직자만 읽을 수 있었다. 심지어 잉글랜드 교회의 많은 목회자도 성서를 제대로 읽지 못했다. 16세기 중반 존 후퍼의 보고에 따르면, 글로스터 교구에 살던 사제 311명 가운데 168명이 십계명을 암송할 줄 몰랐고, 31명은 십계명이, 40명은 주기도문이 성서 어디에 있는지 알지 못했다. 일반 목회자도 이러한데, 대중들의 성서 지식은 어떻겠는가? 이런 이유 때문에 성서는 소수의 교회 성직자의 입을 통해서 해석되고 유포되었다. 그들은 자기들의 목적을 위해 성서를 곡해하거나 심지어는 성서에 없는 말을 멋대로 지어 내기도 했다. 그렇게 성서 속에 나타난 하나님의 말씀이 왜곡되고 가려졌다. 틴들은 성직자뿐 아니라, 대중도 직접 성서를 읽어야 하나님의 말씀을 듣고 진리를 깨달을 수 있다고 생각했다. 그러기 위해서는 보통 사람도 읽을 수 있게 영어로 번역된 성서가 필요했다. 그가 이렇게 영어 성서 번역을 결심하게 된 바탕에는 루터의 종교개혁과 독일어 성서 번역도 한몫했다.

틴들의 신약성서 표지(뷔르템부르크 주립 도서관 소장) 1526년에 보름스에서 인쇄된 최초의 신약성서 표제지. 현재 틴들의 번역 중 표제지가 남아 있는 것은 이 한 부밖에 없다.

당시 영어로 번역된 성서는 위클리프 역이 있었지만 부정확했고, 완성도도 떨어졌다. 그러나 성서를 영어로 번역한 죄로 위클리프는 죽어서도 수모를 당했다. 그가 죽은 지 30여 년이 지난 1428년에 잉글랜드교회는 위클리프의 시신을 무덤에서 끄집어 내 불태웠고, 타고 남은 재는 강물에 버렸다. 이처럼 영어로 성서를 번역하는 일은 교회에 대한 도전으로 여겼기에 화형에 처하거나 죽어서도 부관참시를 당하는 중대 범죄였다. 그러나 틴들은 망설이지 않았다. 성서 번역이 자신이 부여받은 소명이라 생각했다. 그에게는 루터를 바르트부르 크 성에 숨겨 보호해 주었던 프리드 리히 선제후와 같은 보호자도 없었 다. 당시 잉글랜드를 다스리던 헨리 8세는 나중에 로마 가톨릭과 단교했 지만, 그때까지는 교황 레오 10세에 게 '신앙의 수호자'라는 칭호를 받 으며 로마 가톨릭교회를 옹호했다. 가톨릭 '신앙의 수호자'가 다스리는 잉글랜드에서 성서를 번역하는 일 이 발각되면 화형을 당하거나 푸르 게 날이 선 도끼에 목이 날아갈 수도 있었다.

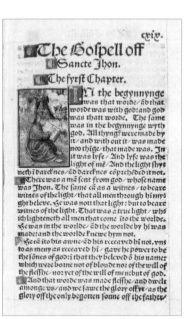

틴들이 영어로 번역한 〈요한복음〉. 틴들이 위험을 피해 독일 보름스에서 번역 출판한 신약성서 중 〈요한복음〉의 한 페이지

　그러나 틴들은 성서 번역에 대한 결심을 굽히지 않았다. 처음에 그는 성서를 번역하기 위해 런던 주교 턴스 텔을 찾아가 도움을 요청했다. 주교는 유명한 고전문헌학자였고, 에라스 무스와 함께 그리스어 신약성서를 편집한 적도 있었다. 실망스럽게도 주 교는 그의 요청을 거부했다. 그러나 주교의 거부가 그의 결심을 꺾지는 못 했다. 틴들은 오히려 또 다른 확신을 얻었다. 그는 성서 번역을 다른 사람 에게 맡길 것이 아니라, 자신이 직접 해야겠다고 결심했다. 성서를 번역하 는 것이 순교의 길이라면, 그 길도 피하지 않을 생각이었다.

틴들이 이렇게까지 성서의 영어 번역에 매달린 이유는 무엇일까? 틴들은 1490년에 글로스터에서 태어났다. 그는 1510년에 옥스퍼드대학의 모들린대학에서 수학했고, 1515년에 인문학 석사학위를 취득했다. 그는 언어적 재능이 뛰어났다. 프랑스어, 독일어, 이탈리아어, 스페인어뿐 아니라 고전 언어인 그리스어, 히브리어, 라틴어에도 능통했다.

1517년부터 그는 에라스무스가 그리스어를 가르쳤던 캠브리지대학에서 수학했다. 그가 공부했을 때 에라스무스는 그곳을 떠나고 없었으나 그는 그곳에서 인문주의와 종교개혁의 강한 영향을 받았다. 또한 캠브리지대학의 교수인 토머스 빌니(Thomas Bilney, 1495~1531)를 통해 성서의 참뜻과 로마 가톨릭교회의 오류에 대해 깨달았다. 빌니는 에라스무스가 펴낸 그리스어 신약성서를 연구하다 종교개혁가로 변신한 인물이었다. 그는 성서를 강해하여 많은 젊은이를 성서의 복음으로 이끌었다. 성서를 가르치고 종교개혁적 복음을 전파하던 그는 한때 종교개혁 사상을 포기하겠다고 해 위기를 모면하기도 했지만 끝내 화형당하고 말았다.

틴들은 캠브리지대학을 떠난 후에 리틀 소드버리에 있는 월시 경 가문의 가정교사로 일하기 시작했다. 그는 자연스럽게 그 집을 방문하는 많은 성직자와 학자를 만났다. 대화를 나누면서 그는 루터와 에라스무스에 대해 언급하고, 로마 가톨릭교회의 가르침 중 논란이 되는 많은 점과 의문에 대해 토로했다. 성직자들이 그에 대해 변호하면, 그는 성서를 통해 그들의 오류를 논박하고 자신의 주장을 확고히 했다. 성서에 근거해 로마 가톨릭

교회와 교황을 비판하는 그에게 한 성직자가 화가 나서 "교황의 법 없이 사느니, 차라리 하나님의 법 없이 사는 게 낫지."라고 대꾸했다. 이 신성 모독적인 발언에 틴들은 "자신은 교황과 그의 모든 법을 무시한다."라며 이렇게 응수했다.

> "하나님이 내 생명을 지켜 주시면 몇 년 안에 밭고랑 가는 소년을 당신 보다 **성서**를 더 많이 아는 사람으로 만들 수 있다."(MWT, 72)

틴들은 성직자조차 성서에 대한 무지로 가득 차 성서의 말씀을 무시하는 말을 들으며 영어 성서 번역의 필요성을 절감했다. 틴들은 복음서를 번역하게 된 동기를 훗날 이렇게 기록했다.

> "내가 복음서를 번역하게 된 동기는 매우 단순하다. 그것을 설명한다는 것 자체가 불필요할 정도이다. 어두운 곳을 걷고 있는 사람이라면 자기가 넘어져 다칠까 봐 빛을 비춰 달라고 요청하지 않겠는가? 하물며 그 넘어짐이 영원한 심판을 초래할 수 있다면 더욱 그렇게 하지 않겠는가?"(MWT, 73)

그는 자신을 이단시하고 위협하는 곳을 떠나 런던으로 갔다. 런던으로 향하는 그의 가슴속에는 성서를 영어로 번역하고자 하는 희망이 가득했다. 그가 그런 희망을 안고 처음 찾은 사람이 앞서 말한 런던 주교 턴스텔이었다. 턴스텔에게 거부당하자 그는 잉글랜드 어디에서도 성서를 안전하게 번역할 수 없음을 깨달았다. 그는 성서를 독일어로 번역한 루터가 있는 비텐베르크를 찾아가 안전한 그곳에서 성서를 영어로 번역하고 싶었다. 그는 다시 종교개혁의 발원지인 독일로 향했다. 틴들은 잉글랜드에서 함부르크를 거쳐 루터가 활동하던 비텐베르크로 갔다. 1524년 5월 27일, 그는 비텐베르크대학에 '잉글랜드 출신의 길렐무스 달티시'라는 가명으로 등록했다.

그는 그곳에서 루터의 성서 번역을 직접 보고 싶었고 자신도 성서를 영어로 번역하고 싶었다. 그는 루터처럼 신약성서를 라틴어가 아니라 에라스무스가 펴낸 그리스어 원전에서 직접 영어로 번역하기 시작했다. 위클리프의 영어 성서는 당시 사용되던 라틴어 번역을 대본으로 했다. 그리스어 원전에서 성서를 번역하는 것은 틴들이 처음으로 시도한 것이다. 1525년에 신약성서의 번역을 끝내자 그는 인쇄업이 발달한 쾰른에서 이것을 인쇄하고자 했다. 그러나 밀고자의 고발로 쾰른에서의 성서 인쇄 작업이 중단되었다. 그는 앞서 말한 것처럼 다급하게 창문을 넘어 그의 동료 윌리엄 로이와 함께 보름스로 도주할 수밖에 없었다. 보름스는 가톨릭교를 옹호하는 독일 황제의 도시였으나 당시에는 종교개혁의 진영으로 넘어와 있었다.

틴들은 포기하지 않고 성서 번역과 인쇄 작업을 다시 시작했다. 그는 인쇄를 하기 전에 성서를 더 많이 확산시키기 위해 고민했다. 그는 전략적으로 성서를 읽기 쉽게 하기 위해 생생한 민중의 언어로 번역했다. 그러나 당시 대부분의 민중은 문맹자여서 누군가가 대신 성서를 읽어 주어야만 했다. 그는 그 점도 고려했다. 영어 성서를 낭독할 때 운율과 리듬감이 살아나도록 문장을 번역해 성서 말씀에 귀 기울일 수 있게 하고, 들은 내용을 잊지 않도록 했다.

또한 그는 더 많은 민중이 성서를 가지고 다닐 수 있도록 성서 인쇄본을 최초로 핸드북 형태로 만들었다. 이렇게 만들어진 영어 성서 6,000부가 마침내 인쇄되었다. 이 영어 신약성서는 암시장을 통해 잉글랜드와 스코틀랜드로 몰래 유입되었다. 때마침 잉글랜드는 흉작이라 대륙에서 밀과 곡식을 수입해야 했다. 틴들이 번역한 영어 성서은 밀이나 곡식을 담는 통 속에 담겨 섬나라 잉글랜드로 전해졌다. 영어 성서는 암시장을 통해 급속도로 확산되었다. 영어 성서에 대한 수요가 많은 탓도 있지만, 성서 사업이 출판업자들의 이익과도 맞아떨어졌기 때문이다. 당시 영어 성서는 고부가가치 상품이었다. 그로 인해 출판업자들은 계속해서 성서를 찍으려 했고, 장사꾼들은 높은 수익 때문에 위험을 무릅쓰고 몰래 성서를 유통시켰다. 이렇게 잉글랜드에서 틴들의 영어 성서가 확산되자 누구보다 이 사실에 분개한 사람이 있었다. 바로 런던 주교 턴스텔과《유토피아》의 저자로 유명한 토머스 모어였다.

"성서를 불태워라!"

런던 주교 턴스텔은 수거해 놓은 성서 더미를 불태우라고 명령했다. 그것은 윌리엄 틴들이 번역한 영어 성서였다. 성서가 불타오르자 신자들 사이에서 동요가 일었다. 주교는 그것이 성서가 아니라, 거짓되고 오류투성이의 괴이한 이단 책자라고 주장했다. 런던 주교 턴스텔은 틴들의 영어 성서를 보이는 족족 태워 없애기로 작정했다. 그런데 이러한 상황이 오히려 영어 성서를 유포시키는 데 결정적인 일조를 했다. 턴스텔 주교는 틴들의 성서 화형식을 거행한 뒤로도 그가 번역한 영어 성서를 보이는 족족 입수해 불태워 버렸다. 틴들은 성서를 많이 보급하고자 했지만 성서 출판에는 큰돈이 들어갔다.

결국 심각한 자금난을 겪고 있던 그때, 틴들과 친분이 있던 오거스틴 팩킹톤이 좋은 계략을 짜냈다. 그는 턴스텔 주교를 이용해 자금난을 해소하려 했다. 팩킹톤은 주교를 찾아가 비용을 대면 틴들의 모든 성서를 구해다 주겠다고 제안했다. 주교는 반가운 마음에 모든 비용을 대겠다고 약속했다. 팩킹톤은 틴들을 만나 모든 성서를 넘겨받기로 하고 주교에게서 돈이 오는 대로 대금을 치르기로 했다. 턴스텔 주교는 약속대로 팩킹톤이 성서를 가져오자 기뻐하며 대금을 지불했다. 팩킹톤은 대금을 틴들에게 전달했다. 자금난에 시달리던 틴들은 그 돈으로 더 많은 성서를 새롭게 인쇄할 수 있었다. 틴들은 신약성서를 다시 수정하고 새롭게 인쇄해 초판의 3배나 되는 1만 8,000권을 잉글랜드로 보냈다. 턴스텔은 팩킹톤에게 사람을 보내 어떻게 된 일이냐며 따졌다. 그러자 팩킹톤은 태연하게 이렇게 대답했다고 한다.

"그들이 활자와 인쇄기를 가지고 있는 한 상황이 나아질 것 같지 않습니다. 활자와 인쇄기를 모두 사들이는 것이 어떤지요?"

토머스 모어는 턴스텔이 속았다는 것을 눈치챘다. 그가 조지 콘스탄틴 이라는 사람을 체포해 심문하면서, 틴들 일당에게 돈을 대 주는 사람이 누 군가 물었다. 그러자 그는 이렇게 대답했다.

"우리를 도운 사람은 런던의 주교요. 그가 신약성서를 불태우기 위해 그 값으로 우리에게 엄청난 돈을 주었소. 과거에도, 현재도 그가 우리의 유일한 후원자이며 위로자요."

그런데 왜 턴스텔과 토머스 모어는 틴들과 그의 영어 성서 번역에 대해 그토록 분노하고 적개심을 품은 것일까? 모어는 틴들의 성서 번역에 대해 이렇게 비난했다.

"교회라는 단어를 회중이라는 단어로 속되게 번역했다. 그리고 사제를 장로라고 번역하고 자선을 사랑으로 번역했다. 또한 고해를 회개로 번 역했다. 틴들은 성서를 모국어로 번역함으로써 악한 죄를 지은 것이다." (MWT, 164~165)

✠

틴들은 성서 용어 번역 하나하나에 신경을 썼다. 번역이 바로 기존의 교 회와 신앙을 근본적으로 혁신하는 일이었기 때문이다. 그는 그리스어 '에

클레시아'를 '교회(church)'가 아닌 '회중(congregation)'으로 번역했다. 회중은 가톨릭 제도로서의 교회가 아니라, 믿음을 지닌 모든 사람의 모임을 뜻한다. 베드로의 후계자라고 내세우는 교황들이 근거로 삼은 구절이 "내가 이 반석 위에 교회를 세우리라."는 것이기 때문에 에클레시아를 '회중'으로 번역하면, 교황제는 치명적인 상처를 입는다.

그런데 그것이 '회중'으로 번역되면 제도로서의 교회라는 말이 무의미하게 된다. 그리고 그러한 교회에 대한 교황의 지배권도 근거가 없어지게 된다. 이런 의미를 담고 있었기에 모어가 그의 번역에 대해 그렇게 비난을 가했던 것이다. 또한 틴들은 그리스어 '아가페'를 자선이 아니라 '사랑(love)'이라는 말로 바꿨다.

〈고린도전서〉 13장에 나오는 유명한 '믿음, 소망, 사랑'이라는 말은 틴들 이전에는 '믿음, 소망, 자선'으로 번역되었다. 틴들은 자선을 사랑으로 번역해 시혜적 기부와 선한 행위를 연결시켰던 가톨릭교회의 주장을 정면으로 반박했다. 이제 사랑은 동등한 사람들 사이의 교류라는 뜻을 가지게 되었다. 또한 그는 그리스어 '프레스뷔테로스'를 '사제'가 아닌 '장로'로 번역해 사제 권력을 부정했다. 그리고 또 '고해'를 '회개'라는 말로 바꾸었다. 이제 사제 앞의 고해 성사가 아니라 신 앞에서의 회개만이 구원을 받을 수 있다는 사실이 강조되었다. 당시 '고해성사'는 면죄부 판매와 연계되어 교회에 상당한 금전적 이익을 가져다주었지만, 그러한 일도 불가능해졌다.

이렇게 틴들의 성서 번역은 기존 가톨릭교회의 질서와 권력을 내부에

토머스 모어(한스 홀바인 작, 1527). 윌리엄 틴들의 박해자이자 적대자였던 그는 대법관까지 올랐으나, 헨리 8세에 의해 참수를 당한다.

서 폭파시키는 폭탄이었다. 이 폭탄의 위력을 일찌감치 알아챈 사람이 바로 토머스 모어였다.

그래서 토머스 모어는 틴들과 루터를 이단으로 반박하는 《이단에 관한 대화》를 집필하고, 틴들을 '골수마귀 지옥의 자식'으로 부르며 저주했다. 틴들도 가만히 있지 않았다. 이후 두 사람 사이에는 불꽃 튀는 설전과 논쟁이 오갔다.

윌리엄 틴들은 1531년에 《토머스 경의 대화에 대한 응답》을 썼다. 토머스 모어가 쓴 《이단에 관한 대화》를 반박하는 책이다. 책의 여백에 그는 모어를 '거짓의 교황'이라고 명시해 놓았다. 모어가 전통을 성서보다 더 높게 평가한다고 생각했기 때문이다. 틴들은 책에서 고해성사, 순례, 사죄경, 연옥, 십자가 기둥에 기도하기 등을 모두 바보스러운 의식과 성사라고 신랄하게 비판했다. 또 가톨릭을 옹호하는 모어를 '예수를 배신한 유다'라고 불렀다. 그는 모어가 복음의 진리를 외면하는 이유를 "성직자의 관을 쓴 자들의 도움으로 명예와 높은 자리, 권력과 돈을 얻기 위한 것"이라고 야유했다. 당연히 모어는 분노했다. 그 사이에 그는 막강한 권력을 지닌 잉글랜드 대법관의 자리에 올랐다. 그는 낮에는 대법관의 일을 처리했지만, 첼시에 있는 집으로 퇴근해서는 틴들을 반박하기 위한 집필에 몰두했다. 1532년에 그는 장장 6권으로 된 책《틴들의 응답을 논박함》을 펴냈다. 책의 분량으로 볼 때 그가 틴들을 논박하기 위해 얼마나 열정을 다했는가를 알 수 있다.

모어는 틴들을 '대(大) 적그리스도'라고 불렀다. 그는 하나의 신앙만이 있으며, 이 신앙은 모든 사람이 아는 가톨릭교회에만 있다고 주장했다. 그에 따르면 교회는 사람과 하나님 사이의 중보자이며, 교회에는 구원에 필요한 모든 것이 다 있고, 교회의 관습과 관례는 하나님의 진리를 뒷받침하는 역할을 한다. 그런데 틴들과 그 무리는 이러한 교회를 부정하고, 교회의 전통과 의식을 웃음거리로 만들고 조롱했다. 그는 책에서 틴들과 그의 추종자들에게 다음과 같은 저주의 말을 퍼부었다.

"틴들의 가르침을 따라서 고백성사 없이 회개하고 거짓된 이단에 빠져서 거룩한 교회를 배반하고 죽은 사람은 이 세상이 지어지기 전부터 하나님께서 버리시기로 작정한 사람이며 참회의 과정 없이 영원히 멸망할 존재이다."(MWT, 337)

모어는 책으로만 틴들과 그 추종자들을 저주하지 않았다. 틴들과 그 추종자들을 색출해 화형에 처하는 행동에도 앞장섰다. 그는 틴들이 쓴 책《그리스도인의 순종》에서도 왕에 대한 반역 혐의를 찾아냈다. 그 책에서 틴들은 왕이 백성에게 하나님의 법을 어길 것을 명령하면 순교를 달게 받을 각오로 불순종해야 한다고 썼다. 모어는 틴들을 교회법으로나 세속법으로 옭아매어 빠져나갈 수 없게 만들었다. 이제 틴들과 그 추종자들은 색출되면 화형당할 상황이었다. 모어는 실제로 틴들의 추종자인 '작은 빌니', 틴들의 책을 잉글랜드로 반입했던 베이필드, 런던의 가죽 상인 존 튜크스베리를 화형시켰다. 그리고 틴들의 영어 성서와 저작들을 가지고 있던 법률가 제임스 베인햄을 잡아 모진 고문과 심문을 가했다.

그러나 베인햄은《악한 마몬의 비유》,《그리스도인의 순종》,《고위 성직자들의 행태》,《토머스 모어의 대화에 의한 응답》등 자기가 가진 틴들의 모든 저작에 오류가 없으며, 영어 성서가 무척 좋다고 고백했다. 또 틴들은 나쁜 사람이 아니라고 진술했다. 그는 모진 고문과 협박에도 신념을 철회하지 않았다. 화형대에서도 모국어 성서를 갖는 것은 정당하고, 로마의 주교는 적그리스도이며, 연옥은 존재하지 않고, 그리스도의 피로 정결하게 되는 것이라고 주장했다. 게다가 하나님께 토머스 모어를 용서해 달라고 기도까지 하며 의연하게 불꽃이 되어 사라졌다.

헨리 8세의 초상화(한스 홀바인 작. 1536), 윌리엄 틴들이 화형당할 당시의 모습.

틴들과 그 추종자들을 색출해 고문하고 화형시킨 말년의 토머스 모어를 보면, 젊었을 적에《유토피아》를 저술한 인문주의자라는 사실이 믿기지 않는다. 그는 가톨릭 구교에 대한 비판과 신랄한 풍자를 담은《우신예찬》을 쓴 에라스무스와 절친한 친구 사이가 아니었던가. 모어가 이렇게 변한 까닭을 틴들은 탐욕 때문이라고 보았다.

헨리 8세는 1531년 가을에 잉글랜드에 반역적인 책을 보내는 틴들과 그 일당을 잉글랜드로 넘겨줄 것을 카를 5세 황제에게 요청했다. 그러나 황제는 자신의 이모 캐서린을 능멸한 헨리 8세의 청을 거부했다. 헨리 8세는 캐서린과 이혼하고, 영화 〈천일의 앤〉의 주인공인 앤 불린과 결혼하려고 했다.

폭스의 《순교자 열전》에 나오는 삽화 속 틴들의 화형 장면. 화형대 옆에 "주여, 영국 왕의 눈을 뜨게 하소서!"라는 그의 마지막 말이 새겨져 있다.

틴들은 성서에 근거해 헨리 8세의 이혼을 반대하고 캐서린의 입장을 들었다. 헨리 8세는 납치를 해서라도 틴들을 잡아 잉글랜드로 압송하라는 명령을 내렸다.

틴들과 그 추종자에 대한 토머스 모어의 색출 작업에 날개가 달린 셈이었다. 그러나 그런 모어도 자신의 신앙 때문에 왕의 희생물로 전락했다. 헨리 8세는 메리 공주밖에 낳지 못한 캐서린과 이혼하고 아들을 얻을 욕심으로 앤 불린과 결혼했다. 그는 당시 교황 클레멘스 7세에게 이혼 허락을 요청했으나 거절당했다. 클레멘스 7세는 이혼을 금하는 가톨릭교회의 원칙에 따라 거절했지만, 캐서린이 신성로마제국의 황제인 카를 5세의 이모라는 점도 고려했다.

헨리 8세는 1533년 1월 25일, 캐서린의 시녀였던 앤 불린과 비밀 결혼

《킹 제임스 성서》는 틴들의 영어 성서 번역의 70% 이상을 사용했다.

을 했다. 동시에 가톨릭교회와 결별할 것을 고해 1534년에 수장령으로 잉글랜드 국교회를 설립해 종교개혁을 단행했다. 수장령이란 국왕을 잉글랜드 교회 유일의 최고 수장으로 규정한 법령이었다. 이제 잉글랜드 교회는 교황의 지배가 아니라 왕의 지배를 받게 되었다.

로마 가톨릭교회를 옹호하던 토머스 모어는 정세의 불리함을 알고 대법관직을 사임했다. 1534년에 모어는 앤의

소생을 왕위 계승자로 한다는 왕위 계승법에 서약하지 않아 반역죄로 사형을 선고받았다. 왕위 계승법에 서약하는 것은 캐서린과의 이혼을 인정하는 것이었다. 그렇게 되면 로마 가톨릭의 입장을 반대하는 것이고, 결국 그가 주장해 온 신앙을 배반하는 일이 되었다. 다른 입장이기는 하지만 모어도 자신의 신앙을 지키기 위해 참수형을 당했다. 모어는 런던탑에 갇혀 사형을 기다릴 때까지 이단자들을 반박하는 글을 쓰는 데 시간을 보냈다. 그는 1535년 7월 6일에 도끼에 목이 잘렸다.

토머스 모어가 죽고 나서도 틴들에 대한 수배는 그치지 않았다. 틴들은 급작스럽게 변한 잉글랜드의 사정을 몰랐다. 이제 잉글랜드는 종교개혁가들에게 우호적인 분위기로 바뀌었다. 그러나 유럽 대륙에서는 종

교개혁가들이 여전히 위협받고 있었다. 틴들은 안트베르펜에서 숨어 살았다. 그는 안트베르펜에 오기 전 1529년에 함부르크에서 모세 5경을 번역했다. 안트베르펜에 1년간 숨어 지내다가 잉글랜드인 밀고자의 고발로 카를 5세 황제의 대리인에게 붙잡히고 말았다. 그는 황제의 법령에 의해 1536년 10월 초에 사형을 선고받았다. 그는 목 졸려 죽임을 당한 후 화형당하는 형을 언도받았는데, 형 집행인의 실수로 화형 때까지 살아 있었다. 그래서 그는 다음과 같은 마지막 말을 남길 수 있었다.

"주여, 잉글랜드 왕의 눈을 뜨게 하소서!"

틴들의 마지막 소원은 제임스 1세 때에 가서야 실현된다. 왕명으로 **성**서의 영어 번역이 이루어졌기 때문이다. 틴들이 죽은 후 75년 만인 1611년에 54명의 성직자와 학자가 참여해 번역한 《킹 제임스 성서》가 출간되었다. 이 성서는 대부분 틴들의 영어 성서를 따랐다. 그는 형장의 불꽃으로 사라졌지만 그 불꽃은 이후 잉글랜드인의 언어와 신앙 속에 꺼지지 않는 불이 되었다.

토머스 크랜머

Thomas Cranmer

1489~1556, 영국 출생
런던의 대주교
헨리 8세와 앤 불린의 결혼 옹호
〈성공회 공동기도서〉 작성

토머스 크랜머의 초상화(G. 플리케 작, 1545).
토머스 크랜머가 자신이 작성한 영국 〈성공회 공
동기도서〉를 들고 있다.

죽음의 순간에
오른손을 화형시키다

화형을 기다리는 한 사람이 화형대에 묶여 있었다. 집행관이 화형대 아래에 쌓아 놓은 장작더미에 불을 지피자 불길이 타올랐다. 대개 불이 피어오르면, 화형당하는 사람은 묶여서도 본능적으로 불을 피하려고 이리저리 몸을 뒤튼다. 하지만 그 사람은 자신의 오른손을 불길 속으로 내밀었다. 엄청난 기세로 타오른 장작불은 그의 오른손을 뱀처럼 휘감았다. 끔찍한 광경이었다. 그 장면을 지켜보던 사람들은 몸서리를 쳤다. 화형대에 묶인 사람은 끔찍한 고통을 참으며 자신의 오른손을 바라보았다. 그리고 이렇게 외쳤다.

"이것이 바로 그것을 썼던 손이오."

그는 오른손이 다 탈 때까지 그 손을 쓸데없는 손이라고 저주했다. 그

토머스 크랜머가 화형당
하는 장면(폭스의 《순교
자 열전》 삽화, 1563).
그림에서 토머스 크랜머
가 타오르는 불에 오른
손을 내밀고 있다.

장면을 본 사람들은 그의 오른손을 잊을 수 없었다. 이 날 화형을 당한 사
람은 성공회의 공동기도서를 만든 잉글랜드 대주교 토머스 크랜머였다.
도대체 그는 왜 자신의 오른손을 저주하며 화형당한 것일까?

크랜머는 죽임을 당하기 전에 회유에 넘어가 자기 신앙을 포기하는 문
서에 오른손으로 서명했다. 그래서 그는 자신의 오른손을 저주한 것이다.
그러나 그는 자신이 서명한 것이 잘못된 것을 알고, 곧바로 회개하고 그
것을 부정했다. 그 대가로 그는 화형을 당했다. 화형을 당하는 상황에서도
그는 한때 신앙을 배반했던 자신에게 스스로 벌을 주고자 했다. 그래서 그
러한 행위를 한 자기의 오른손을 스스로 화형시켰던 것이다.

✠

크랜머는 런던의 대주교였다. 그의 화형은 소위 '피의 메리'라고 불리
는 메리 여왕의 통치 기간에 일어났다. 메리 여왕을 왜 '피의 메리'라고 불

렀을까? 메리 여왕은 즉위하자마자 로마 가톨릭을 부활시키기 위한 정책을 꾀하며 종교개혁가들과 그들의 추종자들을 무자비하게 탄압했기 때문이다. 메리 여왕의 통치 기간에 화형당한 사람만 288명이었다. 종교개혁 진영의 중요한 지도자인 크랜머도 박해를 받은 사람 중 하나였다.

메리 여왕은 왜 부왕 헨리 8세와 자신의 선대 왕인 에드워드 6세가 추진했던 종교개혁을 한순간에 다 뒤집어 버린 것일까? 그리고 왜 즉위한 지 얼마 되지 않아 선대 왕들이 총애했던 크랜머 대주교를 화형시킨 것일까? 메리 여왕이 즉위할 때부터 그녀의 복수는 예고되었다. 메리는 헨리 8세에게 버림받은 캐서린의 딸이었다. 캐서린은 아들 둘을 포함해 여섯 아이를 낳았지만, 모두 죽고 딸 메리만 남았다. 헨리 8세는 캐서린과 사이가 좋았지만 자신의 왕조를 이을 아들이 필요했다. 폐경기가 되어 더 이상 아들을 낳을 수 없게 된 캐서린과 강제로 이혼한 그는 그녀의 시녀인 앤 불린과 결혼했고 캐서린을 왕비의 지위에서 끌어내렸다. 그로 인해 그녀의 딸 메리는 사생아 취급을 받게 되었다. 토머스 크랜머는 헨리 8세가 캐서린과 이혼하고 앤 불린과 결혼할 때 결정적인 역할을 했다.

1527년, 헨리 8세는 캐서린과의 결혼은 무효라고 주장하며 교황에게 합법적 이혼 승인을 요청했으나 거절당했다. 캐서린과의 이혼은 단순한 개인사가 아닌 유럽의 정치적 이해 관계가 얽힌 복잡한 문제였다. 신성로마제국의 황제 카를 5세가 그녀의 조카였기 때문에 교황은 그의 심기를 건드리고 싶지 않았다. 헨리 8세는 어떻게 하면 캐서린과 이혼할 수 있을까 고민에 빠졌다. 그때 궁정에서 일을 하던 가디언과 폭스가 헨리 8세에게 크랜머를 추천했다. 가디언과 폭스는 크랜머가 헨리 8세와 만나기 전에 미리 이혼 문제에 대해 논의했다. 그때 크랜머는 잉글랜드와 유럽 대학을 대상으로 의견을 구하라고 제안했다. 이미 헨리 8세의 이혼 문제는 전 유럽의 관심사이자 신학적 논쟁거리였다. 이 제안을 들은 헨리 8세는 크랜머를 왕궁으로 불러들였다. 헨리 8세와 만난 크랜머는 이 문제를 케임브리지와 옥스퍼드의 가장 학식이 뛰어난 신학자들에게 맡기라고 권했다. 정작 본인은 그 복잡한 문제에 개입하고 싶지 않았다. 그러나 헨리 8세는 필요한 편의를 모두 제공하면서 그에게 이 문제에 대해 연구해 문서로 작성할 것을 명령했다.

크랜머는 이혼 문제와 관련해 성서, 모든 공의회, 고대 교부 철학자들의 사례를 언급하며 성서와 하나님 말씀 외에 로마 교황의 권위를 인정할 수 없다는 주장을 담은 문서를 작성했다. 헨리 8세는 크랜머의 주장이 마음에 들었다. 그는 로마 교황을 설득하기 위한 사절단의 일원으로 크랜머를 유럽 여러 나라로 보냈다. 로마 교황을 만난 크랜머는 이혼의 정당성을 위해 자신의 책을 제시하며 공개 토론을 요구했다. 그러나 공개 토론은 로마 교황청의 연기로 무산되어 버렸다.

그러던 도중에 캔터베리 대주교 워헴이 1532년 8월 22일에 사망했다. 헨리 8세는 크랜머를 후계자로 내정하고 런던으로 소환했고, 크랜머는 1533년 3월 30일에 대주교의 자리에 올랐다. 헨리 8세가 그를 대주교에 오르게 한 것은 자신의 욕망을 정당화하기 위한 작업이라 할 수 있었다. 헨리 8세는 앤 불린과 하루빨리 결혼하고 싶어 안달이 나 있었다. 그러나

1531년에 로마 교황청은 이혼을 불허했다. 더
이상 기다릴 수 없었던 헨리 8세는 1533년 1월
25일에 앤 불린과 비밀 결혼을 했고 1534년에
는 수장령을 만들어 종교개혁을 단행했다. 수
장령이란 국왕을 잉글랜드 교회의 유일한 최
고 수장(首長)으로 규정한 법령이다. 수장령
에 이어 앤 불린의 후손이 왕위를 잇는다는 왕
위 계승법도 마련되었다. 이 법들에 충성을 맹

앤 불린의 초상

세하지 않으면 반란죄로 목이 달아났다. 그 대표적인 사람이 가톨릭을 지
지했던 토머스 모어였다.

대주교 크랜머는 1533년 5월 23일에 헨리 8세와 캐서린의 결혼은 신
의 법에 어긋나며 헨리 8세와 앤의 결혼은 적법한 것이라는 종교적 선언
을 했다. 그러자 로마 교황은 헨리 8세와 크랜머를 파문했고, 그의 대주교
직을 박탈했다. 물론 잉글랜드와의 외교 관계도 단절했다. 헨리 8세도 잉
글랜드 의회를 통해 로마 가톨릭의 권한을 축소시키고, 로마 측의 저주나
파문에도 불구하고 성직자들로부터 계속 성례를 집행하겠다는 약속을
받아냈다.

이제 잉글랜드의 성직자들은 로마 가톨릭의 영향에서 벗어나 움직였
다. 새로운 왕비 앤 불린은 자신의 결혼을 성사시키는 일에 앞장 선 크랜
머를 적극 지지했다. 그러나 얼마 되지 않아 왕의 변덕이 살아났다. 앤 불
린도 딸밖에 낳지 못했기 때문이다. 왕은 아들을 낳지 못하는 그녀를 간통

이라는 누명을 씌워 사형시켰다. 당연히 앤 불린과 가까웠던 크랜머도 신변의 위협을 느꼈다. 이미 크랜머의 친한 친구이자 종교개혁을 지지했던 크롬웰 경은 런던탑에 갇혔다가 1540년에 사망했다. 대주교 크랜머에게도 많은 모함이 쏟아졌다. 헨리 8세는 크랜머를 조사했지만 의심할 만한 사항을 발견하지 못했다.

✠

헨리 8세는 세 번째로 결혼한 제인 시무어에게서 소망하던 아들 에드워드를 얻었다. 헨리 8세가 죽자 아홉 살이던 에드워드가 잉글랜드 국왕으로 즉위했다. 소년 왕 에드워드 6세와 섭정 에드워드 시무어는 종교개혁을 지지했다. 그의 치하에서 크랜머는 1542년에 〈성공회 공동기도서(Books of the Common Prayer)〉를, 1552년에는 〈42개 신조〉를 선언해 잉글랜드의 종교개혁을 가속화했다. 그러나 에드워드 6세의 통치 기간은 너무 짧았다. 그가 사망한 후 누가 왕위를 이을지가 문제였다. 논란 끝에 캐서린의 소생인 메리가 왕위에 올랐다. 가톨릭 교도였던 그녀가 왕위에 오르자 피바람이 불기 시작했다. 곧바로 가톨릭 복고 정책이 시행되면서 한을 풀 듯 박해가 시작되었다. 메리는 어머니를 이혼시키고, 어머니의 시녀였던 앤 불린과 아버지가 결혼하는 데 중요한 역할을 한 크랜머를 단순히 죽이는 것만으로는 도저히 화가 풀리지 않을 것 같았다. 그녀는 어떤 복수극을 펼칠까 고민했다.

이렇게 메리가 가장 먼저 복수하기로 다짐한 토머스 크랜머는 어떤 사람일까? 헨리 8세를 캐서린과 이혼시키고 앤 불린과 결혼시키는 데 앞장섰던 그의 행태를 볼 때, 출세를 위해서라면 수단과 방법을 가리지 않는 사람 같아 보인다. 그러나 그는 그런 부류의 사람이 아니었다. 그는 최고위 성직자인 캔터베리 대주교였지만, 교만하지 않았고 사람들에게 선했으며 관대했다. 폭스의 《순교자 열전》을 보면 그의 품성을 짐작케 하는 일화가 나온다.

"한 무지한 사제가 크랜머를 '여관의 마부'라고 부르며 그의 학식에 대해 심한 경멸감을 내뱉었다. 그러한 일이 크롬웰 경에게 흘러들자 그 남자는 플리트 감옥으로 보내졌고, 그 사제의 친척이자 식료품 장수인 처트시가 그의 처지를 대주교에게 이야기했다. 그 범죄자를 불러 온 대주교는 그를 설득하며 자신에게 그 어떤 학문적 주제에 대해서라도 질문해 보라고 간청했다. 그러나 주교의 훌륭한 인간성에 탄복하고 자신의 뻔한 무지를 잘 알고 있던 사제는 이를 거부하며 제발 용서해 달라고 애원했다. 이 애원은 그가 자신의 교구로 돌아갔을 때 그에게 주어진 시간을 더 좋은 일에 쓰라는 명령과 함께 즉각적으로 받아들여졌다."(JFM, 378)

크랜머는 부드럽고 온화했지만, 종교개혁적 신앙을 지키는 일에는 강직했다. 그는 1539년 6월, 헨리 8세가 〈6개 신조〉를 선포했을 때에는 반대의 뜻을 나타냈다. 〈6개 신조〉는 화체설, 사제의 청빈 및 독신 강조, 비밀 고해성사 등 가톨릭의 교리와 규율을 담고 있었는데, 이는 1636년에 독일의 종교개혁 내용을 담은 〈10개 신조〉로부터 후퇴한 것이었다. 헨리 8세는 로마 가톨릭과 결별한 후, 크랜머의 친구인 토머스 크롬웰을 내세위 종교개혁을 급진적으로 추진했다. 크롬웰은 부패한 수도원을 폐쇄시켜 수도원의 재산을 대부분 왕실에 귀속시켰고, 성서 번역과 보급을 지원해 평신도들이 성서를 읽게 하는 한편 영어 성서를 교회당에 비치하게 했다. 이런 급진적인 종교개혁은 로마 가톨릭과의 적대 관계를 더욱 악화시켰다. 스페인과 프랑스의 공격을 두려워했던 헨리 8세는 〈6개 신조〉를 선포해 로마 가톨릭의 적대감을 무마시키고자 했다. 그는 중립적 입장을 보여 주기 위해 루터교도 세 명을 화형에 처했고, 로마 가톨릭교도 세 명을 참수시켰다.

크랜머는 헨리 8세의 가톨릭 복고 정책에 반대했다. 사실 헨리 8세가 교회의 수장이기 때문에 크랜머는 왕의 명령에 복종해야 했다. 그리고 잉글랜드 국왕을 교회의 수장으로 만드는 데 중요한 역할을 한 사람이 크랜머 자신이었다. 그러나 그는 종교개혁적 신앙을 수호하기 위해 목숨을 걸고 헨리 8세에게 충심어린 간언을 했다. 당시 그는 정치적으로 매우 불안정한 위치에 있었다. 그의 후원자였던 앤 불린이 아들을 낳지 못해 간통죄로 몰려 처형되었기 때문이다. 그리고 그와 보조를 맞추어 종교개혁을 진두지휘했던 크롬웰도 1540년 7월에 처형되었다.

헨리 8세는 네 번째로 결혼한 클레브스 앤과의 이혼 처리에 크롬웰이 늑장을 부리자 이단과 반역죄로 몰아 그를 처형해 버렸다. 당시 크랜머는 고립무원의 상태였다. 사람들은 크랜머가 국왕의 비위를 거스러 곧 목이 잘릴 것이라 생각했다. 때맞추어 그의 적대자들은 그를 파멸시키기 위한 음모를 꾸미며 왕에게 보고했다. 헨리 8세는 면밀하게 조사를 시켰지만, 크랜머의 충직함과 결백만이 드러났다. 왕은 크랜머를 신뢰해 나중에 그에게 그를 음해하는 문서를 직접 보여 주기도 했다. 하지만 그때도 크랜머는 적들을 용서와 관용으로 대했다. 오히려 왕이 분노해 크랜머의 적들을 정죄했다.

크랜머의 노력으로 헨리 8세는 말년까지 종교개혁적 입장을 지속할 수 있었다. 왕은 《대성서(Great Bible)》의 번역과 출판을 후원했고, 미사 폐지에도 뜻을 같이했다. 크랜머는 《대성서》 서문에서 성서 중심의 개혁을 피력했

에드워드 6세의 초상화(홀바인 작, 1538). 헨리 8세가 그토록 원했던 아들 에드워드 6세가 9세의 나이에 즉위했지만, 즉위 6년 만에 사망했다. 이 시기에 크랜머는 영국 국교회의 초석이 되는 〈성공회 공동기도서〉와 〈42개 신조〉를 작성했다.

다. 그는 성서를 통해 모든 사람이 전능하신 하나님을 배울 수 있고 인간도 배울 수 있다고 주장했다. 한마디로 성서를 통해 참된 신앙인이 될 수 있다고 생각했다. 그러나 권력도 위세도 세월 앞에서는 영원한 것이 없는 법이다. 1547년에 헨리 8세가 죽자, 개혁 세력이 국정을 장악했다. 헨리 8세의 어린 아들인 에드워드 6세가 왕위에 오르자 크랜머를 지지했던 시무어가 섭정으로 나라를 다스렸다. 시무어의 집권으로 종교개혁은 더욱 가속화되었다. 크랜머는 교회 개혁을 위해 대륙의 종교개혁가들을 잉글랜드로 초빙해 대학에서 가르치게 했다. 이탈리아의 피터 마터, 폴란드의 라스코, 스트라스부르크의 마르틴 부처 등이 초빙되어 왔다.

〈성공회 공동기도서〉의
모습(1549~1952)

부처(Martin Bucer, 1491~1551)는 케임브리지대학에서 흠정교수로 임명받아 개혁주의 신학을 소개했다. 그는 《그리스도의 나라에 관하여》라는 책을 집필해 에드워드 6세에게 헌정하면서 교회 개혁에 관심을 갖도록 촉구했다. 크랜머는 츠빙글리, 불링거, 칼빈 등의 종교개혁에 관한 글도 소개했다. 이런 크랜머의 노력으로 잉글랜드는 크게 개혁되었다. 그는 1547년에 〈6개 신조〉를 백지화했다. 1548년에는 교회당에서 성화를 제거했고, 1549년에는 성직자의 결혼을 승인했으며, 라틴어 대신 영어를 사용해 예배를 드리도록 했다. 그는 여러 신학자를 참여시켜 〈성공회 공동기도서(Book of the Common Prayer)〉를 작성했다. 이를 통해 복잡한 예배의식을 통일시켰다. 에드워드 6세는 1549년에 〈통일령〉을 선포해 잉글랜드의 모든 백성이 이 공동기도서에 따라 예배드릴 것을 명령했다.

크랜머가 주도해 만든 공동기도서는 전반적으로 가톨릭의 교리를 따르고 있다. 그러나 예배 때 사용하던 고전 라틴어 대신 영어를 사용한 점과 **성**서 읽기, 예배의 주체로서 회중의 참여를 강조한 점이 달랐다. 공동기도서는 예배의식을 단순화하고 통일시켰다. 그러나 그것은 아직도 가톨릭의 예배의식을 따랐고, 전통적인 사제 복장 제도를 유지했다. 이런 점들 때문에 종교개혁가들은 공동기도서를 비판했다. 부처는 1551년에 《검열》이라는 책자를 써서 공동기도서의 신학적 문제를 지적했다. 다른 개혁가들도 기도서의 수정을 요구했다. 이에 크랜머는 종교개혁가들과 함께 공동기도서의 개정 작업에 들어가 〈제2의 공동기도서(Second Book of Common Prayer)〉를 완성했다. 이 기도서에는 가톨릭 예배의식이 대부분 폐지되었다. 대신 칼빈주의적 요소가 많이 도입되었다. 예를 들어 비밀 고해성사, 성체 예배 등이 폐지되었고 미사라는 단어가 삭제되었으며, 사제는 목사라는 칭호로 바뀌었다. 이 〈제2의 공동기도서〉는 에드워드 6세의 〈신통일령〉에 의해 잉글랜드 교회의 예배 지침서가 되었다. 또한 엘리자베스 1세 여왕에 의해 약간 수정되어 오늘날까지 잉글랜드 국교회(성공회)의 예배 지침서로 사용되고 있다.

❊

크랜머는 1552년에 심한 학질에 걸려 목숨을 잃을 뻔했다. 그는 학질에 시달리면서도 리들리, 존 녹스와 같은 신학자와 함께 잉글랜드 교회가 지켜야 할 신앙고백으로 〈42개 신조〉를 작성했다. 1553년에 에드워드 6세에 의해 선포된 〈42개 신조〉는 엘리자베스 1세 여왕이 〈39개 신조〉로 개정한 후 잉글랜드 국교회의 교리가 되었다. 이처럼 크랜머는 잉글랜드 국교회의 기초를 닦았으나 에드워드 6세는 즉위한 지 6년 만에 갑자기 사망하고 말았다. 사인은 매독과 결핵이었다.

그러나 소년 왕의 죽음을 두고 의문이 많았다. 소년 왕은 후사도 남기지 못해 헨리 8세의 장녀 메리가 뒤를 이어 즉위했다. 메리는 가장 먼저 어머니 캐서린의 원수인 크랜머에게 복수하고자 했다. 그녀가 생각한 복수극은 크랜머가 행했던 모든 종교개혁을 자기 손으로 뒤집게 만드는 것이었다. 메리는 토머스 크랜머를 자신의 등극에 반대하는 반역죄로 기소

헨리 8세가 죽고 난 이후의 시기에 그려진 크랜머의 모습(작자 미상). 길게 기른 수염은 헨리 8세에 대한 애도와 구 교회에 대한 거부를 나타낸다.

했다. 그녀는 등극하기 전에 한바탕 권력 쟁탈전을 치렀다. 그녀는 에드워드 6세가 죽고 나서 강력한 왕위 계승자임에도 섭정 노섬벌랜드 공에게 밀려 서포크 지방의 프레밍턴 성에 몸을 숨겨야 했다.

이때 그녀 대신 에드워드 6세의 자리를 차지한 것은 헨리 7세의 증손녀인 그레이 제인이었다. 그러나 제인은 9일 동안 여왕의 자리에 올랐다가 참수되고 말았다. 원래 제인은 왕위를 원하지 않았다. 이름 없던 그녀가 왕위를 계승하고 비참하게 생을 마감하게 된 것은 모두 섭정 노섬벌랜드 공의 야심 때문이었다. 그녀는 노섬벌랜드 공의 며느리였다. 원래 제인은 노섬벌랜드 공의 아들과 결혼하는 것을 완강하게 거부했다.

그러나 섭정 노섬벌랜드 공과 부모인 그레이 후작 부부는 에드워드 6세가 죽으면 제인을 왕위에 올릴 생각으로 결혼을 종용했다. 에드워드 6세가 세상을 뜨자 노섬벌랜드 공과 그레이 후작 부부는 강력한 왕위 계승권자인 메리 1세를 제치고 제인을 왕위에 올렸다. 시아버지인 노섬벌랜드 공은 계속해서 섭정을 유지하려고 했다. 그러나 민심은 섭정에게서 멀어졌고, 헨리 8세의 장녀 메리에게 기울었다. 섭정은 메리의 런던 입성을 저지했지

만, 메리는 그녀를 동정하고 기대하는
시민의 지지를 받으며 런던에 입성했
다. 결국 제인은 반역죄로 런던탑에 유
폐되었다가 처형되었고 노섬벌랜드 공
도 처형되었다.

우여곡절 끝에 여왕에 등극한 메리는
자신의 등극을 반대하고 제인을 지지했
던 사람들을 반역죄로 기소했다. 크랜
머는 메리 여왕의 등극을 반대하지 않
았다. 적대자들은 크랜머가 메리 여왕

메리 여왕의 초상화(안토니오 모로 작, 1554).
날카로운 모습의 인상으로 그려져 있다.

의 등극에 반대하지 않았다는 사실을 가지고도 그를 비난했다. 그가 메리
여왕의 비위를 맞추기 위해 로마 가톨릭의 의식을 따라 행동했다고 비난
했다. 그는 이러한 모함에 맞서 그런 사실을 공개적으로 부인했다. 그리고
자신의 신앙 개조들이 옳다고 주장했다.

메리 여왕은 그런 크랜머를 1553년 11월 13일에 반역죄로 기소했다.
여왕의 등극을 반대한 사람들은 약간의 벌금을 무는 대가로 면직에 그쳤
다. 그런데 반역죄에 해당되지 않는 크랜머는 대주교의 직위를 잃고 감옥
에 수감되었다. 여왕은 크랜머와 함께 라티머, 리들리, 카버데일 등 종교
개혁 지도자들도 처벌했다. 동시에 에드워드 6세 때 만든 교회법 등 종교
개혁 정책도 모두 폐지시켰다. 그녀는 1554년 12월에 종교개혁을 금하는
명령을 내렸고 이와 더불어 종교개혁가에 대한 추방과 박해가 가해졌다.

메리 여왕은 크랜머에게 철저하게 복수하기 위해 그의 몸도 영혼도 모두 파괴하려 했다. 크랜머는 화형당하기까지 3년 동안 고통스러운 감옥 생활을 했다. 이 기간 동안 자신의 신앙을 철회하라는 고문과 협박에 끊임없이 시달렸다. 그러나 그의 마음을 돌아서게 만든 것은 회유였다. 두 명의 가톨릭 측 수사는 그를 감옥에서 교회 사제관으로 옮겨 대접하면서 편의를 베풀기 시작했다. 믿음을 철회하기만 하면 여왕의 호의는 물론 예전의 자리까지 회복시켜 주겠다고 약속하면서 첫 번째 문서에 서명할 것을 종용했다. 오랜 수형 생활에 지치고, 화형에 대한 두려움에 사로잡힌 그는 다음과 같은 문서에 서명하고 말았다.

"전 캔터베리 주교인 나 토머스 크랜머는 루터와 츠빙글리가 벌여 놓은 온갖 형태의 이단과 오류는 물론 건전하고 참된 교회에 역행하는 다른 모든 가르침을 진정으로 거부하고 혐오하고 증오하는 바이다. 그리고 나는 늘 언제나 내 마음을 믿으며, 내 입으로는 하나밖에 없는 거룩한 가톨릭교회, 즉 그곳밖에서는 구원을 얻을 수 없는 그 교회에 대한 신앙을 고백하노라. 그러므로 나는 로마의 주교를 지상에서 최고 권위를 가진 머리로 인정하고, 그가 고결하기 그지없는 주교와 교황이요, 그리스도의 대리자임을 시인하나니, 모든 그리스도인은 그에게 복종하리라."
(JFM, 384)

이 문서 외에도 그는 종교개혁을 부인하는 다섯 개의 문서에도 서명했다. 메리의 복수극은 성공한 것처럼 보였다. 그녀는 복수의 최후를 어떻게 장식할까 고심했다.

'그냥 그를 불태워 죽이는 것만은 너무 관대하다. 그가 어머니에게 저지른 죄가 있지 않은가. 불태워 죽이기 전에 자신의 입으로 죄를 고백하게 만들어야 하지 않겠나.'

그녀는 사람을 보내 크랜머에게 자신이 서명했던 것을 설교를 통해 선포하도록 준비시켰다. 그녀는 그가 추구해 왔던 신앙을 만인 앞에서 자신의 입으로 배반하게 만들 생각이었다. 그러나 그것은 그녀의 큰 실수였다. 크랜머는 그 설교의 시간을 회개의 시간으로 잡았다. 집행관들은 그를 성 마리아 성당으로 데려갔다. 그가 다 찢겨지고 더러운 옷을 입은 채 설교단 맞은편에 세워진 볼품없는 연단에 오르자 사람들은 연민을 느꼈다. 그는 먼저 무릎을 꿇고 하나님 아버지에게 통회의 기도를 올렸다. 그리고 신도들이 왜 서로 사랑해야 하는지, 신도로서 왕에게 복종해야 할 의무가 무엇인지, 부자들이 왜 가난한 자를 도와야 하는지 설교했다. 메리 여왕 측의 사람들은 이때만 해도 크랜머가 자신의 죄를 고백하고 설교를 마무리지을 것이라 기대했다. 그러나 그 기대는 산산이 부서졌다. 크랜머가 설교 마지막에 자신이 서명한 것을 뉘우치고 종교개혁적 신앙을 고백했기 때문이다.

"지금 난 여기서 그 글을 부인하고 거부하는 바입니다. 거기에 쓰인 것들은 비록 내 손으로 쓰였다 해도 내 마음속에 품고 있던 진리와는 상

국왕 대관식에서 예복을 입은 엘리자베스 1세의 초상화(17세기 초). 그녀는 여왕 대관식의 전통을 따라 머리를 풀었다. 당시 길게 늘어뜨린 머리는 결혼하지 않은 처녀를 상징했다.

반되는 것이고, 죽음이 두려워 행여나 목숨을 건질까 해서 썼던 것입니다. 즉 내가 강직된 이후로 직접 쓰거나 서명했던 그 모든 증서와 문서들 속에는 진실이 아닌 것이 수없이 들어 있습니다. 내 마음과 어긋나는 글을 쓴 대가로 내 손을 가장 먼저 처벌하겠습니다. 내가 불에 다가가면 내 손을 제일 먼저 불태워 버리겠습니다.”(JFM, 388)

계속 이어진 설교에서 그는 교황을 그리스도의 원수요, 적그리스도라 지칭하고, 로마 가톨릭 교리를 거짓 교리로 거부한다고 선언했다. 그가 이렇게 선언하자, 교회는 놀람과 동시에 아수라장으로 변해 버렸다. 크랜머의 설교로 여왕과 가톨릭 측은 낭패를 맛보아야 했다. 메리 여왕의 복수극도 한방에 날아가 버리고 말았다. 적대자들은 크랜머를 연단에서 강제로 끌어내려 6개월 전에 종교개혁가 라티머와 리들리가 처형당한 곳으로 끌고 갔다. 이전에 그를 설득해 신앙을 포기하도록 만들었던 두 명의 구교 측 수사가 다시 그의 마음을 돌리려고 했으나 그는 끝까지 거부했다. 화형대에 쇠사슬로 묶인 그는 설교에서 했던 말대로 오른손을 내밀었다. 그는 화형대에 묶여 숯덩이가 될 때까지 오른손을 거두지 않았다.

크랜머가 순교하지 않고 배교했더라면, 지금의 잉글랜드 국교회는 생각하기 어려울 것이다. 그의 순교는 잉글랜드를 다시 프로테스탄트 국가로 만드는 초석이 되었다. 메리 여왕의 뒤를 이어 즉위한 엘리자베스 1세 여왕은 44년의 통치 기간 동안 크랜머가 만들어 놓은 종교 의식과 종교 신조 등 종교개혁 정책들을 다시 실시해 잉글랜드 국교회를 반석에 올려 놓았기 때문이다. 엘리자베스 1세 여왕은 크랜머가 헨리 8세와 결혼시키기 위해 노력했던 앤 불린의 딸이었다.

존 녹스

John Knox

1514~1572, 영국 출생
19개월간 프랑스의 노예로 지냄
스코틀랜드의 대표 종교개혁가

존 녹스의 초상

갤리선의 노예가
스코틀랜드의
종교개혁을 이끌다

"성모 마리아의 초상에 입을 맞추어라."

구교도인 프랑스인들은 갤리선의 노예로 잡혀 온 스코틀랜드 개신교도들을 개종시키기 위해 온갖 수단을 동원했다. 그들은 개종의 표시로 성모 마리아의 초상에 입을 맞추라고 명령했다. 거부하면 모진 고문과 채찍을 가할 것이라는 협박도 곁들였다.

프랑스인들은 완강하게 거부하는 한 스코틀랜드인을 끌고 가 억지로 그림에 입을 맞추게 하려 했다. 그러나 그 스코틀랜드인은 순식간에 그림을 낚아채 강물에 던져 버렸다. 그러고는 이렇게 소리쳤다.

"이제 성모 마리아가 그녀 자신을 구원하도록 하라. 그녀는 충분히 가볍지 않은가. 이제 수영도 배워야지."[1]

이 일이 있은 후, 프랑스인들은 스코틀랜드인들에게 더 이상 개종을 강요하지 않았다. 온갖 고문과 채찍의 협박에도 가톨릭으로 개종하지 않은

갤리선의 모습. 갤리선은 노를 주로 쓰고, 돛을 보조적으로 써 기동력을 높인 군선이다. 기동력을 높이기 위해서는 많은 노를 저을 노예도 필요했다.

이 노예는 스코틀랜드의 종교개혁가 존 녹스였다. 그는 프랑스의 갤리선 '노트르담'에 끌려가 19개월 동안 족쇄에 묶인 채 노예로 지냈다.

갤리선의 노예 생활은 상상할 수 없을 정도로 비참하고 끔찍했다. 갤리선의 노예 생활이 어떤지는 영화 〈벤허〉를 떠올리면 된다. 영화에는 벤허가 배 밑창에서 족쇄에 묶인 채 둥둥 울리는 북 소리에 따라 고통스럽게 노를 젓는 장면이 등장한다. 아마 존 녹스도 벤허의 신세와 크게 다르지 않았을 것이다. 갤리선의 노예는 배 밑창에서 족쇄에 묶여 꼼짝도 못한 채 노만 저어야 했다. 지쳐서 노를 제대로 젓지 못하면 곧바로 채찍이 날아왔다. 갤리선의 노예는 노예 중에서도 가장 힘이 들고, 고통스럽다. 이런 끔찍한 생활을 하는 노예들을 가톨릭으로 개종시키기 위해 갤리선에서는

---

1   W. S. Reid, 《Trumpeter of God》, New York, 1974 ; 《Charles Scribner's Sons》, p. 57

협박과 회유 등 갖은 수단이 동원되었다. 그러나 그러한 시도는 모두 헛수고에 그치고 말았다. 스코틀랜드의 개신교도들은 존 녹스를 중심으로 똘똘 뭉쳤기 때문이다.

✠

그런데 어떤 연유로 존 녹스와 그 일행들이 비참한 갤리선의 노예로 전락한 것일까? 그들은 프랑스 함대를 상대로 한 전쟁에서 패해 노예가 되었다. 원래 그들은 스코틀랜드에 종교개혁의 복음을 전했던 조지 위샤트(George Wishart, 1513~1546)의 화형에 분노해 시위를 일으켰다. 위샤트는 스위스의 종교개혁가 츠빙글리와 하인리히 불링거의 영향을 받아 스코틀랜드에서 종교개혁 운동을 이끈 사람이다. 그는 생명의 위협에도 불구하고 스코틀랜드 전역을 다니며 하나님의 말씀을 전파하고 로마 가톨릭교회 당국의 교권 남용에 대해 비판했다. 추기경 데이비드 비튼은 그를 붙잡아 1546년 3월 1일, 세인트 앤드류스에서 화형에 처했다. 그의 처형은 시민들의 봉기를 일으켰다. 봉기는 평민뿐 아니라 추기경의 학정과 전횡에 실망한 귀족들에게도 확산되었다. 1546년 5월, 시민들은 추기경의 관저를 습격해 추기경을 살해했고, 시위대는 곧 있을 왕실의 공격에 대비해 세인트 앤드류스 성을 점령하여 수비대를 조직했다. 존 녹스는 이 시위대의 주도적 인물이었다. 그는 귀족 가문의 가정교사 시절에 위샤트를 만나 종교개혁 사상을 받아들였다. 위샤트의 열렬한 지지자로서 그가 설교할 때면 검을 들고 호위했다.

스코틀랜드 왕실은 시위대를 진압하기 위해 당시 우호적 관계였던 프랑스에 원군을 요청했다. 1547년 7월 29일, 프랑스는 21척의 갤리선으로 구성된 함대를 보내 세인트 앤드류스 성을 점령했고, 수비대원은 모두 체포되었다. 당시 수장령을 선포하고 종교개혁으로 돌아선 잉글랜드가 프랑스의 포로가 된 종교개혁가들을 돕기 위해 스코틀랜드와 전쟁을 벌였지만 참패했다. 녹스와 일행들은 결국 프랑스로 끌려갔다. 귀족들은 루앙의 감옥에 감금되었지만 녹스와 일행들은 가장 비참한 갤리선의 노예가 되었다.

녹스는 갤리선의 노예로 있으면서도 스코틀랜드의 종교개혁에 대한 꿈을 포기하지 않았다. 1548년 여름, 프랑스 함대는 잉글랜드 배를 정탐하기 위해 스코틀랜드로 갔다. 그때 녹스는 열악한 노예 생활로 병이 들어 목숨이 위태로웠다. 그러나 스코틀랜드의 교회가 눈에 들어오자 그는 자신이 그곳에서 다시 설교할 때까지는 결코 죽을 수 없다고 다짐했다. 그리고 자신의 일행들에게도 석방의 희망을 잃지 말라고 격려했다. 결국 녹스의 간곡한 희망은 이루어졌다. 녹스 일행은 1549년 초반에 종교개혁을 추진했던 잉글랜드 왕 에드워드 6세의 도움으로 극적으로 석방되었다. 잉글랜드에 도착한 그는 따뜻한 환영을 받았다. 잉글랜드 추밀원은 대주교 토머스 크랜머와 윌리엄 세실의 동의를 얻어 그를 스코틀랜드와 가까운 버위크의 설교자로 임명했다. 녹스는 버위크에서 공동기도서를 사용했지만, 그것은 대부분 가톨릭교의 예배를 영어로 옮긴 것이다. 그는 그것을 개신교식으로 바꿨다. 그리고 신도들을 성찬상에 둘러앉게 했고 상을 향해 무릎을 꿇는 행위를 금지시켰다. 그의 종교개혁적 설교는 회중들에게 커다란 영향을 끼쳤다. 그는 에드워드 6세에 의해 잉글랜드 4대 주교 가운데 하나인 로체스터 주교에 임명되었으나, 그것이 성서적이 아니라고 하여 정중하게 사양했다.

그는 잉글랜드에서 오랜 시간 동안 사역할 수 없었다. 에드워드 6세가 사망하고, 가톨릭 교도인 '피의 메리'가 잉글랜드 여왕으로 등극했기 때문이다. 그는 다시 잉글랜드를 떠나 우선 칼

기즈 메리의 초상화. 프랑스 기즈 가문의 딸이며 스코틀랜드 왕 제임스 5세의 두번째 부인으로 메리 스튜어트를 낳았다.

빈이 있는 제네바로 향했다. 그때 칼빈은 세르베투스를 이단으로 처형한 일로 어려움을 겪고 있었다. 제네바로 간 그는 칼빈을 만나 스코틀랜드와 잉글랜드의 정치적 상황에 대해 신학적 자문을 구했다. 그는 미성년자가 신권이라는 이름으로 통치를 해도 되는지, 여성이 통치하고 주권을 남편에게 넘겨도 되는지, 백성은 신을 믿지 않고 우상 숭배적 통치자에게 순종해야만 하는지에 대해 물었다. 이 물음은 태어난 지 9개월 만에 스코틀랜드 왕이 된 메리 스튜어트와 잉글랜드 여왕 메리 튜더를 염두에 둔 것이었다. 정치적 상황에 대한 칼빈의 대답은 조심스러웠다. 존 녹스는 칼빈보다 더 정치를 성서에 기초해 실현하고자 했고, 그 점에서 더 급진적이었다.

✠

칼빈은 종교 박해를 피해 잉글랜드 피난민들이 모여 있는 프랑크푸르

트교회에 녹스를 추천했다. 녹스는 앙리 2세의 종교 박해를 피해 피난 온 프랑스 사람들이 사용하는 예배당을 교회로 함께 사용했다. 그러나 그러기 위해서는 프랑스인들이 사용하는 예배 지침서를 따라야 한다는 조건이 있었다. 프랑스 예배 지침서는 녹스도 받아들일 만한 것이었다. 녹스가 잉글랜드 국교회의 공동기도서에서 불편하게 생각했던 것들이 들어 있지 않았기 때문이다. 녹스는 프랑스 예배 지침서를 성서에 근거한 것만 사용해 예배를 보았다. 그러나 그것에 대해 잉글랜드 국교회 추종자들은 불만을 나타냈다. 취리히와 스트라스부르크에 있던 잉글랜드 이주민들은 대표단을 파견해 항의를 했다. 결국 칼빈이 나서서 중재한 다음에야 그 '볼썽사나운 싸움'을 그칠 수 있었다.

하지만 본격적인 다툼은 1555년 3월, 리처드 콕스와 그의 일행들이 프랑크푸르트에 도착하면서 시작되었다. 녹스는 청교도와 잉글랜드 국교도의 타협 예전을 도입했다. 그러나 충직한 국교도인 리처드 콕스는 공동기도서에 따라 예배할 것을 고집했다. 그는 옥스퍼드대학의 총장을 지낸 잉글랜드 국교회의 지도자였다. 그는 1548년에 〈성찬 규례〉의 초안을 작성했고, 1549년과 1552년에 공동기도서 작성에도 참여했다. 한마디로 예배 의식에 대해서는 자타가 공인하는 전문가였다. 그도 메리의 등극과 함께 투옥되었다가 석방된 후에 프랑크푸르트로 피신해 왔다. 공동기도서를 고집하는 그는 녹스의 예배 개혁에 반대했다. 소위 프랑크푸르트 논쟁으로 불리는 이 사건에서 두 사람은 서로의 종교적 입장을 팽팽하게 견지했다. 녹스는 성서에 따라 예배를 드릴 것을 주장했고, 콕스는 성서에서 금하지만 않으면 얼마든지 인간이 고안해 낸 것으로도 예배를 드릴 수 있다고 주장했다. 콕스 일행은 프랑크푸르트에 도착한 첫날부터 예배에 불만을 나타내며 소동을 피웠다. 회중의 장로들이 힐난하자 그들은 이렇게 선포했다.

"잉글랜드에서 해 왔던 대로 행동하고 잉글랜드 교회의 면모를 갖추겠다."

그들은 자신들이 선포한 대로 행동했다. 그리고 그들은 다음 주일이 되자 잉글랜드 국교회의 공동기도서에 따른 예배를 보려 했다. 그들의 일행 중 한 사람이 회중에게 미리 알리거나 동의도 구하지 않은 채 강단에 올라가 탄원 기도를 읽어 내려갔고, 나머지 동료들은 큰 목소리로 화답했다. 녹스는 이 일을 비난했고, 성서에 나오지 않는 것은 예배에 끌어들여서는 안 된다고 주장했다. 녹스는 공동기도서에는 아직도 가톨릭의 잔재인 미신적이고 불합리한 것이 많이 들어 있다고 주장했다. 그는 이러한 것들을 회중에게 강요하려는 사람들과 맞서 싸우겠다고 천명했다. 그러나 콕스 일행도 만만한 상대가 아니었다. 그들은 회중들에게 어떤 식으로 예배를 볼 것인지 투표로 결정하자고 제안했다. 회중은 반대했지만, 녹스는 교회의 평화를 위해 그 제안을 받아들였다. 콕스는 투표에 승리하기 위해 회중을 선동했다. 결과는 녹스의 패배였다. 결국 녹스는 설교 자격을 잃고, 교회 문제에 일체 관여하지 못하게 되고 말았다. 녹스는 1555년 3월 26일에 마지막 설교를 한 뒤 칼빈이 있는 제네바로 돌아왔다. 그는 제네바에서 3년 동안 머물면서 칼빈에게서 많은 것을 배웠다. 그는 칼빈이 개혁한 도시 제네바를 보고 이렇게 외쳤다.

"제네바는 사도 시대부터 지금까지 있었던 것 중에 가장 완전한 그리스
도의 학교이다."

녹스는 제네바에서 머물던 1555년, 스코틀랜드에 잠시 귀국할 기회가
있었다. 스코틀랜드의 섭정 기즈 메리가 종교개혁가들을 박해하는 '피의
메리' 여왕과 다르게 보이기 위해 녹스와 종교개혁가들에게 관용을 베풀
었기 때문이다. 그 덕분에 녹스는 스코틀랜드에 귀국해 6개월간 전국을
돌며 가톨릭교회의 제도와 오류를 지적하고 종교개혁적 복음을 전파했
다. 그는 스코틀랜드의 국민적 지도자가 되었고 메리 스튜어트 여왕의 이
복형제인 제임스 스튜어트 경을 비롯해 많은 귀족이 그의 말에 귀를 기울
였다. 그러나 스코틀랜드 교회 당국은 여전히 반종교개혁적이었다. 그가
1556년에 제네바에 다시 돌아가자 교회 당국은 그의 허수아비를 만들어
불사르고 이단으로 정죄했다.

섭정 기즈 메리는 프랑스 출신으로 프랑스의 도움을 받아 통치했다.
1558년에 그녀가 딸인 메리 스튜어트 여왕을 프랑스의 프랑수아 2세와
결혼시키려 하자 많은 귀족과 정치 지도자, 종교개혁가들이 가톨릭 국가
인 프랑스의 지배하에 들어간다며 반대했다. 녹스는 잉글랜드와 스코틀
랜드에서 벌어지는 폭정과 종교 탄압에 맞서 유명한 글 〈괴물 같은 여성
통치에 대한 첫 번째 나팔소리〉를 저술했다. 그는 이 글에서 잉글랜드의

'피의 메리'와 스코틀랜드의 섭정 기즈 메리 같은 여성 통치를 '괴물' 같은 것으로 지칭했다. 여성의 지배가 자연에 어긋날 뿐 아니라 하나님의 뜻에도 어긋난다고 보았기 때문이다. 오늘날 이런 주장은 페미니스트들에게 비난받을 만한 일이겠지만, 그의 진의는 다른 데에 있었다. 여자든 남자든 왕의 폭정과 종교 탄압을 막아야 한다는 것이었다. 그래서 그는 왕가에서 태어난 것만으로 왕이 될 수 없고, 왕도 선거에 의해 뽑아야 하며, 왕이 우상 숭배를 하고 폭정을 행할 경우, 왕의 지위를 박탈할 수 있고 처벌할 수 있어야 한다고 주장했다.

그는 1558년에 기즈 메리와 귀족, 백성들에게 종교개혁을 촉구하는 서신을 보냈다. 서신에서는 기즈 메리에게 종교개혁에 앞장설 것을 권했다. 그렇지 않으면 하나님이 심판하실 것이라고 경고했다. 그리고 백성들에게도 다음과 같은 메시지를 전했다.

"정부의 권세에 복종해야 하지만 통치자가 불법을 행한다면 무장 반란도 가능하다."[2]

여성 통치자들을 신랄하게 비판한 존 녹스에게 스코틀랜드로 돌아갈 길은 보이지 않았다. 그러나 기대하지 않게 길이 열려 귀국하게 되자 그는 다음과 같이 기도했다.

"오, 하나님. 나에게 스코틀랜드를 주시든지 아니면 죽음을 주십시오!"

---

2   W. S., Reid, 《Trumpeter of God》, New York, 1974 ; 《Charles Scribner's Sons》, pp. 188~189, 여기서는 오덕교, 《종교개혁사》, 합동신학대학원출판부, 2010, 363쪽 참조

그는 이 기도대로 목숨을 걸고 스코틀랜드를 하나님의 말씀이 다스리는 나라로 만들고자 했다. 그런데 그는 어떻게 해서 스코틀랜드로 귀국할 수 있게 된 것일까? 잉글랜드와 스코틀랜드의 여왕들을 '괴물'이라며 신랄하게 비난하던 그를 여왕들이 가만히 내버려 두었을까? 또다시 잉글랜드의 정치적 상황이 급변했다. 잉글랜드 여왕 '피의 메리'가 죽은 것이다. '피의 메리'가 죽자 로마 교황청과 스코틀랜드 조정은 여왕 메리 스튜어트가 헨리 7세의 종손임을 들어 잉글랜드에서의 왕위 계승권을 주장했다. 그러나 '피의 메리'에게 핍박을 받으며, 가톨릭교도로 위장해 목숨을 부지해 살던 엘리자베스가 여왕으로 등극했다. 그녀는 종교개혁가들에 대해 관용적인 정책을 펼쳤고, 잉글랜드 국교회를 복원시키고자 했다. 그래서 스코틀랜드 당국도 종교개혁가들을 처단해 잉글랜드의 심사를 건드릴 필요가 없었다. 또 섭정 기즈 메리가 잃은 민심을 얻기 위해 종교적 관용을 선포할 필요가 있었다. 이렇게 존 녹스가 스코틀랜드로 돌아갈 수 있는 길이 열리게 되었다. 스코틀랜드 의회는 존 녹스에게 사절단을 파견하여 귀국을 요청했다. 녹스는 1559년 1월에 제네바를 떠났지만, 잉글랜드에서 통행권을 내 주지 않아 5월이 돼서야 겨우 귀국했다.

　　문제는 그가 쓴 팸플릿 〈괴물 같은 여성 통치에 대한 첫 번째 나팔 소리〉였다. 여왕의 통치가 성서에 어긋나며, '괴물' 같은 것이라고 지칭한 그 팸플릿에 대해 잉글랜드 왕실은 공식적으로 정죄했다. 그가 이 팸플릿으로 엘리자베스 여왕을 직접 공격하지는 않았지만, 그를 못마땅하게 여긴 여왕이 그에게 통행권을 내 주지 않았던 것이다.

녹스는 우여곡절 끝에 스코틀랜드로 돌아왔지만, 스코틀랜드 왕실은 여전히 종교개혁가들을 감시하고 박해했다. 설교나 성례는 주교의 동행하에만 허용되었다. 이에 반대한 종교개혁가들이 설교 운동을 전개하자 섭정은 그들을 소환해 반역죄로 정죄하고 파문했다. 종교개혁가들을 박해하는 것에 성난 군중은 3개의 수도원과 교회당을 불태우고, 스쿤에 있던 왕궁을 불태워 버렸다. 놀란 기즈 메리는 프랑스에 지원을 요청했고, 여왕 메리의 남편, 즉 프랑스의 프랑

THE
FIRST BLAST
OF THE
TRUMPET
AGAINST THE
Monftrous Regimen of Women.
By Mr. JOHN KNOX, Minifter of the Gofpel at EDINBURGH.

To which is added,
The Contents of the SECOND BLAST,
AND
A LETTER from *John Knox* to the People of *Edinburgh*, Anno 1571.

1 Tim. ii. 12. *But I fuffer not a Woman to teach, nor to ufurp Authority over the Man.*

EDINBURGH; Printed: And
PHILADELPHIA; Re-printed by ANDREW STEUART, in Second ftreet, MD.CLXVI.

팸플릿 〈괴물같은 여성 통치에 대한 첫 번째 나팔 소리〉의 앞 면, 존 녹스는 여성 통치가 성서에 맞지 않는다고 비판했다.

수아 2세가 그녀를 돕기 위해 군대를 파견했다. 그러자 잉글랜드 여왕 엘리자베스 1세도 배와 군대를 보내 종교개혁가들을 지원했다. 기즈 메리와 종교개혁가들 사이에 일대 내전이 벌어졌다. 잉글랜드의 지원을 받는 종교개혁가들은 가톨릭교회의 중심지인 리스를 공격하여 함락시켰다. 그러나 1560년에 섭정 기즈 메리가 사망하면서 전쟁도 종결되었다. 프랑스군과 잉글랜드군은 에든버러 협정을 맺고, 양측 모두 스코틀랜드에서 퇴각했다.

이제 스코틀랜드는 종교개혁가들의 수중에 들어갔다. 존 녹스는 왕실의 반대에도 불구하고 의회를 소집하여 종교개혁에 박차를 가했다. 의회

메리 스튜어트 여왕, 종교개혁에 반대해, 가톨릭으로의 복귀를 시도했으나 엘리자베스 여왕의 미움을 사 참수형을 당했다.

는 가톨릭의 모든 집회를 불법으로 간주하고, 프랑스와의 외교 단절을 선언했다. 또한 교황의 관할권을 폐기하고, 미사를 금했으며, 세 번 이상 이를 위반하면 사형에 처하도록 했다. 교육 개혁과 빈민 구제도 결의했다. 이러한 것들을 뒷받침할 권징서와 신앙고백서를 마련하기 위한 신조작성위원회도 구성했다. 존 녹스를 비롯하여 존 윌록, 존 스포티스우드, 존 더글라스와 존 로우 등 6명의 존이 위원회에 참여했다.

신조작성위원회는 4일 만에 〈스코틀랜드 신앙고백서〉를 작성했다. 신조 작성의 원칙은 하나님의 말씀에 일치하지 않는 것은 배척하고 성서에 근거한 것은 무엇이든지 채택한다는 것이었다. 〈스코틀랜드 신앙고백서〉는 25개 조항으로 이루어져 있다. 녹스는 1561년 12월에 최초로 스코틀랜드 장로교 총회를 조직했다. 총회는 〈제일권징서(the First book of Dscipline)〉를 채택했다. 이 권징서는 스코틀랜드 교회 개혁의 지침서로, 장로교회의 형태부터 회중의 교육에 대한 내용이 담겨 있다. 교회 직분은 목사, 장로, 집사로 나누고, 장로와 집사는 일 년에 한 번씩 선거를 통해 임직되도록 했다. 그리고 목사는 목사와 장로회의 공개 심사를 거친 후 회중의 선거에 의해 선별되도록 했으며, 감독직을 두어 교회를 관리·감독하도록 했다. 모든 마을의 교회에서 어린이를 교육하고, 각 교구마다는 고등교육기관을 세워 기독교 교육을 실시하도록 권장했다. 교회 재산은 목사의 생활비, 빈민구제와 교육을 위해 사용하도록 정했다.

이렇게 박차를 가하던 종교개혁은 1561년에 여왕 메리 스튜어트 (1542~1587)가 귀국하면서 다시 제동이 걸렸다. 섭정인 어머니 마리 드 기즈가 죽으면서 메리 스튜어트가 스코틀랜드를 직접 통치하기 위해 프랑스에서 귀국했다. 귀국하자마자 그녀는 가톨릭 미사를 드려 법으로 미사를 금지시켰던 의회와 충돌했다. 그런 여왕에 대해 존 녹스는 설교를 통해 다음과 같이 비난했다.

"한 번의 미사가 10,000명의 군대가 쳐들어오는 것보다 더 두렵다."[3]

여왕은 존 녹스를 소환하여 법의 제정권과 집행권이 자신에게 있음을 주지시켰다. 그러나 녹스는 입법권은 백성을 대표하는 의회에 있으며, 왕이라도 하나님의 법을 지키지 않으면 저항을 받게 될 것이라고 경고했다. 여왕은 녹스의 경고에도 아랑곳하지 않고, 계속해서 종교개혁을 무력화하고, 교황 정치의 복원을 시도했다. 존 녹스는 메리 여왕과의 2차 면담에서 왕이라도 최고의 심판자인 하나님 앞에서 심판을 받게 되니 경거망동하지 말 것을 촉구했다. 그래도 여왕은 계속해서 교황 비오 4세에게 편지

---

3 오덕교, 《종교개혁사》, 합동신학대학원출판부, 2010, 369~370쪽

를 보내는 등 스코틀랜드를 가톨릭교로 복귀시키기 위해 여러 가지 시도를 획책했다. 여왕은 1563년에 '무적함대'를 보유한 스페인의 펠리페 2세의 아들 환 칼로스와 결혼하려 했다. 이 결혼은 스코틀랜드가 스페인의 지배 하에 들어가는 것이며, 다시 가톨릭 국가로 환원된다는 것을 의미했다. 펠리페 2세는 로마 가톨릭의 맹주를 자처하며 로마 가톨릭에 의한 국가 통합의 이상을 추구했다. 또한 본인도 신심 깊은 가톨릭 교도였다. 물론 녹스는 이 결혼을 극렬하게 반대했다. 이에 여왕 메리는 왕궁으로 녹스를 소환했다. 그녀는 처음에 녹스를 꾸짖다가 왈칵 울음을 터뜨렸다.

"내 결혼을 어떻게 할 생각입니까? 그리고 이 나라에서 당신은 도대체 뭡니까?"

녹스가 여왕에게 대답했다.

"이 나라에서 저는 일개 신민으로 태어났습니다. 여왕 폐하, 저는 귀족으로 태어나지 않았지만, 다른 신민들과 마찬가지로 나라가 위험에 처했을 때 그것을 경고하는 의무를 가지고 있습니다."

여왕은 울음을 그치고 그에게 방에서 나가라고 명령했다. 결국 환 칼로스와 결혼하려던 여왕의 계획은 무산되었다. 그녀는 대신 가톨릭교도임을 자처하는 그녀의 사촌 헨리 스튜어트, 즉 단리 경과 결혼했다. 그러나 그녀의 결혼 생활은 순탄치 못했다. 단리 경은 메리가 그녀의 외교 비서인 데이비드 리치오에게 호감을 가진 것을 알고, 질투심에 불타서 리치오를 청부살해했다. 메리 여왕은 남편의 살해 행위에 보복하는 마음으로 리치오와의 밀애에서 가진 아이 제임스 6세를 낳았다. 메리는 이후 또 다른 남자 개신교도인 보즈웰 백작과 사랑에 빠졌다. 보즈웰과 단리 경은 메리를 차지하기 위해 반목을 계속했다. 그러던 중 단리가 천연두를 앓아 요양을 해야 했다. 단리는 1567년 2월, 휴양 차 시골집으로 왔다가 집이 폭파되는 바람에 세상을 떠났다. 사람들은 연적 보즈웰을 의심했다. 보즈웰은 투옥되었으나, 여왕 메리가 무죄를 선언해 석방되었다. 그 후 보즈웰이 아내와 이혼하자, 메리는 그와 개신교식으로 결혼했다. 시민과 귀족들은 그녀의 도덕성에 의문을 제기하며 몰염치한 행동에 분노를 나타냈다. 종교개혁가들뿐 아니라 잉글랜드와 대륙의 가톨릭 교도들도 등을 돌렸다. 결국 그녀는 폐위되었고, 13개월밖에 안 된 그녀의 아들 제임스 6세가 왕위에 올랐다. 그녀의 폐위로 종교개혁은 다시 추진되었고, 존 녹스는 제임스 6세의 대관식에 참여해 설교했다.

그 사이에 메리 여왕은 로크 레븐 성에서 탈출해 잉글랜드로 피신했고 잉글랜드에서도 가톨릭 운동을 전개했다. 그러나 그녀는 가톨릭 인사들과 함께 엘리자베스의 살해를 음모했다는 죄로 정죄되어 런던탑에서 처형되었다.

메리 스튜어트가 퇴위하고 나서 스코틀랜드에서 존 녹스의 종교개혁은 일단 성공한 것처럼 보였다. 그러나 로마 가톨릭 측의 공세도 만만치 않았다. 개신교가 넘어야 할 최대의 위협은 스페인이었다. 스페인의 위협을 제거해야만 종교개혁이 자리 잡을 수 있었다. 스페인은 '무적함대'를 보유한 강력한 가톨릭 국가였다. 얼마 전에는 무서운 기세로 유럽을 공략해 오던 터키를 레판토 해전에서 물리쳤다. 이에 비해 신생 프로테스탄트 국가인 잉글랜드의 군사력은 형편없었다. 그러나 전쟁은 피할 수 없었다. 스페인 국왕 펠리페 2세는 엘리자베스 1세의 이복 언니인 '피의 메리'의 남편이었다. 따라서 이 전쟁은 형부와 처제 사이의 싸움이기도 했다. 그러나 전쟁은 무엇보다 가톨릭과 개신교 두 진영을 대표했다.

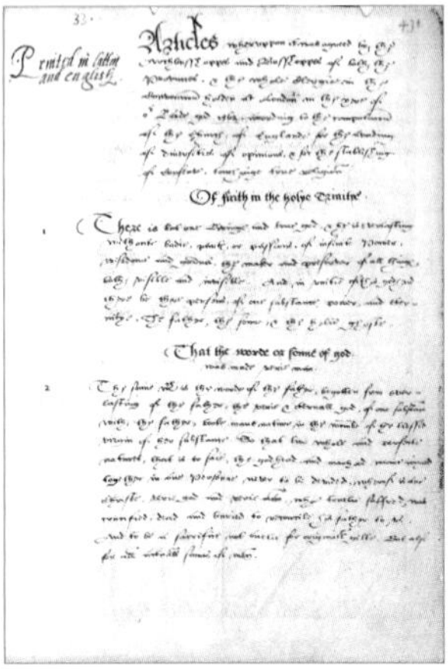
Articles

Of faith in the holye Trinitie

That the worde or sonne of god was made very man

〈39개 신조〉의 텍스트. 엘리자베스 1세가 〈42개 신조〉를 개정한 것으로 이로써 영국 국교회의 신앙 통일을 꾀했다.

✠

엘리자베스 1세는 종교에 대해 매우 신중했다. 그녀는 가톨릭이든 개신교든 광신적인 것은 싫어했다. 그 광신적인 믿음이 불러 온 피바람이 다시 부는 것을 극도로 경계했다. '피의 메리' 시절에 혹독하게 탄압받았던 경험도 작용했다. 그녀는 가톨릭 신도로 위장해서 겨우 살아남아 왕위에 올랐는데, 당시 잉글랜드의 종교 상황은 일촉즉발이었다. 잉글랜드 국민의 3분의 2가 가톨릭이었고, 이에 반대하는 종교개혁 세력도 만만치 않았다. 그녀는 조심스럽게 잉글랜드 국교회 중심의 개혁을 추진했다. 그러나

무적함대 전투 모습

이러한 개혁에 대해 양측 모두 불만을 쏟아냈다. 가톨릭교회는 엘리자베스 1세를 인정하지 않았고, 종교개혁가들은 아직도 교회 제도가 너무 가톨릭적이라고 불평했다. 그러나 여왕은 흔들리지 않았고 단호했다. 1559년 1월, 그녀는 수장령을 내려 왕이 교회와 국가의 최고책임자임을 선언했다. 그리고 에드워드 6세 때 만들어진 〈제2공동기도서〉를 수정·보완해 통일적인 예배지침서를 만들었다. 또 〈42개 신조〉를 칼빈의 가르침을 따른 〈39개 신조〉로 만들어 신앙의 통일을 꾀했다.

엘리자베스 1세의 교회 개혁은 잉글랜드의 종교적 상황에 안정을 가져왔다. 그러나 다른 한편으로는 로마 교황청의 강력한 반발도 불러왔다. 그녀가 수장령을 선포한 뒤, 반로마 정책을 폈기 때문이다. 로마에의 소송을 금지하고, 가톨릭교회의 사제나 예수회 회원을 반역자로 정죄하는 법이 공포되었다. 또한 녹스와의 종교 전쟁에서 패배하고 잉글랜드로 도주한 메리 스튜어트를 가톨릭 인사들과 함께한 반역죄로 몰아 처형한 것도 문제가 됐다. 로마 교황은 '피의 메리'의 남편이자 스페인의 황제였던 펠리페 2세를 부추겨 잉글랜드를 침략하게 했다.

1588년, 펠리페 2세는 무적함대를 잉글랜드로 보냈다. 전함 127척, 수병 8,000명, 육군 1만 9,000명, 대포 2,000문을 가진 대함대였다. 1588년 5월 28일에 포르투갈의 리스본을 출발한 무적함대는 네덜란드 육군 1만 8,000명과 합류해 잉글랜드 본토에 상륙할 예정이었다. 당시 잉글랜드의 병력은 전함 80척, 병력 8,000명밖에 되지 않았다. 잉글랜드 국민들은 공포에 질렸다. 잉글랜드 함대는 수적으로 열세였고, 그마저도 상인과 해적들에게 빌린 것이었다. 그러나 기동력이 뛰어났고 유효 사거리가 긴 대포도 가지고 있었다. 또한 잉글랜드의 해협을 잘 알았고 노련한 항해 경험도 갖추고 있었다. 이에 반해 무적함대의 배는 컸고, 보급물자로 가득 차 기동이 둔했다. 잉글랜드 함대는 8월 7일에 칼레 근처 그라블린 해전에서 전함 5~6척에 불을 질러 무적함대로 돌진시켰다. 갑작스러운 화공에 놀란 무적함대는 혼비백산해 대열을 이탈했다. 모여 있다가는 순식간에 커다란 불로 번질 수 있었기 때문이다. 화공을 피해 흩어진 무적함대는 통제되지 않았다. 거센 바람은 배들을 암초로 몰고 가 산산조각 냈다. 잉글랜드 상륙은 시도도 해 보지 못했다. 스페인 함대는 결국 그라블린 해전에서 결정적 타격을 입었고 54척 만이 겨우 본국으로 돌아갈 수 있었다. 이 전투에서 패한 스페인은 해상 무역권을 잉글랜드에 넘겨주고 유럽에서 주도권을 상실했다. 이렇게 가톨릭 측의 위협이 사라지자 잉글랜드와 스코틀랜드의 종교개혁이 자리를 잡을 수 있었다.

잉글랜드와 스페인의 전쟁은 존 녹스가 사망한 이후에 발생했다. 만약 존 녹스가 **성**서에 어긋난다고 맹렬하게 비난한 '여성의 통치'가 없었더라면, 잉글랜드뿐 아니라 스코틀랜드의 종교개혁도 성공하지 못했을 것이다.

제네바에 있는 존 녹스의 동상. 제네바 종교개혁가 동상에 있는 존 녹스의 모습. 제네바에서 그는 영국 피난민 교회 목사로 3년간 있으면서, 칼빈으로부터 많은 영향을 받았다.

✠

여왕 메리 스튜어트가 쫓겨난 후 스코틀랜드에서는 어떠한 일들이 벌어졌을까? 우선 여왕 지지자와 반대파 사이의 정치적 혼란과 폭동이 그치지 않았다. 녹스는 제임스 6세의 대관식 설교에서 여왕을 규탄하고 그녀의 죽음까지 요구했다. 그러나 아가일 영주와 에든버러 성의 성주 윌리엄 커콜디는 메리 여왕을 지지했다. 그들은 녹스의 오래된 친구이기도 했다. 어쨌든 메리는 죽지 않고 잉글랜드로 도주해 스코틀랜드의 반동종교개혁을 계속해서 사주했다. 제임스 6세의 섭정이 된 머레이 경은 1570년 1월에 암살되었다. 그리고 그의 뒤를 이은 섭정 레넉스의 백작 역시 메리 여왕의 지지자가 쏜 총에 맞아 사망했다. 1571년 4월 30일, 여왕의 지지자 커콜디 경은 여왕을 반대하는 모든 적은 도시를 떠나라고 명령했다. 그러나 그는 프랑스 갤리선에 함께 끌려갔던 옛 동료 녹스는 예외로 해서 에든버러에 남을 수 있게 했다. 단 성에 억류되어야 한다는 조건이 있었다.

결국 녹스는 세인트 앤드류스를 향해 떠났다. 그는 그곳에서도 계속해서 설교를 했고, 그의 유명한 저작 《스코틀랜드 종교개혁사》의 집필에 집중했다. 《스코틀랜드 종교개혁사》는 1559년, 개신교 측 귀족들이 요청한 이래 계속해서 써 오던 것이다. 이 책은 스코틀랜드의 종교개혁 운동의 시작에서부터 메리의 귀국과 퇴위에 이르기까지를 기술하고 있다. 그는 이 책에서 스코틀랜드를 구약 시대의 이스라엘에 비유했다. 그리고 스코틀랜드의 모든 사건을 성서의 모든 사건과 연결시켰다. 그는 가톨릭과 개신교의 싸움, 교회와 국가의 싸움, 독재와 백성의 싸움을 정치적 시각에서 해석하지 않고, 종교적 시각에서 해석했다. 그는 스코틀랜드의 종교개혁 운동을 하나님의 성도와 스스로 성직자라는 탈을 쓴 이리와의 무서운 전쟁으로 묘사했다. 녹스는 이 거룩한 전쟁에 하나님이 개입한다고 주장했다. 그에 따르면, 하나님의 정의는 무한하고 불변하기에 구약 시대에서와 마찬가지로 스코틀랜드에서도 작용한다. 존 녹스는 모든 면에서 칼빈을 추종했지만, 정치적 저항에서는 칼빈보다 더 급진적이었다. 그도 칼빈처럼 하나님에 의한 신정 통치를 주장했다. 그런데 그는 한 걸음 더 나아가 불의한 왕에 대한 백성의 무장 혁명을 주장했다. 이것은 스코틀랜드의 정치적 상황을 반영한 것이었다.

《스코틀랜드의 종교개혁사》를 한창 쓰던 시기인 1564년에 녹스는 두 번째 결혼을 했다. 그는 첫 번째 아내와 사별했다. 첫 번째 아내는 초창기 에든버러의 사역 시절에 그의 조력자였다. 그는 그녀를 무척 사랑했고, 그녀는 그에게 두 명의 아들을 낳아 주었다. 존 녹스의 두 번째 결혼식은 사람들의 입방아에 오를 정도로 화제였다. 그때 신랑 나이는 50세, 신부의 나이는 17세였다. 신부의 나이가 너무 어리기도 했지만, 신부의 출신도 화젯거리였다. 신부는 먼 친척이기는 하지만 로열 패밀리였다. 이름은 마가렛 스튜어트였고, 아버지는 오킬트리의 영주로 존 녹스의 친구이기도 했다. 그녀는 그에게 3명의 딸을 낳아 주었다.

1572년 7월 말에 휴전이 선언되자, 그는 에든버러에 돌아올 수 있었다. 이때 그의 몸은 매우 쇠약해져 있었다. 알아듣기 힘들 정도로 목소리가 약해졌지만, 그는 성 자일스 교회에서 계속해서 설교를 했다. 녹스는 거의 죽기 전까지 설교를 했고, 1572년 11월 4일에 눈을 감았다. 그의 친구들과 스코틀랜드의 유력 귀족들이 그 자리를 지켰다. 죽기 전에 그는 성서를 소리 높여 읽어 달라고 요청했다. 그의 젊은 아내는 〈고린도전서〉를 소리 높여 읽었다. 그는 마지막으로 유언 한마디를 남겼다.

"나는 결코 부패하지 않았고, 결코 사기를 치지 않았으며, 거래를 하지 않았다."

그의 유언은 그가 스코틀랜드의 종교개혁을 위해 어떻게 살아왔는지를 보여 준다. 존 녹스는 처형당한 메리 스튜어트 여왕보다 오래 살지는 못했다. 그는 일찍 죽었지만, 그가 하나님의 정의를 위해 불었던 '트럼펫'은 계속해서 소리를 내고 있다.

존 폭스

John Foxe

1517~1587, 영국 출생

개신교 최대 고전 중의 하나인 《순교자 열전》 집필

존 폭스의 초상화(작자 미상, 런던 National
Portrait Gallery 소장, 1858)

순교 역사의
생생한 현장을 기록하다

"와지끈" 하고 문이 순식간에 떨어져 나갔다. 문을 부수고 들이닥친 사람들은 농가 안에 아무도 없는 것을 확인하고 분통을 터뜨렸다. 그들은 원체스터의 주교 가디너가 보낸 사람들로, 노퍽 공작의 가정교사를 체포하려 했던 것이다. 피의 메리 여왕이 등극하자마자 가디너는 종교개혁가들을 박해하는 일에 앞장섰다.

가디너는 대주교 토머스 크랜머를 음해하고 박해하는 데 앞장섰던 인물이다. 그는 노퍽 공작의 집에 들렀다가, 우연히 가정교사와 마주쳤다. 자신을 급하게 피하는 가정교사를 수상하게 여긴 가디너는 공작에게 그가 누군지 물었다. 공작은 집안의 주치의라고 급히 둘러댔으나 가디너는 의심의 눈초리를 거두지 않았고 결국 그를 체포해 조사하려 했다. 농가의 문이 부서질 때, 노퍽 공작의 가정교사는 임신한 아내와 함께 폭풍이 부는 바다를 떠돌고 있었다. 폭풍이 밤새 그치지 않자, 선장은 계속해서 항해하는 것이 무리라고 생각해 입스위치 항구로 되돌아왔다. 가정교사는 그제서야 간발의 차로 화를 면했다는 것을 알았다. 그들은 즉시 그곳을 다시 떠나야 했지만 폭풍이 문제였다. 그들은 일단 그곳을 떠난 것처럼 위장한 뒤, 그날 밤에 몰래 그곳으로 다시 돌아왔다. 폭풍이 잠잠해지는 기미가 보이자 그는 선장을 설득해 다시 항해에 나섰다.

윈체스터의 주교 가디너의 박해를 피해 몰래 도망간 이 가정교사는 존 폭스였다. 그가 탄 배에는 임신한 아내 외에도 그의 소중한 원고가 실려 있었다. 그 원고는 그가 에드워드 6세의 통치 기간인 1552년부터 쓰기 시작한 《활동과 기념비(The Actes and Monuments)》의 초안이었다. 이것은 나중에 《순교자 열전》으로 알려진 책이 폭스의 《순교자 열전》은 개신교 최대 고전 중의 하나이다. 만약 그때 그가 잡혔더라면, 이 책은 세상에 나올 수 없었을 것이다. 그리고 폭스의 《순교자 열전》이 없었더라면, 토머스 크랜머가 화형당하기 전 자신의 오른손을 먼저 불에 태운 사건이나 성서를 영어로 번역하다 화형당한 윌리엄 틴들에 대한 사건의 실상을 제대로 알 수 없었을 것이다.

그러나 그가 배에 가지고 갔던 초안에는 피의 메리 시절에 박해받았던 종교개혁가의 순교 이야기는 없었다. 그때는 피의 메리가 본격적인 박해를 막 시작한 시점이었기 때문이다. 대륙으로 건너간 뒤 그는 잉글랜드에서 벌어지는 잔인한 박해에 대한 소식을 들었다. 그는 당시에 벌어졌던 박해에 관한 자료와 증언을 모아 《순교자 열전》을 펴내기로 결심했다. 정확성을 기하기 위해 작은 정보도 계속해서 수집했다. 그렇게 그는 평생 《순교자 열전》을 4번이나 개정해 펴냈다. 《순교자 열전》은 성서 분량의 대작이었다. 이 책을 통해 그는 종교개혁이 얼마나 많은 사람의 피와 희생 속에 이루어진 것인지 생생하게 증언했다.

✠

목숨을 걸고 《순교자 열전》을 쓴 존 폭스는 어떤 사람일까? 그는 1517년에 잉글랜드 링컨셔 주의 보스턴에서 태어났다. 집안은 유복했지만, 아버지가 일찍 세상을 떠나고 어머니가 재혼하는 바람에 의붓아버지와 함께 살았다. 16세 때인 1534년에 옥스퍼드대학의 브레이스노즈 칼리지에 입학한 그는 다음 해에 모들린 칼리지의 장학생으로 선발될 정도로 학업에 뛰어난 면모를 보였다. 그는 1537년에 학사학위를, 1543년에 석사학위를 받았고, 1539년부터 1540년까지 대학의 논리학 강사로 활동했다. 그는 그리스와 라틴 교부들의 책을 읽을 수 있을 정도로 고전 언어에 뛰어났다. 특히 히브리어에 발군의 실력을 보였다. 고대와 현대의 로마 가톨릭교회사, 교회 법령이 어떻게 발달했고 진행되었는지를 조사하는 연구에 몰두하기도 했다. 폭스의 학문적 관심과 이력을 볼 때 당시에 불던 인문주의와 종교개혁에 깊은 영향을 받은 것으로 보인다. 뛰어난 학문적 능력과 남다른 학문적 열정을 가졌지만, 폭스는 옥스퍼드대학에서 쫓겨나고 말았다. 그의 종교개혁적 신앙이 헨리 8세가 1539년에 선포한 〈6개 신조〉인 교회 법령과 충돌했기 때문이다.

옥스퍼드대학에서 쫓겨나게 된 과정을 소개하면 이렇다. 그는 밤마다 조그만 숲의 외딴 나무 그늘을 찾아가 복받치는 슬픔을 참지 못해 눈물을 흘리며 하나님께 기도를 드리곤 했다. 신앙의 변화로 인해 마음속 갈등이 심했던 것 같다. 교회 당국은 밤마다 으슥한 곳을 찾아가 기도를 드리는 그를 수상하게 여겼다. 추궁을 당한 폭스는 솔직하게 자신의 속마음을 털어놓았다. 결국 그는 대학 당국으로부터 이단으로 낙인 찍혀 1545년에 퇴교를 당했다. 한편으로는 그가 성직자의 독신을 반대해서 퇴교를 당했다고도 전해진다. 그는 친구에게 보낸 편지에서 성직자의 독신주의를 '자기 거세'라고 하며 신랄하게 비판했다. 〈6개 신조〉는 성직자가 독신으로 살아야 하며, 이를 어길 시 화형에 처한다고 규정되어 있었다.

폭스는 대학에서 쫓겨나고, 이단으로 낙인이 찍혀 목숨이 위태로웠다. 종교개혁적 신앙 때문에 보장된 학자로서의 성공적 삶도 포기했다. 당연히 그 뒤에 찾아온 것은 극심한 궁핍이었다. 딱한 처지에 놓인 그를 도와줄 사람은 거의 없었다. 가족에게서도 외면받는 처지가 되었다. 그때 위릭셔 주의 토머스 루시 경이 그를 아이들의 가정교사로 초빙했다. 토머스 루시 경은 유력한 정치인이자 열성적 프로테스탄트였다. 그는 셰익스피어와 얽힌 일화로 유명하다. 어떻게 보면 그는 셰익스피어가 대문호가 될 수 있는 계기를 마련해 준 사람이라 할 수 있다.

어린 시절에 셰익스피어는 양털을 깎는 일을 했다. 그런데 양털 깎는 솜씨가 형편없어 목장 주인에게 호된 핀잔을 듣는 날이 많았다. 그 시절에 그는 친구들과 함께 루시 경의 정원에 몰래 들어가 사슴과 토끼를 잡다가 걸린 적이 있었다. 그는 매질을 당하고 갇히는 곤욕을 치르고 나서야 겨우 풀려났고 이후 루시 경을 신랄하게 풍자하는 시를 적어 정원에 붙여 놓았다. 이를 본 루시 경은 분노해 그를 고향에서 추방했다. 고향을 등진 그는 런던 극장에서 연극 대본을 쓰는 일을 하게 되었고, 결국 세계적인 문호가 되었다. 고향을 등진 일은 불행이었지만 그에게는 인생의 전환점이 되었다. 만약 고향에서 쫓겨나지 않았더라면 셰익스피어는 그곳에서 양털을 깎다가 죽었을지도 모른다.

폭스는 루시 경의 가정교사 시절에 아그네스 랜덜(Agnes Randall)이라는 처녀와 결혼했다. 그러나 그들은 루시 경의 집에서도 오래 머물 수 없었다. 로마 가톨릭교회의 심문관들이 이단자인 그를 추적했기 때문이다. 잡히면 이단으로 몰려 화형당할 수 있었다. 그는 우선 아내를 장인에게 의탁한 다음 의붓아버지가 있는 집으로 가서 숨어 지냈다. 처음에 의붓아버지는 잡히면 사형당할 폭스가 집에 오는 것을 반대했다. 그러나 폭스가 집에 오자 따뜻하게 맞아 주고 숨겨 주었다.

그 사이에 헨리 8세가 죽고 에드워드 6세가 즉위하자 상황이 나아졌다. 폭스는 런던으로 옮겨 갔으나 그곳에서도 그의 삶은 궁핍했다. 그러던 그에게 기적처럼 일자리가 주어졌다. 기나긴 굶주림에 지쳐 있던 그는 성 바울 교회에 앉아 기도를 했다. 그때 낯선 사람이 그의 곁에 와 앉았다. 그는 가난한 폭스를 위로하면서 장래의 생계를 책임질 새로운 후원자가 곧 나타날 것이라고 말하며 그의 손에 돈을 쥐어 주었다. 폭스는 무척이나 고마웠지만 그 사람이 누구인지 몰랐다. 얼마 지나지 않아 리치먼드 공작부인에게서 서리 백작(Earl of Surry)의 자제들을 가르쳐 달라는 요청을 받았다. 당시 서리 백작은 런던탑에 갇혀 있었기에 누이인 리치먼드 공작부인이 조카들의 교육을 맡고 있었다. 폭스는 프로테스탄트 지식인들 중에서도 뛰어난 실력을 갖춘 사람으로 알려져 있어 그녀가 눈여겨보았던 것이다. 폭스가 교회에서 만난 낯선 사람도 그녀가 보낸 사람일 수 있다. 비교적 안정적인 생활을 하게 된 폭스는 교회가 받았던 박해와 순교 역사에 대해 관심을 가졌다.

그는 헨리 8세 때 종교로 인해 죄 없는 수많은 사람이 박해받고 처형당하는 것을 목격했다. 그는 종교로 인해 사람들이 핍박받고 처형당하는 것에 반대했다. 에드워드 6세 치하 때에도 종교적 이유로 화형이 거행되자 그는 그것을 막고자 백방으로 노력했다. 종교 박해가 되풀이되지 않게 하기 위해서는 기독교가 겪어 온 박해를 연구할 필요가 있었다. 그는 우선 로마시대 때 자행된 종교 박해에 대한 연구를 진행했다. 그러나 정작 그가 쓰게 될 피비린내 나는 종교 박해와 순교의 사건들이 아직 시작되지도 않았다.

✠

초안을 들고 도망갔던 존 폭스 부부는 유럽 대륙의 뉴포트 항에 무사히 도착했다. 그는 그곳에서 며칠 쉰 다음 안트베르펜, 프랑크푸르트를 거쳐 스트라스부르크로 갔다. 스트라스부르크는 종교 박해를 피해 잉글랜드에서 온 이주자가 많이 살고 있는 지역이었다. 그는 그곳에서 잉글랜드에서부터 가지고 온 초안을 다듬어 기독교 박해에 관한 역사를 라틴어로 저술해 출판했다.

이 책은 나중에 그가 쓰게 되는 《순교자 열전》의 초안이라 할 수 있다.

출판할 때 이 책에는 당시에 일어났던 잉글랜드의 종교 박해에 대한 기록이 담겨 있지 않았다. 폭스는 잉글랜드와 관련해서는 15세기에 진행된 롤라드파의 박해만을 다루었다. 롤라드(Lollards)파는 종교개혁의 샛별인 존 위클리프의 종교개혁 운동을 따르는 사람들을 뜻했다. 원래 롤라드라는 말은 '중얼거리는 사람'을 뜻하는 것으로 중세 네덜란드어 롤라에르트(lollaert)에서 유래한 경멸적인 말이었다. 초기에 이 말은 경건한 척하지만 사실은 이단 신앙을 가졌다고 여겨진 유럽 대륙의 집단을 지칭했다. 롤라드파는 종교개혁 운동으로 최초의 순교자를 냈고, 잉글랜드 종교개혁 운동의 거름이 되었다.

1554년 가을, 폭스는 스트라스부르크를 떠나 잉글랜드 이민자 교회의 설교자로서 프랑크푸르트로 갔다. 그곳에서 그는 쓰라린 신학적 논쟁에 빠졌다. 폭스는 이 논쟁에서 존 녹스 편을 들었다. 그러나 콕스 일행도 만만한 상대가 아니었다. 그들은 어떤 식으로 예배를 볼 것인지 투표로 결정하자고 회중들에게 제안했다. 회중은 반대했지만, 녹스는 교회의 평화를 위해 그 제안을 받아들였다. 콕스는 투표 승리를 위해 회중을 선동했고, 결과는 녹스의 패배였다. 결국 녹스는 설교 자격을 잃고 교회 문제에 일체 관여하지 못하게 되고 말았다. 녹스는 1555년 3월 26일에 마지막 설교를 하고 칼빈이 있는 제네바로 돌아왔다. 녹스와 입장을 같이했던 폭스도 그곳을 떠났다. 폭스는 분명하게 녹스를 지지했다. 그러나 그는 종교 파벌 싸움에 대해서는 혐오감을 나타냈다. 그러한 싸움이 불러오게 되는 폭력과 그로 인한 혼란과 희생 때문이었다. 폭스가 바젤로 갈 때 대륙에서는 박해가 한창이었다.

'피의 메리'는 1555년 2월 4일, 성서 번역자인 존 로저스를 화형에 처한 후 300여 명에 가까운 종교개혁가를 스미스필드에서 화형시켰다. 폭스는 잉글랜드에서 진행되는 박해에 대해 예의 주시했다. 그는 잉글랜드 귀족들을 향해 여왕에게 영향력을 행사해서 박해를 중지시켜 달라는 호소를 담은 팸플릿을 썼다. 그러나 그러한 호소는 별 소용이 없었다. 그의 친구 녹스도 〈괴물 같은 여성 통치에 대한 첫 번째 나팔 소리〉라는 유명한 팸플릿을 써서 잉글랜드와 스코틀랜드에서 자행되는 종교 탄압을 격렬하게 비판했다. 폭스는 정치적으로 녹스에 비해 덜 과격했고 덜 급진적이었다. 폭스는 녹스의 팸플릿을 보고 여왕에 대해 "격렬하고도 무례하다"라고 비판할 정도였다. 녹스는 청교도적인 입장에서 잉글랜드의 종교개혁을 시도했다. 그는 무장 반란도 마다하지 않았다. 그러나 폭스는 달랐다. 녹스가 불같은 성격의 활동가라면, 폭스는 시대의 아픔에 귀 기울이고 그것을 조용하게 증언하는 사람이었다. 그가 증언하는 시대의 아픔은 어떤 것일까?

폭스는 에드워드 6세가 통치하던 1552년에 《순교자 열전》을 쓰기 시작해 평생 동안 네 차례 개정했다. 그가 1554년에 스트라스부르크에서 라틴어로 펴낸 《순교자 열전》의 초안에는 '종교개혁의 샛별'인 위클리프와 그를 추종하는 롤라드파에 대한 박해를 중점적으로 다루었다. 이 책에는 폭스 당시의 종교 박해와 순교에 대한 언급은 없었다. 폭스는 망명지에서 잉글랜드에서 벌어지는 잔혹한 박해 소식을 들었지만 아직 자료가 충

분하지 않았다. 그래도 그는 당시 벌어
지는 박해와 순교 이야기를 생생한 기
록으로 남기고자 결심했다. 1559년에
그는 바젤에서 피의 메리 시대에 자행
된 박해와 순교 이야기를 포함한 두 번
째 책을 라틴어로 펴냈다.

그러나 기대만큼 메리 튜더 여왕 시
대의 박해와 순교를 본격적으로 다루
지 못했다. 잉글랜드와 떨어져 있던 그
가 손에 넣을 수 있는 증언과 자료들의
한계 때문이었다. 그래도 그는 이 책을
통해 상당한 명성을 얻었다. 하지만 여
전히 가난에서 벗어나지 못했고, 대륙

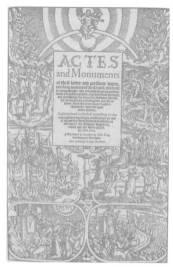

폭스의 《순교자 열전》 표지(1563). 이는 후
대에 붙인 이름이고 그 당시에는 《The Actes
and Monuments(활동과 기념비)》라는 제목
으로 출간되었다. 이 표지는 영어로 쓰여 진
첫 번째 판본이다.

에서 거주하던 잉글랜드 상인들이 이따끔 보내 주는 후원에 의지해 근근
히 살았다. 겨우 생존만 할 수 있는 아주 극빈한 삶이었다. 하지만 그는 모
국에서 박해와 순교가 계속해서 행해지고 있다는 소식을 듣고 《순교자 열
전》의 개정 작업을 멈출 수 없었다. 그는 모국의 소식에 귀를 기울이며, 계
속해서 자료를 수집해 나갔다.

✠

1558년에 피의 메리가 죽고, 엘리자베스 1세가 왕위에 올랐으나 폭스
는 경비가 없어 곧바로 귀국하지 못했다. 경비가 마련되자 그는 잉글랜드

로 귀국해 이전의 제자였던 노퍽 공작의 도움으로 런던에 정착할 수 있었다. 폭스는 1563년 3월 20일에 존 데이 출판사에서 첫 번째 영어판 《순교자 열전》을 출간했다. 이 책은 커다란 대형 2절판으로 1,800쪽에 이르는 엄청난 양이다. 이 책에는 증언들과 목격담, 고백 등 그가 그동안 수집한 자료들이 포함되었다. 책에는 《이 위험한 마지막 날들의 활동과 기념비(Actes and Monuments of these Latter and Perilous Days)》라는 긴 제목이 붙었다. 당시에는 책에 긴 제목을 붙이는 것이 유행이었다. 그러나 폭스는 긴 제목을 통해 특히 잉글랜드와 스코틀랜드에서 로마 가톨릭 고위 성직자들에 의해 저질러진 박해와 끔찍한 사건들을 기술했다는 것을 명확하게 알리고자 했다. 현재 이 책의 이름은 원 제목보다 《폭스의 순교자 열전》으로 더 잘 알려져 있다. 이 책은 폭스를 순식간에 유명인사로 만들었다. 최초로 영어로 쓰인 유명 문학 작품으로, 첫 번째 영어 판본의 머리말에서 폭스는 책을 쓴 의도를 이렇게 언급했다.

"위클리프 또는 코프햄이 용기 있게 예수 그리스도 당신의 대의를 위해 행동하지 않았다면, 누가 그들이 태어났다는 것조차 기억할 수 있었겠습니까? 보헤미아의 후스와 우리의 틴들이 복음의 대의를 위해 자신의 삶을 지키는 것보다 잃는 것을 선택했을 때 당신으로부터 얼마나 많은 영광을 얻을 수 있었습니까? 반대로 당신의 적대자들을 보면, 당신의 백성을 향해 수많은 살해와 불의 그리고 학대가 있었습니다. 같은 사람들에 의해 은밀하고도 사악하게 수많은 범죄가 저질러졌다는 것을 모

두 인정하고 있습니다. 그들은 자
신들이 저질렀던 일들이 공개적
으로 알려지리라고는 결코 예상
하지 못했습니다."

이 책은 순식간에 베스트셀러가
되었다. 책값은 결코 싸지 않았다.
숙련된 장인의 3주치 임금에 해당
하는 십 실링 이상에 팔렸다. 그러나
저작권이라는 개념이 별로 없던 시
대였기 때문에 폭스는 여전히 가난

《순교자 열전》의 목판화 삽화. 두 명의 개신교도가
화형을 당하는 장면을 그려 놓았다.

했다. 그래도 그는 새로운 증언과 자료들을 수집해 계속해서 책을 개정해
나갔다.《순교자 열전》이 유명해지고, 사람들의 관심이 쏠리자, 가톨릭 측
의 비판과 반발이 거셌다. 로마 가톨릭 사제 토머스 하딩은《순교자 열전》
이 "악취가 풍기는 순교자들의 거대한 똥 더미이며 수천의 거짓으로 가득
찼다."라고 비판했다. 폭스는 이런 비판에 맞서 가톨릭 측에 카운터펀치
를 날리고자 두 번째 개정 작업에 착수했다. 그는 더 많은 자료를 수집했
고, 불명확하고 분명치 않은 내용을 제거해 자료의 정확성을 꾀했다.

개정 증보된 두 번째 판은 1570년에 나왔다. 두 번째 개정판은 거의 완
성판이었다. 폭스 생전에 이루어진 세 번째 개정판과 네 번째 개정판은 두
번째 개정판의 변형일 뿐이었다. 그러나 폭스가 했던 작업들은 결코 완성

될 수 없는 작업이었다. 폭스가 죽은 이후에도 유럽 대륙에서 박해와 순교가 그치지 않았기 때문이다. 그가 죽은 뒤에도 그의 유지를 이어받은 사람들에 의해《순교자 열전》은 계속해서 개정되었다.

폭스가 1583년에 마지막이자 네 번째로 개정한《순교자 열전》은 총 12권으로 구성되었다. 제1권은 성서에 나오는 스테판, 큰 야고보, 작

존 폭스의 초상 목판화

은 야고보, 빌립, 마태, 마가, 베드로, 바울 등 초창기 기독교인들의 박해와 순교를 다루는 것으로 시작해 네로 황제 시대에 극에 달했던 로마 시대에 일어난 그리스도인에 대한 열 차례의 박해를 다루었다. 그리고 중세 교회에서 행해진 이단 심문과 종교재판에 대해서도 다루었다.

그러나 제2권 이후부터는 기독교가 잉글랜드에 전래된 것으로부터 시작해 잉글랜드의 왕조사, 종교 박해 부분을 다루었다. 특히 제7권에서는 헨리 8세 통치하에 행해진 롤라드파의 박해와 순교를 다루었다. 그리고 마지막 부분인 제12권에서는 피의 메리 시절에 잔혹하게 행해진 박해와 순교 사건들을 생생하게 기록했다. 폭스의《순교자 열전》에는 당시 상황을 보여 주는 60개의 목판화가 함께 들어 있다. 이 목판화는 순교자들이 어떻게 처형되었는가를 생생하게 보여 주었다.

폭스가《순교자 열전》으로 유명해지자 부유한 사람들이 그에게 기부를 하기 시작했다. 그는 그것을 받아 가난한 사람들에게 다시 나누어 주었다. 1563년에 페스트가 창궐했을 때, 많은 목회자가 신도들을 버리고 도피했다. 그러나 그는 끝까지 자기 자리에 남아 소외된 이들을 도왔다. 부자들에게서 기부금을 받으면 그는 그것을 가난한 사람들을 돕는 데 사용했다. 그는 사람들이 예수 그리스도의 이름으로 무언가를 요구하면 절대 거절하지 못하는 너그러운 사람이었다. 엘리자베스 1세 여왕은 그의 마음과 행동에 탄복해 그를 '우리의 아버지 폭스'라고 불렀다.

그는 1587년 4월 18일에 70세의 일기로 성 자일즈 교회에 묻혔다. 그가 이 교회에서 얼마간 교구 목사를 지낸 인연이 작용했다. 그가 기록한 순교의 역사는 교황, 왕, 고위성직자 등 종교권력자들이 행한 박해의 역사이다. 기독교인들은 왜 박해를 받고 순교를 당하는 것을 마다하지 않았는가? 그것은 오로지 복음을 위해, 하나님의 진리를 위해 살고자 했기 때문이다. 불의한 종교 권력자에 빌붙으면 목숨을 부지하고 호화롭게 잘 살 수도 있었다. 그러나 그것은 영원히 사는 길이 아니었다. 하나님의 진리와 복음에 따라 살 때만 영원히 살 수 있다. 폭스의《순교자 열전》은 시대를 넘어 그것을 증언하고 있다. 그러나 지금 우리는 그러한 증언에 제대로 귀를 기울이고 있는 것일까? 생각해 볼 필요가 있다.

테오도르 베자

Theodore Beza

1519~1605, 프랑스 출생
종교개혁가이자 시인
《통치자의 권리》 출간 이후 '왕에 맞서 싸우는 자'라고 불림

베자의 초상화(1577)

종교개혁을 위해
왕과 맞서 싸우다

1572년 8월 23일, 가톨릭교도인 마르그리트 공주와 개신교도인 나바르의 왕의 결혼식이 성 바르톨로메오 축일에 거행될 예정이었다. 성 바르톨로메오는 그리스도의 복음을 전파하다 산 채로 껍질이 벗겨지는 형을 받아 순교한 성인이다.

결혼식은 마르그리트의 어머니이자 샤를 9세의 섭정인 메디치 드 카트린느가 신구교의 화해를 위해 만든 작품이었다. 사람들은 성대한 결혼식과 함께 종교 전쟁의 종식을 보기 위해 몰려들었다. 위그노 전쟁이라 불린 종교 전쟁은 프랑스 국민들을 지치게 만들었다. 평화를 고대하던 가톨릭교도뿐 아니라 위그노들도 몰려들었다. 위그노들은 칼빈주의의 영향을 받은 프랑스 개신교도를 뜻했다.

그러나 결혼식 행사는 밤 사이에 끔찍한 피의 학살로 바뀌고 말았다. 결혼식을 앞두고 벌어진 피로연 때 가톨릭 측 유력 귀족인 기즈 공이 또 다

른 개신교 측 유력 귀족인 콜리니를 암살하려다 실패했다. 간단한 부상을 입은 콜리니와 위그노들은 암살 진상 조사를 요구했다.

카트린느는 콜리니 가문의 복수를 두려워해 아예 위그노들을 모두 해치워 버려야겠다고 생각했다. 그래서 생 제르맹 교회의 종소리를 신호로 정해 모든 위그노를 살해할 계획이었다. 아들인 샤를 9세도 이 계획에 동의했다.

8월 24일, 기즈 공을 따르는 많은 가톨릭교도가 위그노들이 묵고 있는 숙소를 기습해 학살하기 시작했다. 이 학살로 콜리니를 포함하여 파리에서 1만 명, 프랑스 전체에서 2만 명 정도의 위그노들이 살해당했다. 이 대학살로 프랑스에서 위그노 개혁 운동은 극심한 타격을 입었다. 카트린느는 "하나님과 샤를 9세에게 반항하던 자들을 전멸시켰다."라며 환호했고, 교황 그레고리오 13세는 축하하는 의미로 기념 메달을 주조했다.

그러나 전쟁은 완전히 끝난 것이 아니었다. 성 바르톨로메오 축일의 대학살 사건에 분노한 위그노들은 왕권과 가톨릭교도에 대항해 맹렬하게 저항하며 싸우기 시작했다. 성 바르톨로메오 축일의 대학살을 계기로 하여 위그노들은 절대 왕권에 대해 다시 생각하기 시작했다. 대학살 이전까지만 해도 위그노들은 종교 탄압이 기즈 공과 같은 잘못된 정치가들 때문이라고 생각했고, 국왕에 대해서는 변함없는 충성을 보였다.

그러나 이제는 왕권에 대해 정치적 저항 이론을 만들기 시작했다. 칼빈의 가르침을 따르는 위그노들은 칼빈이 왕권에 대해 너무 조심스럽고 순종적이라고 생각했다.

칼빈은 악한 군주를 백성의 범죄에 대한 하나님의 심판의 도구로 보았다. 그러기에 백성은 악한 군주를 위하여 기도하며 명령에 복종해야 한다고 주장했다. 왕이 법을 무시하고 폭정을 행할 때도 그리스도인은 항거해서는 안 되며, 고위 정치가들의 도움을 받아야 한다고 가르쳤기 때문이다.

칼빈은 폭력은 폭력을 낳는다고 하면서 무장 항거에 반대했다. 위그노들은 폭군에 대항해 싸우려면 좀 더 적극적이고 투쟁적인 이론적 무기가 필요했다. 그때 제네바에서 "모든 폭정에 백성들은 저항해야 할 의무가 있다."라는 메시지가 전달되었다.

그 메시지는 칼빈의 공식적인 후계자인 테오도르 베자가 대학살 이후 쓴 《통치자의 권리》라는 책이었다. 베자는 1574년에 쓴 《통치자의 권리》에서 슈말칼덴 전쟁 때 카를 5세에 대항하여 싸운 마그데부르크 시를 예

로 들어 폭군에 대한 백성의 저항권을 옹호했다.[4]

그는 종교 문제와 관련해 단호하게 폭정에 저항했고, 자격이 없는 정부에 반대하는 것은 정당하며 필요할 경우에는 무기를 사용해 정부 당국자들을 퇴위시키는 것이 옳다고 확신했다. 이전에도 그는 《이단에 관하여》(1554)라는 책에서 악정을 일삼는 폭군이 나타나면 하위 관직에 있는 관료들이 그에 저항해야 한다고 주장했다. 제네바에서 베자는 이론적으로 뿐만 아니라 프랑스에서 피난해 온 위그노들을 따뜻하게 맞아 주고 적극적으로 도왔다. 베자는 《통치자의 권리》 출간 이후 모나르코마크(monarchomaque), 즉 '왕에 맞서 싸우는 자'라는 이름을 갖게 되었다.

✠

'왕에 맞서 싸우는 자'인 베자는 어떠한 사람일까? 테오도르 베자는 원래 열정적 종교개혁가도 아니었고, 투사도 아니었다. 그는 1519년에 부르군디에 있는 베즐레이(Veyelay)의 유복한 소귀족 집안에서 태어나 시인을 꿈꾸던 사람이었다. 그의 삼촌인 니콜라스 베자는 파리 의회의 의원이었고, 또 다른 삼촌은 시토 수도회의 수도원장이었다. 삼촌 니콜라스 베자는 어린 조카의 천재성을 알아보았다. 그는 오를레앙대학의 유명한 인문주의 학자인 독일인 멜키오르 볼마르(Melchior Wolmar) 교수에게 아홉 살 난 조카를 교육해 달라고 특별히 부탁했다. 볼마르는 집에서 베자를 기숙시키며 가르쳤다. 이때 청년 칼빈도 오를레앙대학에서 볼마르 교

4 오덕교, 《종교개혁사》, 합동신학대학원출판부, 2010, 328쪽

수에게 교육을 받고 있었다. 어린 베자와 청년 칼빈이 함께 수업을 듣게 되었다. 칼빈은 볼마르 교수를 존경해 1546년에 〈고린도후서〉에 대한 주석을 그에게 바쳤다. 볼마르 교수는 인문주의, 헬라어 등 고전문헌 해석과 루터의 신학에도 정통한 사람이었다. 베자는 볼마르에게서 문헌학적인 기초와 문학적인 기술을 배웠다. 볼마르를 통해 개혁적 성향을 가진 학자들의 모임에도 나갔다. 그 모임에는 칼빈도 있었다. 이때만 해도 칼빈과 베자는 훗날 자신들이 종교개혁의 최전선에서 함께 일하리라고는 상상도 못했을 것이다.

볼마르가 1530년에 앙굴렘의 마르그리트로부터 초청을 받아 부르쥬로 갈 때 베자와 칼빈도 함께했다. 베자는 그곳에서 칼빈과 함께 계속해서 공부할 수 있었다. 당시 부르쥬는 마르그리트가 후원하는 대학 중심의 도시였다. 마르그리트 여왕은 프랑수아 1세의 누이였고, 나바르 왕국의 왕비였다. 그녀는 인문주의와 개혁 정신을 가진 교수들을 불러 모아 부르쥬를 개혁주의의 안전지대이자 개혁사상의 온상지로 만들었다. 볼마르는 1535년에 프랑스를 떠나 상대적으로 안전한 독일에 갔다. 베자는 오를레앙대학에서 법학 학위를 받고, 다시 파리로 갔다. 그곳에서 그는 법조계 활동보다 문학계 활동을 더욱 열심히 했다. 이 시기에 베자는 클로딘 데노즈라는 여자와 비밀리에 약혼했다.

베자는 1548년에 라틴어 시집《유베닐리아(Juvenilia)》를 출간해 문학계에 성공적으로 자신의 이름을 알렸다. 베자는 이 책을 잊지 못할 스승인 볼마르에게 헌정했다. 그러나 베자는 시집 출판 후 심각한 질병을 앓고 그

여파로 인생의 진로에 대해 고민하게 되었다. 그는 세속적인 삶을 접고, 종교개혁가의 길을 걷기로 결심했다. 그는 우선 제네바에 가서 자신이 개신교도임을 밝힌 후, 로마 가톨릭의 예비 사제로서 받았던 성직록을 포기했다. 그리고 개신교도로서 클로딘 데노즈와 정식으로 결혼하고, 자신의 문학적 재능을 종교개혁을 위해 사용하기로 마음먹었다.

베자는 법학자이자 세련된 인문주의자였지만, 그때까지 신학을 공부한 적이 없었다. 그는 고전 문학 실력을 인정받아 1550년 11월에 로잔에서 헬라어 교수직을 얻었다. 그곳에서 그는 시인의 재능을 살려《아브라함의 희생》이라는 희곡을 썼다. 이 희곡은 개신교와 로마 가톨릭 사이의 교리적인 차이점과 신앙을 보여 주었다.

그는 헬라어 교수로서 헬라어 신약성서를 분석한《헬라어 알파벳》(1554)을 집필했다. 그리고《세속 군주가 처벌해야 할 이단에 관하여》(1554)도 썼다. 이 글은 세르베투스에 대한 칼빈의 처형을 옹호하고, 인문학자 세바스찬 카스텔리오에 대해 칼빈을 변호하는 내용이었다. 그는 예정에 관한 칼빈의 견해를 옹호하기 위해서《예정 도식》(1556)을 썼다. 이외에도 베자는 탁월한 고전 문헌 실력을 살려 신약성서를 주해하고 번역한《신약성서 주석》(1556)의 초판을 썼다. 이 시기에 쓴 작품들을 보면, 베자는 헬라어 교수로 있으면서 실제로는 신학 공부에 몰두했던 것으로 보인다. 그리고 칼빈의 영향을 점점 더 깊숙하게 받고 있었다.

베자는 1557년부터 프랑스 내의 종교개혁 활동을 돕기 위해 외교 활동을 했다. 우선 그는 프랑스인들에 의해 가혹하게 박해받던 발도파를 위한 후원회를 조직하고자 남부 프랑스 지역의 사람들과 독일 루터파 사람들을 찾아갔다. 발도파는 12세기 말에 프랑스에서 발데스(Petrus Valdes)가 시작한 순복음적인 신앙 운동이었다. 발데스는 프랑스 리옹에서 고리대금업으로 부유하게 된 상인이었다.

그는 1160년경 갑자기 그리스도교에 귀의해 하나님을 위해 자신을 바치기로 결심했다. 그래서 자기 재산을 모두 빈민들에게 나눠준 뒤 청빈한 생활을 하며 설교했다. 그의 설교에 감동받은 많은 사람이 그를 추종하기 시작했다.

발도파가 복음을 전파하러 다니자 로마 교황청에서는 발도파의 설교를 금지하고, 이단으로 단죄했다. 발도파는 연옥, 속죄를 위한 보속 등 로마 가톨릭의 교리를 인정하지 않았다. 또 서약이나 유혈을 거부했다. 단순한 성서주의에 근거해 엄격한 도덕을 내세워 교회의 부패를 비판했다. 리옹 부근에서 시작된 발도파는 점차 프랑스 전역으로 세력을 넓히다가 유럽 국가들로 번져 나갔다. 1217년에 발데스가 세상을 떠난 후 로마 가톨릭의 박해로 세력이 약화되었다가 16세기의 종교개혁으로 프로테스탄트에 흡수되었다.

베자는 발도파를 후원하기 위해 종교개혁 세력들 간의 일치를 만들어 내고자 노력했다. 그와 함께 왔던 기욤 파렐과 함께 〈괴핑겐 신앙고백서〉를 작성해 루터파들에게서 동의를 얻어 냈다. 그러나 불링거는 이 문서가 1549년의 공동신앙고백서를 벗어난다는 이유로 반발했다.

칼빈은 베자가 쓴 작품들과 그가 종교개혁을 위해 활동한 점에 주목했다. 그는 베자의 작품 속 신학적 견해가 자신과 가깝다는 사실을 알게 되었다. 때마침 베른 정부와 로잔 아카데미 사이에서 분쟁이 일어나 베자를 비롯한 로잔 아카데미의 여러 교수가 해임되는 사건이 일어났다. 그들은 곧 제네바로 이주했는데, 이것은 칼빈에게 자신의 계획을 성사시킬 수 있는 하나의 기회를 제공했다. 그 계획은 제네바 아카데미를 설립하는 일이었다.

결국 그들의 도움으로 1559년에 제네바 아카데미가 설립되었으며, 베자는 제네바 아카데미의 초대 학장에 임명되었다. 때마침 위그노들을 박해하던 앙리 2세가 마상 시합에서 부상을 당해 죽자 종교개혁 운동에 박차를 가할 수 있는 호기를 맞았다. 칼빈은 아카데미에서 훈련받은 목사들을 프랑스로 보냈다. 프랑스 개혁교회의 수는 1559년에 50개가 채 되지 않았는데 1561년에는 무려 2,000개 이상으로 늘어났다. 칼빈이 거둔 성과 뒤에는 베자도 있었다.

칼빈이 1564년에 사망하자 앞으로 프랑스의 개혁교회를 이끌 사람이 필요했다. 프랑스 개혁교회의 규모가 급작스럽게 커지자, 프랑스 정부나 로마 교황청의 위협도 심해졌다. 신구교 간의 전쟁의 위기가 고조되는 가운데 베자는 칼빈의 후계자가 되어 프랑스 개혁교회를 이끌어야 했다. 그는 제네바 아카데미 교수로 목회자들을 길러내는 한편, 프랑스 위그노 교도들의 조언자로서 활동했다. 또 칼빈을 대신해 칼빈의 신학을 옹호하는 글을 썼고, 개혁교회를 대표해 회담에도 나섰다.

✠

베자가 칼빈의 뒤를 이어 개혁교회를 대표하는 인물로 부각된 것은 1561년에 열린 푸아시(Poissy) 회담에서부터였다. 메디치 드 카트린느는 위그노 귀족들과 가톨릭 귀족들 간의 화해를 위해 푸아시 회담을 열었다. 이 회담에서 베자는 프랑스와 스위스의 개혁교회를 대표하여 프랑스 로마 가톨릭 교회와 대화했다.

메디치 드 카트린느의 초상화(Francois Clouet 작, 1555)

베자가 성찬이 단지 영적인 의미를 가진다고 주장하자, 로마 가톨릭 측이 신성모독이라고 응수하고, 루터파도 동의하지 않아 대화는 결국 파행으로 끝났다. 회담을 주선한 카트린느는 회담의 결렬에도 불구하고 신구교 간 화해를 위해 관용 정책을 추진해 1562년 1월에 칙령을 공포했다. 이 칙령에 따라 위그노들은 도시 밖에서 자유롭게 공적 예배를 드릴 수 있게 되었고, 도시 내에서는 개인적 집회를 가질 수 있었다. 이렇게 해서 프랑스에서 칼빈주의 개혁교회가 제한적으로나마 인정을 받게 되었다. 그러나 이와 같은 화해도 오래가지 못했다.

프랑스 가톨릭파의 지도자인 기즈 공은 프랑스에서 칼빈주의가 확산되는 것을 참지 못했다. 칙령이 공포된 지 얼마 지나지 않아 기즈 공이 위그노 교도들을 대량 학살하는 사건이 발생했다.

기즈공이 무장 호위병을 대동하고 길을 가다가 우연하게 창고에서 예배를 드리는 수백 명의 위그노와 마주쳤다. 그는 그들에게 해산할 것을 종용했으나 위그노 교도들은 그에게 돌멩이를 던지며 "교황파여, 우상 숭배자!"라고 소리쳤다. 분노한 기즈 공의 무장 호위병들이 발포해 위그노 교도 63명이 죽었다. 위그노 귀족인 콜리니와 앙델로는 연합하여 기즈 공에 대항해 전쟁을 벌였다. 이후 3차에 걸쳐 전쟁이 벌어졌지만, 누구도 승리하지 못했고 산발적인 전투로 양측의 잔악 행위만 늘어갔다. 메디치 드 카트린느는 끝없는 전쟁을 종식시키고자 다시 화해책을 들고 나왔다. 가톨릭 측과 개신교 측의 화해를 위해 가톨릭교도인 자신의 딸과 위그노 교도인 나바르의 왕 앙리의 혼인을 주선했다. 그러나 앞서 이야기했듯이 결혼식은 더 커다란 비극을 불러왔다. 성 바르톨로메오 축일의 대학살이 벌어진 것이다.

베자는 성 바르톨로메오 축일의 대학살에 분노했고, 학살을 저지른 폭군에 대해 저항해야 한다고 주장했다. 그런데 샤를 9세가 성 바르톨로메오 축일의 대학살 이후 얼마 지나지 않은 1574년에 사망했다. 그래서 동생 앙리 3세가 국왕의 자리를 이어받았다. 대학살의 여파가 가시기도 전에 프랑스는 왕위 계승 문제로 다시 전쟁에 휩싸였다. 3명의 앙리가 전쟁을 벌였다. 3명의 앙리는 국왕 앙리 3세, 기즈 가문의 앙리, 나바르의 왕 앙리였다. 앙리 3세가 죽으면 발로아 가문의 혈통이 끊겨 또 다른 왕가인 나바르의 왕 앙리가 왕위를 계승하게 되어 있었다.

가톨릭 동맹의 지도자격인 기즈 가문의 앙리는 위그노 교도인 나바르의 앙리가 왕위를 계승하지 못하게 전쟁을 벌였다. 기즈 가문의 앙리는 앙리 3세까지 체포해 압박을 가할 생각이었다. 그러나 그 계획은 실패로 돌아갔고, 기즈 가문의 앙리는 앙리 3세에 의해 반역죄로 몰려 처형을 당했다.

이후 앙리 3세는 나바르 왕 앙리와 조약을 맺고 기즈 가문에 대항해 싸웠다. 두 앙리는 연합해 기즈 가문이 점령한 파리를 포위했다. 이때 기즈 가문에서 보낸

앙리 4세의 초상화(작자 미상, 베르사이유 미술관 소장, 17세기)

첩자에 의해 앙리 3세가 살해당했다. 이로써 발로아 왕조는 막을 내렸고, 앙리 3세의 유언에 의해 나바르 왕자 앙리에게 왕위가 돌아갔다.

그러나 왕위 계승은 순탄치 않았다. 가톨릭 측과 에스파냐의 압력이 거셌기 때문에 그는 왕위 계승을 위해 가톨릭으로 개종해야만 했다. 나바르의 앙리는 앙리 4세라는 이름으로 왕좌에 올랐다. 비록 왕좌를 위해 가톨릭으로 개종했지만 그는 1598년에 낭트 칙령을 발표해 위그노 교도들을 보호했다. 낭트 칙령으로 루이 14세 전까지 위그노들은 신앙의 자유를 얻었다.

베자는 종교 전쟁의 기간이었지만 1570년 이후 10년간 왕성한 신학 작품을 집필했다. 그는 그때까지 써 왔던 자신의 주요 신학 작품들을 세 권으로 편집해《신학 논문집》이라는 이름으로 출간했다. 그리고 칼빈의

《기독교 강요》를 연상케 하는 《기독교 교리문답》을 1, 2부로 출간했다. 《기독교 교리문답》은 여러 번 출판할 정도로 대단한 성공을 거두었고, 영어, 프랑스어, 독일어, 네덜란드어로 번역되었다. 베자는 1571년 4월에 라 로셸에서 열린 프랑스 개혁교회 전국 총회의 의장이 되었다.

베자는 죽기 전까지 로마 가톨릭과 루터파 종교개혁을 포함해 종교 간의 대화에 열심이었다. 그는 1586년에 몽벨리아르 회담에 참여했다. 모두 니케아 신조와 칼케돈 신조에 나타난 고대의 신앙에 동의하면서 토론이 시작되었다. 그러나 토론이 진행되며 '성찬', '예정' 등의 각론으로 들어서자 서로의 이견이 너무 컸다. 로마 가톨릭은 가톨릭대로, 루터파는 루터파대로, 개혁교회는 개혁교회대로 서로의 입장만 내세우다 합의를 보지 못했다.

베자는 종교 일치를 위한 회담에 열심이었지만 커다란 소득을 얻지는 못했다. 그런 와중에 그는 또 한 번 커다란 슬픔을 경험해야 했다. 간곡한 요청에도 불구하고 앙리 4세가 왕위를 위해 가톨릭으로 개종했기 때문이다. 앙리의 개종은 말년의 베자를 실망케 했다. 베자는 말년에 손이 떨려 더 이상 글을 쓸 수 없었고 몸도 좋지 않았다. 예수회 사람들은 1597년에 베자가 죽었고, 베자가 죽기 전에 가톨릭 신앙을 고백했다는 소문을 퍼뜨리고 다녔다. 베자는 이 소식을 듣고 그에 대해 조롱을 담은 시로 응수했다.

그는 1599년에 제네바 아카데미에서 완전히 은퇴했고, 1600년에는 설교도 중단했다. 1601년이 되면서 거동조차 불편해 그는 '목회자 연합'

에도 참석하기 어려웠다. 1605년에 이르러서는 거의 집 밖으로 거동하지 못했다. 베자는 1605년 10월 13일, 성 피에르 교회의 종이 아침 8시를 알리던 순간 숨을 거두었다.

종교의 진리를 위해 그리고 정의를 위해 '왕과 맞서 싸우는 자'였던 베자는 평소 그가 존경하던 칼빈과 더불어 제네바 종교개혁가들의 기념비에 나란히 서 있다.

✛

이 책에서 종교개혁의 전야로 칭하는 시기의 유럽은 여러 면에서 위기와 시대적 전환을 맞고 있었다. 1337년부터 잉글랜드와 프랑스는 백년전쟁을 벌였다. 백년전쟁이라 하지만 실제로 전쟁은 여러 차례 휴전과 전쟁을 되풀이하면서 1453년까지 116년 동안 이어졌다. 백년전쟁은 전쟁 말기에 혜성 같이 등장한 프랑스의 구국소녀 잔 다르크 때문에 유명해졌다.

4부

종교개혁의 이상

●

종교개혁의
이상을 향해
나아가다

이 시기의 역사적 배경

청교도의 기원은 분명하지 않다. 그러나 청교도 운동이 잉글랜드 국교회를 성서 중심으로 개혁하려는 운동에서 시작되었다는 점은 분명하다. 청교도들은 성서에 없는 것은 거부하는 입장이었다. 특히 잉글랜드 국교회의 복장 착용은 거부의 대상이었고, 이는 국교회의 권위와 맞물려 복장 논쟁을 야기했다.

청교도 운동은 제임스 1세가 잉글랜드와 스코틀랜드 왕으로 즉위하면서 위기를 맞았다. 제임스 1세는 엘리자베스 1세에게 처형당한 스코틀랜드 메리 스튜어트 여왕의 아들이다. 그는 국교회의 예배에 사용할 수 있는 표준 영어 성서이자 '킹제임스 번역본(King James Version, KJV)'이라 불리는 《흠정역 성서(欽定譯聖書)》를 간행했다. 그러나 그는 반종교개혁적 태도를 취했고, 장로주의를 거부하고 주교직을 고수했다. 제임스 1세는 가톨릭과 청교도를 억압하여 잉글랜드 국교회에로의 개종을 강요했고, 잉글랜드 국교회로 개종하지 않는 사람들은 처벌을 받았다. 이런 상황에서 국교회의 관습과 의식을 인정하지 않았던 청교도인들의 위기감은 더욱 컸다. 청교도들은 잉글랜드 교회에 남아 계속 개혁을 할 것인지 아니면

던바 전투에서의 크롬
웰 Andrew_Carrick_
Gow 1866

잉글랜드를 떠나 새로운 교회를 세워야 할 것인지 고민했다.

결국 1620년 9월, 102명의 청교도인이 성서에 있는 언약에 대한 믿음으로, 메이플라워호를 타고 플리머스를 떠나 아메리카 대륙으로 첫 항해를 했다. 마침내 그들은 66일을 항해하여 1620년 12월 26일에 무사히 항구에 도착했다. 1620년 12월, 메이플라워호에 함께 탑승했던 청교도인 중 4명이 메이플라워 계약을 맺었다. 이것은 미국 역사상 최초의 헌법으로서 다수에 의한 지배를 확고히 했다. 실제로 메이플라워호에 탑승한 사람들이 아메리카 대륙에 처음 도착한 사람들은 아니었다. 그러나 미국의 건국사는 미국의 탄생과 건국 정신을 메이플라워호와 연결시켰다.

청교도의 이주가 계속되는 동안 잉글랜드의 종교개혁은 혼란을 겪었다. 제임스 1세가 죽고난 뒤 그의 차남인 찰스 1세(Charles I)가 왕위를 계승했는데, 그는 1637년에 스코틀랜드가 장로주의를 버리고 잉글랜드 국교회를 받아들이도록 강요했다. 이에 분노한 스코틀랜드 사람들은 1640년에 북잉글랜드를 침공해 1642년에 시민 전쟁을 일으켰다. 그들은 잉글랜드 장기 의회와 엄숙 동맹을 맺고(1643), 〈웨스트민스터 신앙고백서〉와 〈웨스트민스터 교리문답〉을 수리해서 장로주의 교회를 재건했다. 잉글랜드 의회의 의원이었던 올리버 크롬웰은 1646년에 스코틀랜드와 잉글랜드 군인들을 인솔해서 찰스 1세를 누르고 승리했다. 이로써 1649년에 그는 영어권에서

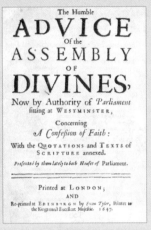

웨스트 민스터 신앙고백서 표지 1647년

'주의 보호자'라는 칭호를 얻었다.

올리버 크롬웰은 1649년에 찰스 1세를 참수하고, 잉글랜드 최초의 공화국을 세웠다. 1653년에 의회를 강제로 해산시키고, 잉글랜드, 스코틀랜드, 아일랜드를 다스리는 호국경의 자리에 올랐다. 크롬웰의 엄격한 청교도적 질서 요구로 영국은 안정되었으나, 사회 분위기는 숨막힐 듯했다. 크롬웰이 죽고 그의 아들인 리처드 크롬웰이 권력을 이어받았으나, 크롬웰의 철권 통치에 대한 반발이 컸다. 결국 1660년에 찰스 1세의 아들 찰스 2세가 의회파의 승인을 얻어 왕이 되면서 왕정복고에 성공했다. 찰스 2세는 즉위하면서 의회의 존중, 신앙의 자유 등을 약속했다. 그러나 반동적인 전제 정치를 강화하고, 비국교도를 탄압했다. 또한 로마 가톨릭의 부활을 꾀하기도 했다. 의회는 다시 잉글랜드 국교회 이외의 신앙을 가진 자를 공직에 임명할 수 없다는 심사율을 제정해 로마 가톨릭의 부활을 막았

다. 그리고 국민의 체포나 구금을 금하는 인신보호령을 제정해 왕권을 견제했다.

그러나 찰스 2세의 통치 기간 동안 크롬웰을 지지했던 청교도들은 수난을 피할 수 없었다. 크롬웰의 라틴어 비서이자 《실낙원》의 작가 존 밀턴과 《천로역정》을 쓴 존 버니언이 대표적인 사례였다.

찰스 2세의 전제 정치를 이어받은 제임스 2세는 로마 가톨릭의 부활을 꿈꾸다가 결국 왕위에서 쫓겨나게 되는 명예 혁명을 불러 왔다. 이 명예 혁명으로 인해 영국은 입헌군주제의 계기를 마련했고, 개신교를 비롯한 종교 자유도 허용되었다.

이 시기에 프랑스에서는 루이 14세가 1685년에 낭트 칙령을 폐지하고 개신교를 탄압하기 시작했다. 루이 14세는 프랑스 교회를 로마 가톨릭으로 통일하고자 했다. 그것이 절대 왕정에 유리하다고 판단했기 때문이다. 낭트 칙령 폐지로 25만 명의 위그노들이 이웃 나라인 네덜란드와 잉글랜드로 망명했다. 위그노들은 대부분 숙련된 상공업 종사자들이어서 프랑스 경제가 거의 마비되다시피 했다. 사치스러운 궁정 생활과 빈번한 전쟁으로 인한 재정 결핍은 루이 14세가 구축하고자 했던 절대 왕정을 붕괴시키는 원인이 되었다. 결국 루이 16세 때 프랑스혁명이 일어나 프랑스 절대 왕정은 종말을 맞고, 자유와 평등의 권리가 선포되어 서양 근대 시민 사회의 기초가 확립되었다.

존 후퍼

John Hooper

1495~1555, 영국 출생
종교개혁가이자 시인
잉글랜드 청교도의 아버지

존 후퍼의 초상화. 존 후퍼가 모든 것의 근거가
되는 성서를 손가락으로 가리키고 있다.

복장 논쟁의 불을 지펴
청교도의 아버지가 되다

1550년 2월의 어느 날, 잉글랜드 국왕인 에드워드 6세는 사순절 기념 설교자로 존 후퍼를 찾았다. 존 후퍼는 헨리 8세 시절에 대륙의 취리히로 망명했다가 에드워드 6세가 즉위하자 잉글랜드로 귀국한 인물이다. 그는 에드워드 6세가 다스리는 시기가 하나님의 일을 할 수 있는 호기라 생각했다. 하루에 거의 두 번씩, 못해도 한 번은 꼭 설교를 할 정도로 열정적으로 사역했다. 그의 설교는 인기가 대단했다. 사람들은 그의 설교가 오르페우스가 하프를 연주할 때 내는 선율처럼 아름답다고 평가했다. 그의 설교를 듣기 위해 날마다 사람들이 구름떼처럼 몰려들어 교회는 발 디딜 틈이 없었다. 그로 인해 늦게 도착한 사람들은 교회 문턱을 넘지 못해 발을 동동 굴러야 했다. 설교는 매우 감동적이었다. 설교를 통해 나타난 그의 성서 지식에 사람들은 감탄을 금치 못했다.

국왕은 그런 후퍼를 불러 사순절 설교를 시켰다. 하지만 그는 국왕 앞에서 지난해에 제정된 서임식 예배 규칙(Ordinal)을 강렬한 어조로 비판했다. 서임식 예배 규칙에는 성인들의 이름으로 서약하는 것과 성직자의 복장을 입어야 하는 조항이 있었다. 특히 그는 성직자의 복장이 유대교와 로마 가톨릭의 잔재라며 비난을 퍼부었다.

"성직자의 복장은 어떤 성서적 근거도 없습니다. 고대 교회에서도 그런 복장을 착용하지 않았습니다."

참석한 사람들은 깜짝 놀랐다. 서임식 예배 규칙은 잉글랜드 의회가 정한 것이기 때문이었다. 그것을 부인하는 것은 잉글랜드 교회와 그 교회의 수장인 국왕을 부인하는 것을 의미했다. 추밀원과 대주교는 그를 소환했다. 그들은 후퍼가 수장령을 받아들일 의지가 있는지 조사했다. 수장령은 새롭게 임명되는 성직자들이 서약해야 할 내용 중의 한 부분이었다. 논란이 있었지만 에드워드 6세는 후퍼를 글로스터의 주교직에 임명했다. 그러나 후퍼는 임명받는 것을 거부했다.

그 직을 받아들이려면 예배 규칙에 따른 서임식을 해야 했다. 이 예배 규칙에 따르면, 성인의 이름으로 맹세해야 하고, 예복을 착용해야만 했다. 임명을 거절하는 행동은 1549년에 제정된 일치령을 훼손하는 것이었다. 일치령에서는 어떠한 합당한 이유 없이 서약을 거절하는 것은 국왕과 국가에 대한 범죄로 규정했다. 왕은 후퍼를 소환했다. 후퍼는 왕 앞에서 자신의 신학적 입장을 소명했다. 왕은 후퍼의 입장을 받아들였으나, 추밀원은 그렇지 않았다.

그러던 1550년 5월 15일, 결국 타
협이 이루어졌다. 복장 문제는 '아무
렇게 해도 되는 문제' 또는 '그저 그
런 사소한 것(Res Indifferentes)'으
로 결론이 났다. 이제 후퍼는 재량에
따라 사제복을 입지 않아도 임명될
수 있었다. 그러나 그는 다른 사람
들이 사제복을 입도록 허용해야만
했다.

니콜라스 리들리. 런던 주교였던 그는 종교개혁
지도자들 중의 한 사람이었으며, 피의 메리에게
순교를 당했다.

문제는 거기서 끝나지 않았다.
1550년 7월 20일, 후퍼가 왕과 의회 앞에서 새로운 임직에 대한 서약을
하지 않았다. 대주교 토머스 크랜머는 '양심에 부담스러운 서약'을 시키
지 말라고 지시했다. 다른 한편으로 그는 런던 주교 니콜라스 리들리(N.
Ridly, 1500~1555)로 하여금 후퍼를 설득하도록 했다. 런던 주교 리들리
는 보수적인 사람이 아니었다.

그는 성서에 근거가 없다며 1550년에 성 바울 사원의 성찬대를 끌어내
리고, 잉글랜드 전역의 성찬대를 치울 것을 선포한 인물이었다. 성찬대의
파기는 칼빈주의와 츠빙글리의 견해에 따른 것이었다. 그러나 리들리는
복장 문제에 대해 후퍼와 입장을 달리했다. 후퍼는 리들리보다 더 급진적
이고 비타협적이었다. 대륙에 있을 때 급진적인 우상파괴적 경향을 띤 개

혁교회의 영향을 받은 탓도 컸다.

✠

1550년 10월, 후퍼와 리들리는 복장 문제를 두고 신랄한 논쟁을 벌였다. 리들리는 복장은 그저 그런 사소한 것이기 때문에 국왕은 누구도 예외 없이 그러한 것을 요구할 수 있다고 주장했다. 리들리의 관심은 복장 그 자체보다 교회와 국가의 질서와 권위를 유지하는 데 있었다. 추밀원은 리들리 편에 섰고, 의회는 의견이 갈렸다. 뾰족한 해결책을 찾지 못하고 몇 달이 지났다. 그 사이 후퍼는 복장은 그저 그런 사소한 것이 아니라고 주장했다. 그는 복장 착용을 주장하는 자들은 위선과 미신을 격려하며 그리스도의 사제직을 모호하게 만들고 있다고 주장했다. 후퍼가 사제 복장에 반대하는 이유는 뚜렷했다.

첫째, 그저 그런 사소한 것은 성서 속에 분명한 정당성을 가지거나 그것의 기원과 기반을 성서에서 찾을 수 있어야 한다. 목회자의 사제복 착용은 초대 교회에는 없었던 제도이다. 예수 그리스도나 사도들은 설교할 때 신자들과 구별된 옷을 입지 않았다. 그리고 종교개혁의 만인제사장 사상에도 위배되는 것이다. 따라서 그것은 '적그리스도의 복장'이며 '우상에게 바친 음식'과 같다. 둘째, 그저 그런 사소한 것은 개인의 재량에 맡겨야 한다. 만약 그러한 것이 요구된다면, 그것은 이미 그저 그런 사소한 것이 아니다. 셋째, 그저 그런 사소한 것의 유용성은 증명되어야만 한다. 그런 것이 제멋대로 교회에 도입되어서는 안 된다. 넷째, 그저 그런 사소한 것은 전제적 권력이 아니라 사도적·복음적 관대함에 의해서만 교회에 도입되어야 하는 것이다.

리들리도 만만치 않았다. 후퍼의 취약점을 찔러 댔다. 그는 후퍼가 인용한 성서 구절들이 자의적이라고 주장했다. 성서에는 시시콜콜 모든 것을 다 기록할 수 없기에 '그저 그런 사소한 것'은 성서에 기록될 수 없으며, 따라서 성서에 근거가 없다고 주장해서는 안 된다는 것이다. 그리고 초대 교회의 상황과 현재의 상황은 다르기 때문에 그것을 그대로 따라해야 할 필요가 없다고 주장했다.

리들리는 후퍼가 십자가상의 예수 그리스도의 나체를 인용한 것에 대해서도 조소했다. 후퍼는 "예수 그리스도께서는 희생 제물이 되어서 모든 옷을 벗김당하셨고, 그렇게 그의 제사장직이 수행되었다."라고 주장했다. 리들리는 이에 대해 그러면 우리도 모두 그렇게 나체로 다녀야 하느냐고 반문했다. 그는 후퍼가 사제복 착용이라는 그저 그런 사소한 것을 이스라엘과 로마 가톨릭교회와 지나치게 동일시했다고 비판했다.

후퍼는 복장 문제로 서임식을 거부하며 완강하게 버텼다. 결국 그는 1550년 12월 중순에 가택연금에 처해졌다. 이때 그는 완강하고도 비타협적인 자신의 신앙을 변호하는《기독교 신앙의 경건한 고백과 항변》을 집필해 출간했다. 그는 세속적 권위에 대해 복종하라는 명령은 성서적 근거가 없다는 점을 강조했다. 의회는 그를 플리트 감옥에 수감시켰다. 후퍼의 입장을 두고 의견이 나뉘었다.

잉글랜드의 종교개혁가들은 후퍼로 인해 종교개혁 진영에 분열이 일어날까 심각하게 염려했다. 대륙에 있던 칼빈과 하인리히 불링거도 이러한 염려를 했다. 그들은 후퍼에게 각각 복장 문제는 그렇게 저항하기에는 너무 사소한 문제라는 내용의 편지를 보냈다. 결국 후퍼는 1551년 3월에 법적인 의식을 따르기로 했다. 그러나 그는 자신의 신념을 포기하지 않는다는 점을 분명히 했다. 복장 논쟁은 그렇게 일단락되었다. 그러나 복장 논쟁은 후퍼가 순교하고 난 뒤에도 청교도들에 의해 계속 제기되었다.

하인리히 불링거(한스 아스퍼 작, 1550). 존 후퍼에게 가장 많은 영향을 끼친 스위스 취리히의 종교개혁가

복장 논쟁은 잉글랜드의 청교도 역사에서 특별한 의미를 가진다. 이는 잉글랜드 청교도들의 정체성을 나타내 주기 때문이다. 그들은 성서적인 것이 아니라며 사제 복장 착용을 거부했다. 청교도인들은 성서에 근거한 것이 아니라면 타협하지 않으려 했다. 그래서 그들은 까다롭고 고지식한 사람들(Precisians)이라는 뜻의 '청교도(puritan)'라 불렀다. 이런 점에서 복장 논쟁의 불을 지핀 사람인 후퍼를 '청교도의 아버지'라고 부르기도 한다.

✠

'청교도의 아버지'라 불리는 존 후퍼는 어떤 사람일까? 존 후퍼는 1495년경 잉글랜드 서머셋에서 태어났다고 알려져 있다. 그러나 그가 태어난 때와 장소는 분명하지 않다. 그가 자신의 출생과 이력에 대해 밝히는 것을 별로 좋아하지 않았기 때문이다. 스위스 종교개혁의 지도자인 불링거에게 보낸 편지에서 그는 외아들로 아버지의 유산 상속자였으며, 개혁 종교를 채택했을 때 유산을 박탈당할까 봐 두려웠다는 정도로만 자신의 과거를 언급했다.

그는 1518년에 옥스퍼드대학에서 학사학위를 받았다. 그 후 몇 년 동안 시토 수도회의 백의 수사로 지냈던 것으로 보인다. 피의 메리 시절에 가디너 주교가 그를 화형에 처하는 재판문에서 그가 한때 '시토회의 백의 수도사'였다고 기록했기 때문이다. 시토회는 1098년에 프랑스 부르고뉴 모렘 지역의 베네딕트 수도원장 로베르투스가 디종 남쪽 시토(Citeaux)에 창립한 수도회이다.

시토회는 일종의 가톨릭 내 수도원 개혁 운동이었다. 제3대 원장인 스테파누스 하딩(Stephanus Harding)은 1119년에 회칙 〈사랑의 헌장(Charta Cartatis)〉을 기초해 교황 갈리스토 2세(Callistus Ⅱ, 1119~1124 재위)에게서 새로운 수도원으로 인가받았다. 시토회에 속한 개개의 수도원은 자치권을 가졌고, 수도사들은 단식과 침묵 생활을 했다. 봉토에서 나오는 수입을 거부하고 스스로 토지 경작과 노동을 통해 검소한 생활을 해 나갔다. 사람들은 수도회의 수도사를 보고 이렇게 평가할 정도였다.

"그들은 천사보다는 조금 부족해 보였지만, 인간보다 훨씬 나아 보였다."(클레르보 수도원에 대한 생 티에리의 기욤의 묘사, 1143년경)

시토회는 12세기에 유럽에서 전성기를 맞았다. 그러나 12세기 말부터 많은 수도원이 부를 축적하면서 회칙을 따르지 않아 성격이 변질되었다. 시토회에 속한 수도원들은 프로테스탄트의 종교개혁 이후 북유럽에서 사라졌다.

처음에는 존 후퍼도 시토회의 이상에 공감했던 것으로 보인다. 그는 시토회의 백의 수사로 생활하던 중에 수도원이 해체되자 옥스퍼드로 되돌아왔다. 그 당시 그는 독일에서 수입된 책들을 통해 루터의 종교개혁 사상을 접했고, 이를 열심히 전파했다. 그러나 종교개혁가로서의 삶은 고단했다. 투옥과 처형의 위협을 받으며 잉글랜드와 대륙으로 수시로 도망 다녀야 했기 때문이다.

1539년에 헨리 8세는 로마 교황청과 타협하려고 〈6개 신조〉를 공포했다. 로마 가톨릭의 냄새가 물씬 풍겼다. 이전 제도로 돌아간 느낌이었다. 이 신조에 저항하거나 부정하는 자는 화형에 처했다. 후퍼는 옥스퍼드를 떠나 얼마 동안 가톨릭교도인 토머스 아룬델 경의 집사로 지냈다. 이때 그는 우연하게 츠빙글리의 작품들과 불링거의 〈바울 서한 주석〉을 접했다. 특히 불링거의 작품은 그가 개신교 신앙으로 돌아서는 데 결정적인 역할을 했다. 후퍼는 불링거와 몇 차례 서신 교환을 통해 자신의 양심에 반해 기존 종교를 따르는 것이 적법한 것인지를 놓고 논의했다.

토머스 아룬델 경은 후퍼의 인격을 높이 샀지만, 그의 개신교 신앙관에는 동조하지 않았다. 종교개혁가를 잡는 사냥꾼으로 악명 높은 주교 스테판 가드너는 후퍼의 신앙에 대해 의심의 눈초리를 보냈고, 아룬델 경에게

시토에 있는 시토회 수도원의 모습. 존 후퍼는 종교개혁 신앙을 가지기 전 시토회의 백의 수사로 몇 년을 보낸 것으로 추정된다.

도 조심할 것을 경고했다. 후퍼는 상황이 심상치 않은 것을 알았다. 그는 토머스 아룬델 경의 집을 떠나 파리로 갔다. 그러나 그곳에서도 얼마 지내지 못하고 다시 잉글랜드 서머셋으로 돌아와, 아룬델의 조카인 존 세인트로우 경에게 잠시 고용되어 일했다. 하지만 로마 가톨릭의 박해와 위협이 계속되자 또다시 잉글랜드를 떠나야만 했다. 그는 1544년경에 선원으로 위장해 보트 한 척을 빌려 대륙으로 건너갔다. 우선 프랑스로 간 다음, 북부 독일을 거쳐 1546년, 슈말칼덴 전쟁이 한창이던 때에 스트라스부르크에 도착했다.

스트라스부르크는 종교개혁가 마르틴 부처(Martin Bucer, 1491~1551)의 지도하에 있던 종교개혁 도시였다. 부처는 온건하고 화합적인 인물로, 종교개혁을 이끌며 개신교도와 가톨릭교도 사이의 화해를 위해 노력했다. 그는 스트라스부르크에 성서적인 교회를 세우기 위해 혼신의 힘을 기울렸다. 칼빈도 한때 이곳에 와서 부처에게 많은 것을 배웠다. 그러나 후퍼가 도착했을 때에는 카를 5세의 군대가 이미 스트라스부르크를 함락시켜 종교개혁 운동이 위기를 맞고 있었다. 스트라스부르크는 위기였지만 후퍼에게는 새로운 삶의 기회였다.

1547년, 이곳에서 그는 벨기에 출신의 여인과 결혼했다. 그는 새로운 가족과 함께 하인리히 불링거가 있는 취리히로 영구히 이주할 것을 결심했다.

그는 바젤을 거쳐 취리히에 도착했다. 하인리히 불링거는 그를 따뜻하게 맞아 주었다. 불링거는 츠빙글리의 사망 이후 취리히를 대표하는 종교개혁의 지도자였다. 츠빙글리는 카펠 전투에서 가톨릭 진영에 패배해 비참한 죽음을 맞았다. 전쟁 후 체결된 제2차 카펠 평화 조약에 따르면 가톨릭교회에 속한 주에서는 개신교식 예배를 금지했고, 개신교 도시에서는 가톨릭교회의 포교 활동이 허용되었다. 종교개혁 도시인 취리히에서도 가톨릭교의 포교가 허용되었지만, 취리히 시민들은 가톨릭으로 돌아가지 않았다.

그러나 불링거가 설교자로 활동했던 브렘가르텐은 개신교식 예배와 설교가 금지되었다. 불링거는 브렘가르텐을 떠나 취리히로 갔다. 취리히 시민들은 그를 일요 설교에 초대했다. 그가 설교하러 올라 선 연단은 츠빙글리가 사용했던 것이다. 그의 설교를 들은 사람들은 츠빙글리가 살아 돌아온 것 같은 은혜와 감동을 받았다. 그 설교를 들은 종교개혁가 오스발트 미코니우스는 이렇게 기록했다.

"그의 설교는 수많은 천둥이 치는 것과 같았다. 츠빙글리가 불사조처럼 부활한 것 같았다."

불링거는 1531년 12월에 27세의 나이로 츠빙글리의 후계자가 되어 취리히 교회의 최고위직에 올랐다. 그는 스위스를 신앙적으로 통일하기 위해 〈스위스 신앙고백서〉를 만들고 설교 운동을 통해 교회 개혁을 주도했다. 후퍼는 취리히에서 불링거와 교제하며 많은 것을 배웠다. 사제복 착용에 대한 완강한 거부는 불링거에게 영향을 받은 것이었다. 불링거는 사제복의 착용이 가톨릭의 사제주의에서 온 것이라 주장했기 때문이다. 취리히에서 안정을 찾은 그는 《그리스도의 선포와 그의 공직》(1547), 《거룩한 십계명의 선포》(1548) 등의 책을 집필해 출간했다.

불링거는 잉글랜드인이 가장 존경하는 종교개혁가였다. 헨리 8세 시절과 피의 메리 시절에 종교 박해 때문에 취리히로 온 잉글랜드의 난민들을 물심양면으로 도와주었기 때문이다.

종교 박해가 끝나자 잉글랜드의 난민들은 고마운 마음에 불링거의 책을 잉글랜드로 가져가 전파했다.

글로스터에 있는 후퍼 주교 기념비

1550년에서 1560년까지 잉글랜드에서 불링거의 설교집 《열 가지 설교들》은 77쇄를 찍었고, 그의 《가정생활서》는 137쇄를 찍었다. 이 시기에 영어로 출간된 칼빈의 책은 2쇄밖에 나가지 않았다. 이렇게 되는 데에는 후퍼의 영향이 컸다. 에드워드 6세 시절에 잉글랜드로 귀국한 후퍼는 틈이 날 때마다 불링거의 종교개혁 사상을 전파했다.

✠

헨리 8세가 죽고, 1547년에 에드워드 6세가 왕위를 계승했다. 후퍼에게도 잉글랜드로 귀환할 수 있는 길이 열린 것이다. 1549년 5월, 잉글랜드로 귀환한 그는 에드워드 6세의 섭정이자 호국경인 에드워드 시무어의 종군 목사가 되었다.

에드워드 6세는 뛰어난 설교자인 후퍼를 글로스터 주교로 임명했다. 그러나 이전에 언급한 것처럼, 그는 투옥까지 각오하며 주교복 착용을 거부해 복장 논쟁을 불러일으켰다. 하지만 그는 종교개혁 진영의 분열을 우려해 임직할 때에 한 번만 복장을 착용하는 것으로 타협하고 글로스터의 주교로 봉해졌다.

그러나 복장 논쟁의 불씨는 완전히 꺼지지 않았다. 피의 메리 여왕 시절에 박해를 피해 대륙으로 피난한 개혁가들 중에 성서만을 주장하며, 성서 외의 요소에 대해 일체 인정하지 않으려는 사람들이 있었다. 그들은 '청교도'라고 불리며 잉글랜드 교회에서 모든 비성서적인 요소를 제거하고자 했다. 그런 비성서적인 요소 중의 하나가 목회자의 복장 착용이었다.

청교도들은 1563년에 복장 문제를 비롯한 교회 개혁안을 잉글랜드 교회의 최고 입법기관인 캔터베리 성직자회에 제출해 교회를 개혁하고자 했다. 그러나 개혁안은 단 한 표차로 받아들여지지 않았다. 청교도들은 이에 주눅 들지 않았다. 계속해서 잉글랜드 국교회가 정한 복장 착용 거부 운동을 전개했다.

아울러 성호를 긋는 것, 무릎을 꿇는 것 등 비성서적인 요소들을 없애려 했다. 이런 점에서 복장 논쟁을 처음으로 불러일으킨

존 로저스의 초상(Willem van de Passe 작)

후퍼를 '청교도의 아버지'라고 할 수 있다. 그러나 그가 주교 임직 시 복장을 착용한 점을 들어 이를 인정하지 않는 사람도 있다.

논란 끝에 후퍼는 1551년 3월 8일에 글로스터의 주교직을 맡아 열정적으로 임무를 수행했다. 특히 그가 관심을 기울인 것은 성서 지식의 보급이었다. 그는 자신이 맡은 교구를 방문하고 깜짝 놀랐다. 성직자들이 성서에 대해 너무나 무지했기 때문이다. 십계명을 말할 수 있는 성직자가 반도 되지 않았다. 몇몇은 아예 주기도문을 외우지도 못했다. 그는 성직자들의 성서 교육을 위해 모든 노력을 다했다.

다른 한편으로 신도들에게 성서 중심의 삶을 살 것을 설교했다. 열정적인 설교는 신도들을 감동시켰다. 그는 자신이 설교했던 성서적 삶을 실천하고자 했다. 사랑과 은혜로 사람들을 대했고, 항상 가난한 자들을 돌보았다.

그러나 1년이 되지 않아 그는 주교에서 부교구장으로 강등되었고, 우스터의 주교 일을 함께 맡게 되었다. 후퍼도 잉글랜드의 혼란스러운 정치 상황에서 자유로울 수 없었다. 그가 레이디 제인을 내세워 통치하려 했던 섭정 노섬벌랜드의 음모에 반대했기 때문이다. 레이디 제인이 즉위한 지 9일만에 헨리 8세의 장녀 메리가 런던 시민의 지지를 받으며 런던에 입성해 노섬벌랜드의 음모는 성공하지 못했다.

메리 여왕은 즉위하자마자 종교개혁가와 개신교도들을 박해했다. 잔인하고도 가혹한 처형이 잇따랐다. 후퍼는 성 세펄커 주교 대리인 존 로저스 등과 함께 첫 번째 박해 대상이 되었다. 그가 노섬벌랜드의 음모에 반대한 사실은 아무런 도움이 되지 못했다. 여왕은 1553년에 자신의 빚을 갚지 않았다는 죄로 그를 18개월간 플리트 감옥에 감금시켰다. 그 후 그를 상대로 믿음을 철회시키기 위한 집요한 심문이 계속되었다.

1555년 1월 28일, 그는 존 로저스와 함께 세 번째 심문을 받으며, 믿음을 철회하라는 협박과 회유에 시달렸으나 전혀 흔들리지 않았다. 두 사람은 화형을 앞두고 서로를 위로했다. 존 로저스가 "화형도 하나님의 은혜"라며 후퍼를 위로했다. 존 로저스는 1555년 2월 4일, 런던에서 화형당해 '피의 메리' 시절의 첫 번째 순교자가 되었다. 후퍼의 화형식은 5일 후인 2월 9일로 결정되었다.

메리 여왕은 잔인했다. 후퍼의 친구인 안토니 킹스턴에게 화형식에 참석하라는 서신을 보내 친구의 최후를 지켜보라고 명령했다. 킹스턴은 감옥에 있는 후퍼를 찾아갔다. 후퍼를 만난 킹스턴의 눈에서 눈물이 왈칵 쏟아졌

존 폭스의 《순교자 열전》 속 존 후퍼의 화형 장면 삽화 (The Older 작, 《Spiezer Chronik》 작품집). 후퍼의 한 손이 가슴을 두드리고 있고, 다른 한 손은 불길에 떨어져 있다.

다. 친구의 죽음이 너무 슬프고 안타까웠다. 그는 후퍼에게 제발 목숨만 부지하라고 애원했다. 그러나 후퍼는 오히려 침착하게 킹스턴을 위로했다.

"실제로 죽음은 쓰고 삶은 달콤하네. 그러나 장차 임할 죽음은 더욱 쓰고, 장차 얻을 생명은 더욱 달콤하다는 것을 생각하게나."

후퍼의 처형 날이 밝았다. 감옥으로 찾아온 시장은 그에게 존경을 표하며 자신이 마지막으로 해 줄 일이 없는지 물었다. 그는 시장에게 불이 활활 타오르게 해서 고통을 빨리 끝내 달라고 부탁했다.

후퍼가 화형식장으로 가는 길에 수많은 사람이 몰려들었다. 그러나 그들은 아무 말도 하지 못하고 안타깝게 눈물만 흘려야 했다. 여왕이 말을 해서는 안 된다는 엄한 명령을 내렸기 때문이다. 여왕은 후퍼를 끝까지 시험했다. 여왕은 화형식장으로 친서를 담은 상자를 보냈다. 후퍼가 마음을 바꾼다면, 용서해 주겠다는 내용이었다. 그러나 후퍼는 그 친서를 보고 이렇게 소리쳤다.

"당신들이 나의 영혼을 사랑한다면, 그것을 당장 치우시오!"

마지막 회유책도 소용없자 화형식이 서둘러 거행되었다. 말 두 필이 나를 수 있는 정도의 생나무단과 불을 붙이기 위한 갈대들이 준비되었다. 갈대에 불을 붙였지만, 불이 생나무로 제대로 옮겨 붙지 않았다. 추운 겨울인데다 제법 거센 바람이 불어 불길이 후퍼를 태우지 못하고, 핥기만 했다. 사람들은 갈대가 떨어지자 급히 마른 나뭇단을 구해 와 두 번째로 불을 붙였다. 불길이 타오르기 시작했지만, 그의 하체만 태울 정도로 약했다. 후퍼는 고통스럽게 소리쳤다.

"선한 사람들이여, 하나님의 사랑을 위해 내게 더 강한 불길을 가져다 주시오!"

세 번의 시도 끝에 불길이 제대로 타올랐다. 아주 서툰 화형식이었다. 불길 속에서 그는 예수 그리스도를 향해 최후의 기도를 올렸다. 그는 기도를 한 뒤 무어라 말하려 했지만 불길이 그의 입을 막아 더 이상 말을 할 수 없었다. 대신 그는 두 팔로 가슴을 쳤다. 그러나 불길에 팔 한쪽이 떨어져 나갔다. 손가락 끝에서는 피와 물과 기름이 뒤엉켜 뚝뚝 떨어졌다.

그는 남은 한쪽 팔로 계속 가슴을 두드렸다. 그렇게 두들기던 팔도 거센 불길에 그의 가슴을 묶은 쇠사슬에 달라 붙어 버렸다. 곧이어 그의 머리가 아래로 떨어지면서, 그는 마침내 숨을 거두었다. 후퍼는 가슴을 두드리며 최후까지 무슨 말을 전하려고 한 것일까? 혹 처형당하기 3주 전에 그가 쓴 편지에서 했던 말은 아닐까?

"이제 하나님을 두려워해야 하는지 아니면 사람을 두려워해야 하는지 알 수 있는 심판의 때가 됐습니다. 군주와 세계가 그리스도와 함께하는 동안에는 우리 역시 그리스도와 함께하는 것이 쉽습니다. 그러나 이제 세상은 그분을 증오하고 있습니다. 누가 그분의 진정한 신도인지 가리는 진정한 심판의 때가 되었습니다. 성령의 덕, 힘 그리고 권세의 이름으로 어떻게 해서든 역경을 이기고 지조를 지키십시오. 싸워야 할 최고의 순간에 결코 도망가지 맙시다."

윌리엄 브래드포드

William Bradford

1590~1657, 영국 출생
메이플라워호의 강력한 지도자

월리엄 브래드포드의 초상

메이플라워호를 통해
미국의 역사를 시작하다

"빨리 올라 타! 지역 민병대다!"

네덜란드인 선장이 다급하게 소리쳤다. 험버 강둑에서 배에 여자와 아이들을 태운 후 남자들을 태우던 중이었다. 겁에 질린 선장은 급히 배를 출항시켰다. 더 이상 지체하면 탈출은 수포로 돌아간다. 미처 타지 못한 남자들은 버려 둘 수밖에 없었다. 배는 그대로 출발해 암스테르담으로 향했다. 절망에 빠진 부녀자들이 항구에 남겨진 남편들을 보며 울부짖었다. 이렇게 떠나면 언제 다시 만나게 될지 몰랐다. 이번 탈출은 한 번 실패한 뒤 어렵사리 다시 시도한 것이었다. 처음 고용한 선장이 그들을 배신하고 관청에 밀고해 몇몇 주모자가 몇 개월 동안 철창 신세를 져야 했다. 주모자들은 감옥에서 풀려나자마자 믿을 만한 선장을 물색해 다시 탈출을 시도했다. 이번에도 실패로 끝나나 싶었지만 다행히 남편들도 몇 개월 뒤에 탈출에 성공해 가족을 다시 만날 수 있었다. 이렇게 어렵사리 잉글랜드를 탈출해 네덜란드로 향한 사람들은 작은 마을 스크루비의 청교도 분리주의자들이었다. 왜 그들은 조국인 잉글랜드를 탈출해 네덜란드로 떠날 수밖에 없었을까?

제임스 1세는 햄프턴 코트에 종교 지도자들을 불러 모아 놓고, 불같이 화를 내며 소리를 질렀다.

"청교도 작자들을 이 나라에서 모두 몰아내고 말 테다!"

제임스 1세는 엘리자베스 1세 여왕에게 사형당한 스코틀랜드 메리 스튜어트 여왕의 아들이었다. 엘리자베스 여왕이 후사가 없이 죽자, 그가 스코틀랜드와 잉글랜드의 왕위를 계승했다. 가톨릭교도인 메리 여왕의 아들이지만, 존 녹스와 조지 뷰캐넌 같은 장로교도에게 교육을 받았기 때문에 청교도들은 교회 개혁에 대한 희망을 가졌다. 청교도 지도자인 카트라이트를 비롯한 1,000명의 목사가 교회 개혁을 위해 제임스 1세에게 〈천인의 청원(Milenary Petition)〉을 제출했다.

그러나 1603년에 대관식을 거행한 제임스 1세는 잉글랜드 국교회를 신봉했고 처음부터 반개혁적 입장을 분명하게 내보였다. 그는 국교회를 신봉하지 않는 자들을 잉글랜드의 내적 통합을 저해하는 불평분자들로 간주했다. 〈천인의 청원〉을 처리하기 위한 햄프턴 코트 회의에서도 제임스 1세는 "주교 없이는 교회도 없다."라고 외치며 장로주의를 거부했다.

그리고 로마 가톨릭교회와의 화해를 위해 스페인과 평화 조약을 맺었다. 햄프턴 코트 회의 이후 국교회를 따르지 않는 많은 사람이 탄압을 받았다. 특히 국교회의 관습과 의식을 인정하지 않았던 청교도인은 기소되고, 처벌받기까지 했다.

청교도들은 제임스 국왕의 반개혁 정책으로 선택의 기로에 섰다. 교회 개혁을 탄압하는 잉글랜드 교회에 남아 개혁 운동을 계속해야 하는지, 아니면 잉글랜드 교

제임스 1세의 모습(Daniel Mytens 작, 1621~1622). 영국 국교회 신봉자였고, 《킹 제임스 성서》 번역 이외에 교회 개혁에 찬동하지 않았다.

회를 떠나 새로운 교회를 세워야 하는지 결정해야 했다. 대부분의 청교도는 전자를 택했다. 잉글랜드 교회를 떠나 다른 교회를 세우는 것은 개혁이 아니라, 개악이라 생각했기 때문이다. 그러나 그릇된 교회를 떠나 바른 교회를 세워야 한다는 주장도 만만치 않았다. 소위 분리주의자들은 잉글랜드 교회를 떠나 성서적인 교회를 세워야 한다고 주장했다.

존 스미스를 중심으로 하는 분리주의자들은 게인스보로에 잉글랜드 국교회와 무관한 첫 번째 분리주의 교회를 세웠다. 곧이어 1606년에 스크루비에서 윌리엄 브루스터와 존 로빈슨을 중심으로 하는 두 번째 분리

주의 교회가 세워졌다. 잉글랜드 교회 당국은 분리주의자들을 좌시하지 않고 체포령을 내렸다. 분리주의자들은 잉글랜드를 탈출해 새로운 교회를 세우기로 했다. 1608년에 존 스미스가 이끌던 게인스보로의 교인들은 암스테르담으로 떠났고, 1609년에 스크루비의 교인들도 네덜란드의 라이든으로 떠났다.

험버 강둑에서 우여곡절 끝에 네덜란드로 탈출한 청교도들이 바로 스크루비의 교인들이었다. 그들은 힘들게 네덜란드의 라이든에 도착했지만, 제대로 적응하지 못했다. 이에 반해 존 스미스가 이끌던 교인들은 네덜란드 생활에 비교적 잘 적응했다. 존 스미스는 새로운 교회를 세우고 교인의 자격을 강화했다. 교회의 입교 기준을 세례로 정했으며, 회개한 후 그리스도에 대한 신앙을 고백한 자에게만 세례를 베풀었다. 또한 재세례를 실시해 암스테르담에 잉글랜드 최초의 침례교회를 세웠다.

반면에 라이든에 정착한 스크루비 교인들의 생활은 매우 어려웠다. 라이든은 인구 4만 명에 달하는 무역 도시였기 때문에 농부였던 그들이 할수 있는 일이 거의 없었다. 네덜란드가 스페인과 독립전쟁을 치른 직후라 경제 상황도 매우 나빴다. 결국 남녀노소 모두 직물 작업에 고용되어 밤낮으로 죽어라 일만 해야 했다. 그 바람에 방치된 자녀들은 안식일을 쉽게 범하고, 영어를 잊고 네덜란드 사람처럼 행동했다. 그들이 자랑스러워했던 잉글랜드의 문화유산도 잊어버리기 시작했다. 어렵게 잉글랜드를 탈출했던 의미가 사라질 판이었다. 새로운 탈출구를 찾아야만 했다. 스크루비의 교인들이 탈출구로 택한 것은 바로 신대륙으로의 이민이었다. 그들은 모국의 식민 정책에 관심을 기울였다.

잉글랜드의 제임스 1세는 국고가 바닥을 보이자 신세계의 광대하고도 무한한 자원에 눈을 돌렸다. 프랑스와 스페인보다 늦었지만, 북아메리카의 식민지 정착 사업을 추진해 재원을 확보하고자 했다. 제임스 1세는 버지니아 회사를 설립해 정착지 개발을 후원했다. 정착지에 보조금을 지급하고, 정착지 개척민에게 공유지 불하 증서를 제공하겠다고 약속했다. 라이든의 교인들은 잉글랜드 당국과 3년에 걸친 협상 끝에 버지니아 회사로부터 공유지 불하 증서를 받아 냈다. 그들은 통제가 없는 신대륙에서 자유롭게 신앙 생활을 할 꿈에 부풀었다. 그러나 이주에 드는 재원이 문제였다. 배도 임대해야 했고, 정착에 필요한 물품도 구입해야 했다. 가난한 그들로서는 해결책이 없어 보였다.

✠

그때 한 청년이 상속받은 집을 팔아 자금을 마련하겠다고 나섰다. 이 청년은 잉글랜드의 부유한 농장주 집안의 자손이었다. 그는 17세의 나이에 홀로 고향을 떠나 그들과 함께 네덜란드로 탈주했다. 청년은 12세에 아버지, 어머니, 누나 그리고 그를 키워 준 할아버지까지 알 수 없는 병으로 모두 잃어 가족이 없었다. 그는 《주네브역 성서》와 존 폭스의 《순교자 열전》을 읽은 뒤 잉글랜드 국교회가 아닌 청교도 신앙을 갖게 되었다.

그가 청교도 분리주의자가 된 것은 성서에 따라 하나님을 경배해야 한다는 믿음 때문이었다. 그는 스크루비의 분리주의자들이 성서 말씀을 중시하고 회중의 자발성을 강조하는 예배를 보고 나서 그들과 신앙을 같이

하기로 결심했다. 그 결심
에 따라 네덜란드의 라이든
까지 온 것이었다. 이제 이
청년은 그들과 함께 또다시
종교의 자유를 찾아 신대륙
으로 떠날 결심으로 전 재
산을 팔아 자금을 마련했

오스터필드에 있는 브래드포드의 생가 모습

다. 아마 이 청년이 없었다면 미국 건국사의 첫 페이지를 장식하는 메이플
라워호의 출범은 쉽지 않았을 것이다. 이 청년이 바로 메이플라워호의 강
력한 지도자이자 미국 역사상 최초의 헌법인 메이플라워호 계약을 초안
한 윌리엄 브래드포드였다.

브래드포드는 잉글랜드 북쪽 오스터필드에서 태어났다. 오스터필드는
200명 정도의 주민이 사는 작은 농촌으로, 남쪽으로는 유명한 서우드 숲
이 펼쳐져 있다. 그는 부유한 농장주 집안의 자손이었지만, 행복한 유년
시절을 보내지는 못했다.

첫 돌이 지난 지 얼마 되지 않아 아버지가 세상을 떠났고, 어머니가 재
혼을 하는 바람에 4세 때부터 할아버지 아래에서 자랐다. 그 후 2년 뒤 할
아버지가 세상을 떠나자 재혼한 어머니와 의붓아버지가 그를 키웠다. 그
러나 1년 후에 어머니마저 죽자, 7세의 나이에 천애 고아가 되었다. 남은
혈육인 삼촌들이 그를 맡아 키웠다. 삼촌들은 그가 농사일을 돕기를 바랐
지만 그는 잦은 병치레로 투병 생활을 오래해 도움이 되지 못했다. 그는

병약한 자신을 원망하지 않았다. 훗날 그는 오랜 투병 생활 덕분에 자만해지지 않고, 나중에 겪을 고난도 감내할 수 있었다고 회고했다. 병약한 그가 할 수 있는 일은 독서뿐이었다. 주로 성서와 고전들을 읽었다. 독서를 통해 어렸을 적부터 상실 그 자체였던 삶에 위로를 받았고, 새로운 신앙에 눈뜨게 되었다.

그는 12세 무렵부터 잉글랜드 국교회의 예배 방법에 대해 반대했다. 그가 청교도 신앙을 처음 접한 것도 그때였다. 친구의 초청으로 청교도 목사 클리프톤의 예배에 참석한 그는 설교를 듣고 청교도 신앙을 갖게 되었다. 삼촌들은 예배 참석을 반대했지만 그는 계속해서 설교를 들으러 다녔다. 이 모임에 참석하는 동안 그는 오스트필드에서 4마일이나 떨어진 작은 마을 스크루비에 살던 윌리엄 브루스터를 만났다. 그는 우체국장으로 브래드포드보다 24세나 많았다. 브루스터는 젊은 시절에 엘리자베스 1세 여왕의 국무대신인 윌리엄 데이비슨 밑에서 일한 경험이 있었다. 하지만 데이비슨이 실각해 큰 뜻을 펴기도 전에 고향에 내려와 아버지의 일을 물려받아 우체국장 일을 했다. 브래드포드는 브루스터를 통해 스크루비의 청교도 분리주의자 모임에도 참석했다. 브루스터는 그에게 많은 책을 빌려 주었고, 잉글랜드에서 일어난 교회 개혁에 대해서 들려주었다. 스크루비 분리주의자들은 영적 유대감뿐 아니라, 당국의 감시를 피하기 위한 동지의식이 대단했다. 브래드포드는 브루스터에게서 동지애를 넘어 아버지와 같은 느낌을 받았다.

윌리엄 1세가 왕위에 오르고 청교도에 대한 탄압이 시작되자, 그들은 신앙의 자유를 찾아 네덜란드로 탈출했다. 브래드포드는 1609년에 스크루비 교인들을 따라 네덜란드 라이든에 정착했고, 브루스터 가족과 함께 살았다. 그는 1611년에 21세가 되어 재산을 상속받을 수 있게 되자, 상속 재산을 팔아 네덜란드에 작은 집을 샀다. 1612년에 라이든 시민권을 획득하고 회중 내에서 높은 지위도 얻었다. 1613년에는 도로시 메이라는 여성과 결혼해 4년 후에 아들 존을 낳았다.

그러나 네덜란드에서의 안락한 생활이 그의 이주 목적은 아니었다. 점차 이주해 온 목적을 잃어버리고 네덜란드화 되어 가는 후세들을 보며 그는 스크루비의 교인들과 함께 또다시 새로운 결단을 내려야 했다. 그것은 신세계로의 이주였다. 그는 1619년 봄에 상속받은 재산을 정리해 이주 자금을 마련했다. 그러나 신세계로의 이주는 그에게도 커다란 고통이었다. 이제 겨우 3세인 아들 존은 항해하기에 너무 어려 네덜란드에 남겨 두어야 했기 때문이다. 식민지 아메리카로 가는 길은 험난했다. 사람들이 아메리카로 항해를 떠났다가 참사를 당했다는 소식도 들려왔다. 아들 존을 돌보기 위해 결국 장인과 장모도 남아야 했다. 이번에 떠나면 언제 다시 볼 수 있을지 확신할 수 없었다. 가슴이 천 갈래 만 갈래로 찢어졌다. 그러나 그는 신앙의 자유를 위해 떠나기로 결심했다.

✥

신세계로의 이주 과정은 결심만큼 쉽지 않았다. 힘겨운 협상 끝에 잉글랜드 정부로부터 식민지 공유지 불하 증서를 얻어 냈지만, 이주에 드는 비용이 엄청났다. 브래드포드를 비롯한 스크루비 교인들이 전 재산을 처분해 돈을 마련했지만, 턱없이 모자랐다. 이때 70명의 런던 상인으로 구성된 '모험조합'이 그들에게 투자하겠다고 나섰다. 겉으로는 '선교 사업'에 동조한다고 했지만, '모험조합'은 아메리카에 이주한 그들을 통하여 어류, 모피 무역을 해 높은 수익을 낼 것이라 내심 기대했다. 스크루비의 교인들은 두 척의 배를 마련했다. 스피드웰호와 메이플라워호였다. 라이든의 교인들은 스피드웰호를 타고 잉글랜드 사우샘프턴으로 가 메이플라워호와 합류해 아메리카로 떠날 예정이었다. 스크루비 교인 중 3분의 1인 125명이 떠나기로 했다. 남은 사람들은 곧 뒤따라오기로 했다. 스피드웰호에 탄 교인들은 기도를 올린 후에 잉글랜드를 향해 출발했다. 메이플라워호는 런던에서 스크루비 교인들의 가족과 친지들을 태우고 약속 장소인 사우샘프턴으로 향했다. 드디어 두 배는 사우샘프턴에서 만났고, 스크루비의 교인들과 가족, 친지들은 재회의 기쁨을 나누었다.

두 배는 사우샘프턴을 떠나 서쪽으로 120킬로미터 떨어진 다트머스 항구를 향해 출항했다. 그러나 떠난 지 얼마 되지 않아 문제가 발생했다. 스피드웰호가 고장난 것이다. 돛에 바람이 새서 속도가 나지 않았고, 설상가상으로 배에 물까지 새어들었다. 수리를 하고 나니, 바람 방향이 바뀌어 몇 달을 지체해야 했다. 떠나지도 못한 채 준비한 식량만 축이 났다. 그 사이에 지친 사람들은 항해를 포기했다. 이탈자는 늘어갔다. 항해를 해 보기도 전에 이주는 실패로 끝날 것만 같았다. 그러나 순풍이 다시 불기 시작했고, 남은 사람들은 다트머스 항구를 출발할 수 있었다. 300킬로미터 넘게 갔을 때였다. 또다시 스피드웰호에 물이 스며들기 시작했다. 일단 가까

운 플리머스 항구에 입항했다. 이미 9월 초였다. 또다시 항해를 늦추면 바람 때문에 그해에는 아메리카로 넘어갈 수 없었다. 그렇게 되면 배와 이주에 들인 거액의 자금은 모두 사라져 버리는 것과 다름없었다. 아메리카에서의 성공적인 이주도 물거품이 될 수밖에 없었다.

결국 스피드웰호를 포기해야 했다. 스피드웰호에 몸을 실었던 사람들은 모두 메이플라워호에 올라탔다. 나중에 밝혀진 이야기지만, 스피드웰호는 고장난 것이 아니었다. 이는 스피드웰호의 선장인 레이놀즈의 음모였다. 그는 배에 물이 스며들도록 돛대를 높이고, 높은 돛대에 돛을 많이 달았다. 너무 높은 돛대에 돛이 많으면, 판자에 지나친 장력이 가해지면서 틈이 벌어져 물이 새어들게 된다. 그 점을 노린 것이었다. 메이플라워호가 대서양을 향해 떠나면 선장은 돛을 고쳐 그 배를 다른 사람에게 팔아 치울 생각이었다. 스크루비의 교인들은 떠나기 전부터 사기를 당한 것이다.

스피드웰호의 수리로 한 달을 지체하면서 식량도 하나둘 썩기 시작했다. 아메리카로 출항하는 것은 점점 불가능해 보였다. 그때 기적적으로 순풍이 불기 시작했다. 1620년 9월 20일, 메이플라워호는 드디어 플리머스 항구를 출발할 수 있었다. 메이플라워호에 탄 사람은 모두 102명이었고, 그들이 데리고 온 두 마리의 개도 함께했다. 어둡고 축축하고 비좁은 선실에서 5,000킬로미터에 가까운 항해가 시작되었다.

메이플라워호에는 라이든의 교인들만 탄 것이 아니었다. 모험조합에서 보낸 이방인과 선원들도 있었다. 이들은 좋으나 싫으나 5,000킬로미터에 가까운 항해를 함께해야 했다. 항해는 고통 그 자체였다. 뱃멀미가 그들을 괴롭혔다. 좁은 배에서 오랜 시간 항해에 시달리다 병에 걸려 죽을 수도 있었다. 노련한 선원도 감당하기 어려운 항해였다. 실제로 제일 먼저 병에 걸려 죽은 사람은 젊은 선원이었다. 그 선원은 뱃멀미에 시달리던 라이든 교인들을 비웃고 놀려댔지만, 결국 자신도 고된 항해를 견디지 못했다.

오랜 항해에서 폭풍우를 피해 가기도 어려웠다. 선장 존스는 강한 서풍과 높은 파도에 맞서 싸워야 했다. 바람이 너무 강해 거대한 파도가 선박을 계속 덮쳤다. 그는 라이 아훌(lie ahull)을 감행해야 했다. 라이 아훌은 돛을 완전히 걷고 갑판 위의 모든 것을 단단히 묶은 다음, 180톤짜리 배를 성난 바다와 바람에 맡기는 것이다. 이제 배는 인간의 손을 떠났다. 기댈 것은 하나님의 자비밖에 없었다. 그러나 바다의 공포는 너무 가혹한 하나님의 시험이었다. 그런데 놀라운 일이 일어났다. 메이플라워호는 폭풍우 치는 거친 바다에서 절묘하게 균형을 잡아 가며 앞으로 나아갔다. 메이플라워호는 상선이라 널빤지 모양의 상갑판이 배의 균형을 잡았다. 그들이 포기한 스피드웰호였다면, 아마 침몰하고 말았을 것이다.

✠

고통스러운 항해가 끝난 뒤, 그들은 드디어 신대륙 아메리카에 도착했다. 꿈에 그리던 신세계였지만, 두려움이 앞섰다. 환영해 주는 사람이 단한 명도 없었고, 언제 인디언의 습격이 있을지 몰랐다. 그러나 케이프 코드에 도착한 그들은 눈앞에 펼쳐진 세계에 설렐 수밖에 없었다. 낯설지만 모든 것이 풍부해 보였다. 하지만 그들의 항해에는 마지막 난관이 기다리고 있었다. 원래의 목적지인 허드슨강 하구의 버지니아로 향하다 모래톱에 얹혀 좌초될 뻔했다. 바람의 도움으로 모래톱에서 빠져나온 그들은 결국 목적지로 가는 것을 포기하고, 케이프 코드 안쪽에 있는 프로빈스타운에 배를 정착시켰다. 오랜 항해에 지친 그들은 빨리 육지에 내리고 싶었다.

그러나 신대륙에 내리기 전에 해결해야 할 문제가 있었다. 신대륙은 무정부 상태이기 때문에 개척과 정착 과정에서 갈등과 싸움이 벌어져도 통제할 수 없었다. 실제로 식민지 개척 과정에서 종종 폭동과 반란이 일어나 걷잡을 수 없는 사태로 번지곤 했다. 메이플라워호의 승객들은 그런 사태를 예방하고자 했다. 함께 정착지를 개척하려면 라이든의 교인이나 이방인이 모두 힘을 합쳐야 했다. 그들은 서약을 만들었다. 브래드포드를 비롯한 41명의 모든 성인 남성이 서약에 서명했다. 너무 허약해 자기 이름을 쓰지 못하는 사람은 X자로 표시했다. 그들이 서약한 이 문서가 그 유명한 메이플라워 서약(The Mayflower Compact)이다. 내용은 다음과 같았다.

"하나님의 영광과 기독교 신앙의 진흥, 국왕과 국가의 명예를 위해 버지
니아 북부에 최초의 식민지를 건설하고자 항해를 계획했다. 개척지에서
질서와 유지, 위의 목적의 촉진을 위해서 하나님과 서로의 앞에 엄숙하게
계약을 체결하며, 우리 스스로 민간 정치체제를 결성할 것을 결정했다.
이것을 제정함으로써 우리 식민지의 총체적인 이익을 위해 식민지의 사
정에 가장 잘 맞는다고 생각되는 정당하고 평등한 법률, 조례, 법, 헌법이
나 직책을 만들어 우리 모두 당연히 복종과 순종할 것을 약속한다."

서약과 동시에 그들은 정착지의 초대 총독으로 존 카버를 선출했다. 이렇
게 해서 잉글랜드에서 네덜란드로 그리고 다시 아메리카로 신앙을 찾아 떠
난 사람들, 즉 순례자라는 뜻의 '필그림 파더스'가 아메리카에 첫발을 내딛
었다. 브래드포드는 아메리카에 첫발을 디딘 순간을 이렇게 표현했다.

"모두 무릎을 꿇어 거친 대양에서 배를 인도하시고 모든 위험과 고난에서 구원하시며 다시 단단하고 안전한 땅에 발을 디딜 수 있게 해 주신 하나님을 찬양했다."

플리머스 항구에 있는 메이플라워호의 모습
(William Halsall 작, 1882)

그러나 프로빈스타운 항구는 그들의 목적지가 아니었다. 그곳은 척박한 황무지였다. 정착할 만한 곳을 찾기 위해 탐사대가 꾸려졌다. 브래드포드는 탐사대에 자원했다. 탐사대는 도보와 보트로 세 번의 탐사를 한 끝에 최종적으로 오늘날의 플리머스항을 거주지로 선택했다. 그는 탐험대와 함께 거주지를 찾았다는 희소식을 전하기 위해 메이플라워호로 되돌아왔다. 그러나 그를 기다린 것은 가슴 아픈 소식이었다. 아내 도로시가 배에서 미끄러져 익사한 것이다. 그녀가 힘겨운 항해 끝에 도착한 미지의 세계에 대한 두려움과 두고 온 아들 생각에 자살한 것이 아닌가 하는 의문이 제기되었다. 브래드포드는 슬픔을 안고 플리머스로 향했다.

플리머스에 정착하고 나서도 필그림들은 인디언이 공격해 올까 공포에 떨어야 했다. 그곳은 오래전부터 포카노케트 부족이 살던 지역이었다. 그들이 공포스럽게 생각했던 인디언들은 생각보다 훨씬 평화적이었다. 1621년 3월 16일, 그들은 인디언과 첫 만남을 가졌다. 인디언들 중에는 영어를 하는 사람도 있었다. 초대 총독 존 카버는 영어를 하는 인디언 스콴토의 도움을 받아 포카노케트 부족의 추장 마사소이트와 서로 공격을

마사소이트 추장과 존 커버가 협정을 맺고 있는 모습의 삽화. 평화 협정을 상징하는 파이프를 마사소이트 추장이 존 커버에게 권하고 있다.

하지 않고 다른 부족의 침략을 받을 때에는 서로 돕기로 협약을 체결했다. 인디언들은 그들에게 옥수수 재배법을 가르쳐 주었다.

　그러던 1621년 4월, 초대 총독인 존 카버가 갑작스러운 두통을 호소하다가 혼수 상태에 빠진 뒤 사망했다. 존 카버의 죽음은 필그림들에게 엄청난 충격과 슬픔을 안겨 주었다. 그러나 정착지의 안정을 위해 새로운 총독을 서둘러 뽑아야 했다. 그들이 선출한 사람은 브래드포드였다. 그는 당시 병석에 있었지만, 중책을 맡을 수밖에 없었다. 이후 죽을 때까지 세 차례나 총독의 역할을 수행했다. 그는 다른 인디언 부족의 공격을 막기 위해 요새를 구축했다. 그리고 인디언의 공격을 근본적으로 막기 위해 여러 인디언 부족과 협정을 맺었다. 그는 동부 인디언 부족인 나우세트 부족에 사람을 보내 평화 협정을 맺었다. 협정을 맺지 않고 그들을 괴롭히는 인디언 부족은 무력으로 제압할 수밖에 없었다.

브래드포드는 플리머스에 정착한 이래 처음으로 곡식을 수확하고 하나님께 감사하는 예배를 드렸다. 이것이 추수감사절의 기원이 되었다. 그는 항상 식민지 정착의 목적이 신앙 공동체 형성이라고 생각했다. 총독인 그는 정착지를 독점 소유할 수 있었지만, 정착민과 소유권을 나누었다. 이렇게 한 까닭은 신앙심 깊고 결속력 강한 공동체를 만들고자 하는 그의 바람 때문이었다.

그의 이런 바람은 총독으로 일하며 꼼꼼하게 기록한 그의 책《플리머스의 식민 정착에 관하여》에 그대로 나타나 있다. 이 책에는 1621년에서 1646년까지의 식민지 건설과 필그림들의 삶이 상세하게 기록되어 있다. 여기서 그는 전형적인 청교도답게 일상생활을 성서의 사건과 대비하여 기록했다. 이 책은 미국 역사와 문학의 시조처럼 여겨져 왔다.

여러 난관이 있었지만 브래드포드의 노력으로 식민지 정착은 결실을 맺기 시작했다. 그러나 식민지가 번성하고, 유럽 이주자에 의한 정착촌이 하나둘씩 늘어나면서 그의 바람과 달리 도시는 탐욕스럽게 변해갔다. 그는 정착지를 다시 영적으로 부흥시키지 못하면 총독을 그만두겠다고 선언했다. 하지만 별로 달라진 것은 없었다. 그는 슬픔 속에서 노년을 맞이했다. 사랑하는 아들도 뒤로하고, 아내를 잃는 고통을 겪으면서도 오로지 신앙 공동체를 만들기 위해 이곳에 정착했는데, 의미가 변질되어 버렸으니 얼마나 슬펐겠는가. 그러나 그는 성서 속에서 기쁨을 찾았다. 말년에 하나님의 말씀을 더욱 가깝게 느끼기 위해 히브리어 공부를 했다. 그는 자신의 책에 서툰 히브리어로 성서를 읽는 것이 모세가 약속의 땅 가나안을 발견했을 때의 기쁨과 같다고 썼다.

브래드포드는 자신이 꿈꾼 신앙 공동체를 형성하지 못한 채 1658년 5월 8일에 세상을 떠났다. 만약 그가 없었더라면 필그림들은 성공적으로 아메리카에 정착하지 못했을 것이다. 그리고 '우리는 하나님을 섬긴다.'라는 말을 화폐에 새겨 넣은 미국인들은 미국의 탄생 신화를 다른 곳에서 찾아야 했을 것이다.

올리버 크롬웰

Oliver Cromwell

1599~1658, 영국 출생

청교도 혁명에서 활약

올리버 크롬웰의 모습(사무엘 쿠퍼 작, 1672).
하원의원으로 시작해 청교도 혁명에 성공하여 최
초의 영국 공화국을 세우고 호국경까지 된다.

청교도 혁명의
선두에서 지휘하다

전대미문이었다. 재판을 통해 신민들이 그들의 군주를 처형한 엄청난 일이 일어났다. 잉글랜드 왕 찰스 1세의 처형은 1649년 1월 30일, 뱅크 위딩 하우스 앞 광장에서 이루어졌다. 집행관은 찰스 1세의 목을 향해 도끼를 내리쳤다. 그리고 아직도 피를 뿜는 찰스 1세의 목을 들어 올려 군중들에게 내보였다. 앞서 메리 스튜어트도 사형에 처해졌으나, 그녀는 자국민들이 아닌 잉글랜드 여왕 엘리자베스 1세에 의해 처형되었다. 이 처형 소식에 전 유럽의 왕실은 경악했다.

잉글랜드 왕 찰스 1세는 도대체 어떤 짓을 했기에 처형당한 것일까? 의회는 처형을 앞두고 재판을 열었다. 왕은 재판 자체를 인정하지 않았다. 적법한 왕인 자신의 권한은 무한하며, 어떠한 권력도 자신을 심판할 수 없다고 주장했다. 이에 대해 의회파가 장악한 고등법원은 "잉글랜드 왕은 국가의 법에 의해서 그리고 그것에 따라 제한된 권력만 행사할 수 있을

뿐"이라는 입장을 밝혔다. 고등법원은 왕의 죄상에 대해 세 번이나 답변을 요청했으나 찰스 1세는 모두 거부했다. 고등법원은 재판을 연 지 10일 만에 판결을 내렸다. 사형! 죄목은 반역과 모반이었다. 판결이 내려졌지만, 왕을 처형하는 일은 쉽지 않았다. 모두 한 가문이라 할 수 있는 유럽 왕실의 강력한 복수를 불러올 수 있었기 때문이다. 그러나 왕의 처형은 신속하고 전격적으로 이루어졌다. 처형이 이렇게 진행될 수 있었던 것은

처형을 앞두고 10일간 열린 찰스 1세의 재판 과정

그들이 믿는 한 사람이 있었기에 가능했다. 바로 찰스 1세와의 몇 차례 싸움을 모두 승리로 이끈 올리버 크롬웰이었다. 그는 고등법원의 배심원으로 참여해 세 번째로 찰스 1세의 처형에 찬성하는 서명을 했다. 그는 왕이 죽어야 종교로 인한 내전이 종말을 고하고, 하나님의 뜻에 따른 청교도 국가가 세워질 수 있을 것이라 믿었다.

그런데 찰스 1세가 꾀한 반역과 모반은 무엇일까? 찰스 1세는 병사한 제임스 1세의 뒤를 이어 1625년에 왕위에 올랐다. 그는 왕위에 오르자마자 청교도들을 탄압했다. 그리고 1633년에 윌리엄 로드를 캔터베리 대주

교에 임명해 종교의식을 중시하는 고교회(High Church) 정책을 폈다. 고교회 정책은 잉글랜드 국교회 내에서 가톨릭 유산을 강조하며, 프로테스탄트적인 예배에 반대해 주교의 권위와 가톨릭 전통 예배 의식을 옹호하는 신앙의 입장을 대변했다. 대주교 로드는 가톨릭교회가 하나님의 진정한 교회이자 보편적인 공교회라는 입장을 취했다. 그는 교회에 로마 가톨릭의 예배 의식을 강화하기 위해 다시 제단을 설치하고 십자가, 그리스도의 수난상, 파이프 오르간 등을 도입했다. 국민들은 고교회 정책에 저항했다. 그러나 대주교 로드는 찰스 1세의 종교 정책에 반대하는 자들을 죽이거나 귀를 자르는 등 잔인하게 고문하고 처벌했다. 찰스 1세는 스코틀랜드에도 장로교회를 폐지하고 잉글랜드 국교회를 채택했으며, 공동기도서에 따라 예배 드릴 것을 명령했다. 그러나 스코틀랜드는 찰스 1세의 반장로교 정책에 반발해 곳곳에서 반란을 일으켰다.

찰스 1세는 무력으로 스코틀랜드를 진압하기 위해 전쟁을 벌였다. 전쟁에는 당연히 전비가 필요했다. 그러나 전비를 충당하기 위한 세금은 의회의 승인이 필요했다. 의회는 골치 아픈 존재였다. 1628년에 그는 스페인 등과의 대외 전쟁 비용을 마련하기 위해 의회를 소집한 적이 있었다. 그때 의회는 찰스 1세에게 의회의 동의 없이 과세하지 말 것, 정당한 이유 없이 구금하지 말 것, 백성들의 집이나 소유지에 병사를 숙영시키지 말 것, 평화 시에 계엄령을 선포하지 말 것 등의 〈권리청원〉을 요구했다. 찰스 1세는 이 청원에 정식으로 동의했지만, 절대 권력을 추구하는 그로서는 이행하기 힘든 요구였다. 그는 차라리 의회 없는 전제 정치를 선택했

말을 타고 스코틀랜드 정벌에 나선 찰스 1세 (1633)

다. 의회를 해산한 후 그는 11년간 의회를 소집하지 않았다. 찰스 1세는 골치 아픈 의회를 소집하지 않고 첫 번째 스코틀랜드 출정에 나섰다가 패배했다. 이제 제2차 출정에 드는 막대한 비용을 마련하기 위해서는 어쩔 수 없이 의회를 소집해야 했다. 그는 의회를 소집해 필요한 세금 동의만 얻고 해산해 버릴 셈이었다.

의회는 1640년 4월 3일에 열렸다. 그러나 의회가 개원하자 의원들은 기다렸다는 듯이 한꺼번에 불만과 불평을 쏟아 내기 시작했다. 선박세라고 알려진 왕실의 징세가 문제가 많다는 것을 비롯해 지난 10년의 치세에 대한 수많은 불만이 터져 나왔다. 징세 반대를 넘어 전쟁 자체를 반대하는 쪽으로 기울어지는 분위기였다. 이에 찰스 1세는 5월 5일에 또다시 의회를 해산시켜 버렸다. 잉글랜드 역사에서는 3주간 열렸던 이 의회를 '단기 의회(Short Parliament)'라고 부른다. 찰스 1세는 다시 의회 없는 전제 정치로 돌아갔다. 그러나 그가 다시 의회를 소집할 수밖에 없는 상황이 벌어졌다. 두 번째 원정을 떠난 찰스 1세가 스코틀랜드 군대에 의해 대패했기 때문이다. 그는 어쩔 수 없이 그해 11월 7일에 의회를 소집했다. 이렇게 해서 열린 의회는 1653년에 가서야 폐회되었다. 이 의회를 잉글랜드 역사에서는 '단기 의회'와 구분하여 '장기 의회(long Parliament)'라 불렀다.

장기 의회에는 더욱 많은 청교도인이 진출했다. 의회는 찰스 1세의 바람과 전혀 다르게 흘러갔다. 그들은 '국왕 독재'의 상징이던 특별재판소를 폐지했다. 또 왕이 다시 의회 문을 닫지 못하도록 '의회는 최소한 3년에 한 번은 열려야 한다.'는 규칙을 제정했다. 그들은 왕의 측근인 대주교 윌리엄 로드를 체포해 런던탑에 감금하고 아일랜드 총독 출신인 스트래퍼드 백작을 처형했다. 스트래퍼드 백작이 처형된 후 1641년에 아일랜드에서는 "잉글랜드의 신교도들이 가톨릭교도들을 학살하려 한다."라는 소문이 돌면서 반란이 일어났다. 가톨릭교도들이 수천 명의 프로테스탄트 주민을 살해하는 일이 벌어진 것이다. 의회는 이에 격분했다. 그 사이에 찰스 1세는 교황청과 손을 잡고 잉글랜드와 스코틀랜드의 반란자들을 진압하려 했다. 의회는 국왕의 재가를 무시하고 독자적으로 아일랜드에 진압군을 파병하기로 결의했다.

1641년 11월 22일, 의회는 즉위 이후 찰스 1세의 실정을 2백 개 조항에 걸쳐 낱낱이 밝힌 '삼가 시정을 요구한다.'라는 뜻의 〈대간의서(Grand Remonstrance)〉를 159:148의 표차로 통과시켰다. 그러자 찰스 1세는 결의문 통과를 주도한 상원의원 1명과 하원의원 5명을 체포할 것을 명령했다. 그는 아예 400명의 군인을 이끌고 직접 의사당으로 체포하러 나섰다. 그러나 의원들은 의사당을 빠져나가 런던 시내에 몸을 숨겼다. 그 사이에 주권은 국왕이 아닌 의회에 있다는 이념이 불거지면서 왕과 의회는 점점 양립하기 어려워졌다. 왕은 의회 해산을 명령했으나, 의회 지도자들은 저항했다. 왕은 노팅엄으로 갔고, 그곳에서 국왕 상비군을 조직했다.

가톨릭교도인 왕비는 군비에 필요한 자금을 조달하기 위해 네덜란드로 건너갔다.

이제 잉글랜드는 왕당파와 의회파로 갈라져 내전으로 치달았다. 왕당파는 잉글랜드 북부와 웨일스에서 세력을 떨쳤고, 잉글랜드 남부는 대체로 의회파를 지지했다. 내전 초기에는 찰스 1세의 군대가 요크셔와 남서부 등지에서 승승장구했다. 의회파의 군대는 대부분 실전 경험이 없었고 그나마도 지역 방위군 성격이 짙어 자기 고향 밖으로 출정하기를 꺼렸다. 그러나 승승장구하던 찰스의 군대가 1643년 게인즈버러 전투와 1644년 마스턴 모어 전투에서 한 사람이 이끄는 새로운 형태의 군대에 의해 계속 패배했다. 그 사람은 올리버 크롬웰이었다.

✠

올리버 크롬웰은 43세의 나이로 전쟁에 참가했다. 그때까지 그의 이력을 살펴보면 직업군인과는 거리가 멀었다. 크롬웰은 1599년 4월 25일에 잉글랜드 동부 케임브리지셔 헌팅턴의 젠트리 집안에서 태어났다. 젠트리는 잉글랜드에서 중세 후기에 생긴, 토지를 소유한 중산 계층을 말한다. 보통 신분적으로는 귀족 아래이지만 귀족처럼 가문의 문장을 사용했다. 젠트리로서 대지주였던 아버지 로버트 크롬웰(Robert Cromwell, 1560~1617)은 엘리자베스 1세 때 의원을 지냈다. 크롬웰은 청교도 분위기가 강한 케임브리지대학에서 공부했고, 처음으로 그 영향을 받았다. 그는 1617년에 아버지가 돌아가시자 어머니와 7명이나 되는 누이를 돌보기 위해 학위를 끝맺지 못하고 고향으로 돌아왔다. 그리고 1620년에 런던의 부유한 상인의 딸인 엘리자베스 부처와 결혼해 5남 4녀를 낳았다.

크롬웰은 1628년에 고향 헌팅턴에서 의원이 되었으나 의원 생활을 제대로 해 보지 못했다. 찰스 1세가 이듬해에 의회를 해산하고 11년 동안 소집하지 않기 때문이다. 하지만 의회 해산 기간 동안 크롬웰은 우울증에 시달린 것을 빼놓고는 유복한 중산층의 삶을 살았다. 그런 그가 1631년에 땅과 소유물을 처분한 뒤 고향 헌팅턴을 떠났다. 헌팅턴의 새로운 정책과 관련한 다툼이 원인이었다. 그는 세인트 아이브스로 이사했다가 다시 엘리로 갔다. 외삼촌의 유산을 상속받아 더 많은 부를 축적한 그의 가문은 더 큰 영향력을 갖게 되었다. 그는 찰스 1세의 세금 부과 및 종교 정책에 대해 비판적인 청교도들 사이에서 지도적인 인물이 되었다.

1640년에 찰스 1세는 스코틀랜드와의 전쟁 비용을 충당하기 위해 다시 의회를 소집했다. 크롬웰은 케임브리지를 대표하는 의원으로 출석했지만 의회는 단기로 그치고 말았다. 그러나 이후 열린 장기 의회에서 그는 다시 의원으로 활동할 수 있었다. 의회파와 왕당파 사이의 전쟁에 참가할 당시 그는 이 장기 의회의 의원 신분이었다. 그때 그의 군대 경험은 고작 지역방위군인 민병대 때뿐이었다. 그가 전쟁에 참가할 때 의회파는 왕당파에 밀려 고전을 면치 못했다. 의회군은 기마를 소유한 다수의 귀족으로 구성된 왕당파의 기동력을 당해낼 수 없었다.

크롬웰은 패전의 문제점을 냉철하게 분석했다. 왕당파와 같이 민첩한 기병대가 필요했다. 우선 그는 고향으로 달려가 60명의 기병대를 모집하고 조련했다. 그가 지휘하는 기병대가 1642년 10월 23일, 에지힐 전투에 모습을 나타냈지만 너무 늦은 상태였다. 그는 이후 병사를 더 충원해 기병 연대로 편성했다. 그는 기병대가 일사불란하게 움직이도록 엄격한 군율을 적용했다. 그러나 그것만으로는 충분하지 않았다. 군인의 사기를 올려야 했다. 그는 최고의 장비와 충분한 보수를 지급했다. 그러나 무엇보다 중요한 것은 전쟁에 임하는 군인들의 태도였다. 그는 이 전쟁이 의로운 전쟁이며, 왕당파를 타도하는 것이 하나님이 내린 심판이라는 점을 군인들에게 주입시켰다. 크롬웰의 기병대는 1643년 7월, 게인즈버러 전투에서 승리를 거두었다. 그리고 1644년 7월, 마스턴무어 전투에 맨체스터 백작이 이끄는 동부 연합군의 일원으로 참가해 왕당파 기사들이 중심이 된 기마기갑 부대와 싸워 승리를 거두었다. 크롬웰은 이때 기병대 맨 앞에 서서 싸우다가 목에 가벼운 부상을 입었지만 잠시 치료를 받은 후에 계속 전투를 지휘했다. 전투에서 승리한 크롬웰과 그의 기병대는 철기대(Ironsides)라는 명성을 얻었다. 의회파는 이 전투에서 승리해 전세를 뒤집는 계기를 마련했으나 의회파의 지도자들은 일사불란하지 못하고 우유부단했다. 급히 모집된 의회군은 수는 많지만 오합지졸이나 마찬가지였다. 크롬웰은 지금과 같은 상태로는 전투에서 승리할 수 없다고 판단했다.

1645년부터 그는 의회군의 전체 기병대를 지휘했다. 33세의 토머스 페어팩스 경이 총사령관을 맡았지만 전체 군대를 지휘하기에는 경륜이 부족해 크롬웰이 실질적인 지휘자 역할을 맡았다. 의회파는 크롬웰이 철기대를 육성한 것과 똑같은 방식으로 새로운 모델의 군대, 즉 신모범군(New Model Army)을 만들었다. 크롬웰은 우선 청교도 신앙심이 깊고 전

투 경험이 풍부한 사람들을 장
교로 임명했다. 그리고 이전에
해 오던 방식대로 사병들을 조
련했다. 이때 무엇보다 중요하
게 생각한 것은 신앙심으로 무
장하는 것이었다. 이 전쟁이
불의한 세력에 대한 곧 다가올
하나님의 심판이라는 점을 병

네이즈비 전투 장면. 크롬웰은 네이즈비 전투에서 전세를 역전시켜 의회파가 승리할 수 있는 계기를 마련했다.

사들에게 주입했고, 병사들이 전쟁에서 승리할 것이라는 믿음을 가지고
전쟁터에 나서게 했다.

1645년 6월, 신모범군은 노샘프턴셔의 네이즈비에서 왕당파 군대와
결전을 벌였다. 왕당파의 군대는 9,000여 명으로, 의회파 1만 4,000여 명
에 비해 열세였다. 전투 초반에는 왕당파가 승기를 잡는 듯했다. 찰스 1세
의 군사령관 루퍼트 경이 기병대를 이끌고 돌격해 의회파 진영의 좌익을
물리쳤다. 그 기세를 몰아 왕당파 보병대가 의회파 진영을 향해 돌격했고
접전이 벌어졌다. 그러나 루퍼트 경의 기병대는 앞으로만 돌격해 나가다
가 너무 깊숙이 들어가 고립되고 말았다. 크롬웰의 군대는 이 틈을 놓치지
않고 측면에 있다가 왕당파의 기병대와 보병대를 갈라놓은 뒤 보병대를
공격했다. 이 광경을 지켜보던 찰스 1세는 경악한 나머지 예비 병력을 투
입하지도 않고 그 자리에서 도망쳐 버렸다. 이처럼 내란이 절정으로 치닫
고 있을 때, 런던에서는 신학적으로 중요한 사건인 '웨스트민스터 총회'

가 열렸다. 청교도 중심의 의회는 잉글랜드의 종교개혁적 전통이 왕에 의해 위협받지 않도록 하기 위해 신앙을 확립할 필요성을 느꼈다. 의회는 찰스 1세의 반대와 위협에도 불구하고 1643년 7월 1일에 역사적인 웨스트민스터 총회를 개최했다. 참석자는 상원에서 10명, 하원에서 20명, 전국에서 뽑힌 121명의 신학자와 목회자로 구성되었다. 구성원 대부분이 장로교도였다. 의회는 1643년 9월에 스코틀랜드의 도움을 얻기 위해 '엄숙한 동맹과 계약'을 체결했고, 스코틀랜드 대표단도 웨스트민스터 총회에 초청됐다. 총회는 처음에 〈39개 신조〉를 수정하려 했다. 그러나 수정보다는 전면적 개정이 필요하다는 의견이 많아 새로운 신앙고백서를 채택하기로 결의했다. 총회는 1644년 8월에 신앙고백서 작성위원회를 조직했고, 1646년 11월에 새로운 신앙고백서를 의회에 제출했다. 이 신앙고백서가 바로 〈웨스트민스터 신앙고백서〉였다. 이 신앙고백서는 잉글랜드와 스코틀랜드 의회의 승인을 받았고, 이후 스코틀랜드와 미국 장로교회의 표준 문서가 되었다. 이 신앙고백서는 잉글랜드 교회의 신학적 전통과 칼빈의 영향을 받았다. 그러나 무엇보다 성서에 기록된 것만 따르고자 했다. 신조는 성서에 근거가 없는 것은 배제했다. 이 신앙고백서는 잉글랜드 왕에 대한 의회의 저항을 신학적으로 정당화하는 것이기도 했다.

올리버 크롬웰은 네이즈비 전투에 이어 랭포트 전투에서도 승리했다. 찰스 1세는 남아 있는 대다수 왕당과 군대를 모아 전투에 나섰다가 결정적으로 패배했다. 이후 크고 작은 전투가 벌어졌지만, 이미 전세는 완전히 기운 상태였다. 1645년 11월 5일, 찰스 1세는 궁정과 군사령부가 있는 옥스퍼드로 되돌아왔다. 크롬웰의 군대는 1646년 봄에 찰스 1세가 머물러 있던 옥스퍼드를 포위·공격했다. 찰스 1세는 그해 4월 말에 변장을 하고 2명의 동행인과 함께 옥스퍼드를 빠져나와 5월 5일에 스코틀랜드 군대

웨스트민스터 총회 모습. 내전이 한창일 때 새로운 신앙고백서를 작성하기 위한 웨스트민스터 총회가 소집되었다.

에 투항했다. 그러나 스코틀랜드 군대는 의회파의 승리를 인정하고 귀국하면서 왕의 신병을 의회파에게 넘겼다. 왕당파가 그해 6월에 옥스퍼드에서 공식적으로 항복함으로써 제1차 내전은 끝이 났다.

1647년 2월에 크롬웰은 한 달가량 병을 앓았다. 그가 병이 낫고 정치에 복귀했을 때, 의회는 왕의 처리 문제로 시끄러웠다. 의회의 다수가 잉글랜드 국교회의 감독제를 장로교 체제로 바꾸는 대신 찰스 1세를 복귀시키라고 요구했다. 그러나 크롬웰과 그를 지지하는 독립파들은 그러한 요구에 반대했다. 스코틀랜드의 장로제로 바꾼다고 해서 교회의 권위적 위계질서가 사라지는 것이 아니라고 생각했기 때문이다. 그리고 어떤 특정 종파를 따르도록 강요하는 것은 청교도들의 단합을 깨뜨릴 수도 있었다. 의회와 군대 간에 갈등이 점점 커지기 시작했다. 의회는 1647년 봄에 군대 대부분을 해산시켰다. 자금난을 겪은 의회는 그들에게 약속한 봉급도 지급하지 않았다. 군대는 밀린 봉급을 받고 의회에서 종교적 관용을 확보할 때까지 해산에 응하지 않았다. 신모범군을 이루고 있는 청교도 독립파들은 획일화를 거부하고, 자유롭게 종교 집회를 열 수 있는 권리를 요구했

다. 의회는 1647년 여름과 1648년 가을에 왕과 협상을 벌이면서 왕이 받아들일 만한 조건들을 수락하는 데까지 점차 후퇴했다. 군대는 런던으로 진입해 의회에 압력을 가했다.

그런데 장기 의회의 부패와 전횡을 비난하던 군대 내에서도 갈등이 벌어졌다. 하급사관·병사 중심의 수평파와 간부 중심인 크롬웰의 독립파가 충돌했다. 수평파는 성인 남자의 보통선거권, 의석의 재분배, 법률상의 완전한 평등 등을 요구했다. 또한 그들은 소시민의 편에서 상거래 독점 폐지, 토지 개방, 등기 소작농에 대한 기한의 법적 보증 등 경제 개혁을 주장했다. 더 나아가 자의적인 불법 징병 금지, 성서에 근거가 없는 10분의 1세 폐지, 신앙과 결사의 완전한 자유를 보장할 것 등을 요구했다. 수평파는 이러한 요구를 담아 '인민협약'을 채택하고 선포했다. 그러나 크롬웰의 독립파는 이러한 요구가 너무 급진적이라 수용할 수 없다고 생각했다. 수평파의 사병 대표들과 독립파 장교들은 퍼트니 교회에서 논쟁을 벌였지만 뚜렷한 해결책을 찾지 못했다. 수평파는 제2차 내란이 발발하자 일시적으로 독립파와 제휴했지만 혁명 이후 크롬웰에게 무력으로 진압당하고 말았다. 의회파 진영에서 이런 갈등이 빚어지는 틈을 타 찰스 1세는 햄프턴 궁을 탈출했다. 탈출에 성공한 찰스 1세는 프랑스로 가려 했으나, 계획이 어긋나는 바람에 아일오브와이트로 가게 되었다. 충실한 의회파인 그곳 주지사는 찰스 1세를 케어즈브룩 성에 가두고 감시했다. 이곳에서도 찰스 1세는 계속해서 의회와 스코틀랜드인들을 대상으로 협상을 하며 음모를 꾸몄다. 그는 감시를 받으면서도 계속 외부와 비밀 연락을 하며 국면 전환을 꾀했다. 찰스 1세는 의회파 내부의 갈등을 조장하는 한편, 장로교회를 지지하는 척하며 스코틀랜드 군대의 잉글랜드 침입을 유도했다. 이로 인해 제2차 내전이 발발했다. 왕은 다시 왕당파의 재결집을 시도했다. 크롬웰은 남부 웨일즈의 왕당파 반란을 진압했다. 1648년 8월, 찰스 1세의 음모대로 스코틀랜드 군대가 잉글랜드를 침입했다. 크롬웰이 9,000여 명의 군대를 이끌고 나갔다. 스코틀랜드 군사의 수는 그 배가 넘었다. 그러나 크롬웰이 단독으로 지휘한 군대는 스코틀랜드 군대를 격파했다. 찰스 1세와 스코틀랜드 장로교도가 공모했다는 소식을 들은 독립파는 격분했다.

✠

크롬웰은 마침내 군사 쿠데타를 일으켰다. 그해 12월에 열린 의회에서 그의 병사들은 의회를 기습했다. 왕과 협상을 주장하는 장로파를 숙청하는 '교만의 숙청(Pride's Purge)'을 한 것이다. 의원 가운데 약 절반이 체포되거나 의원직이 박탈되었다. 아수라장이 된 의회에 나가기를 거부한 의원도 꽤 되었다. 크롬웰을 지지하는 삼분의 일 정도의 의원만 남아서 의회를 운영했다. 이를 '잔부 의회'라고 부르는데, 이는 크롬웰의 꼭두각시나 마찬가지였다. 이 '잔부 의회'는 1649년 1월에 찰스 1세의 재판을 추진해 1649년 1월 30일에 그를 처형했다. 내친 김에 귀족원도 폐지했다. 이렇게 해서 잉글랜드 최초로 공화국이 탄생했다.

최초의 잉글랜드 공화국에서 크롬웰은 '국무회의(Council of State)' 의장이 되었다. 그러나 왕이 처형되고 새로운 국가체제가 들어섰어도, 반란은 끝나지 않았다. 당시 스코틀랜드에서는 찰스 2세를 새로운 왕으로

크롬웰이 의회를 해산하는 장면

인정했고, 왕당파는 아일랜드에서도 세력을 키워 가고 있었다. 크롬웰은 이를 좌시할 수 없었다. 그는 1649~1651년에 아일랜드와 스코틀랜드 정벌에 나섰다. 1650년 9월에 던바 전투에서 스코틀랜드군을 물리쳤고, 1651년에 우스터에서 잉글랜드로 공격해 오는 찰스 2세의 군대를 격파했다. 결국 1651년 10월에 찰스 2세가 프랑스로 탈출하면서 10년 동안 계속된 잉글랜드의 내전이 종결되었다. 그러나 전쟁 기간 동안 크롬웰이 보여 준 잔인함에 대한 비난의 목소리가 높아졌다. 1649년 8월, 크롬웰은 아일랜드의 드로이다를 점령해 남녀노소를 가리지 않고 2,000명을 학살했다. 갓난아이도 살려 두지 않았다. 교회로 대피한 시민들을 교회의 문을 잠근 채 불태워 버리기까지 했다. 어쩌면 이 잔학상은 반란의 씨앗조차 없애려는 그의 치밀한 의도가 작용한 결과였을지도 모른다.

크롬웰은 국내 정치에서도 단호했다. 급진적인 평등을 주장하는 수평파도 무력으로 탄압했다. 거칠 것 없는 그는 의회를 해산하고 '통치 장전'을 제정하여 1653년 12월 16일에 잉글랜드, 스코틀랜드, 아일랜드를 통치하는 호국경의 자리에 올랐다. 호국경은 로마 시대의 호민관을 본뜬 직위이다. 주변에서는 그를 왕으로 추대했지만 공화정에 대한 소신 때문에 이 제안을 거부했다. 크롬웰은 독재적이지만 유능하고 양심적인 정치가였다. 그는 법률 개혁과 교육 진흥 등 사회 개혁을 추진했다. 또한 유대인의 입국을 허용하는 등 종교에서도 관용 정책을 폈다. 1655년에 왕당파의 반란이 일어나자 그는 전국을 10여 개의 군사 구역으로 나누어 군정장관을 배치하는 등 군정을 강화했다.

올리버 크롬웰의 풍자화

크롬웰은 1658년에 말라리아에 걸려 런던의 화이트홀에서 59세의 나이로 숨을 거두었다. 그가 죽자 권력은 그의 아들 리처드 크롬웰에게 넘어갔다. 그러나 아버지 크롬웰의 철권통치에 대한 사람들의 반발이 워낙 거셌다. 무능한 그의 아들은 그러한 반발을 막지 못했다. 결국 1660년에 찰스 2세가 의회파의 승인으로 왕이 되면서 왕정복고가 일어났다. 크롬웰은 1661년에 왕을 살해했다는 죄목으로 무덤이 파헤쳐진 뒤 목이 잘렸다. 처형은 상징적으로 찰스 1세가 죽은 1월 30일에 시행되었다.

크롬웰은 생전에 자신의 역할을 '이집트를 탈출한 이스라엘 백성을 약속된 땅으로 인도하는 모세'처럼 여겼다. 그는 잉글랜드인들이 이집트, 즉 스튜어트 왕조에 구속되어 있다가 국왕 처형으로 상징되는 홍해를 넘어 사막을 건너는 것으로 해석했다. 자신이 이끄는 군대의 승리로 보여 주는 하나님의 섭리는 불기둥과 같이 잉글랜드인들을 인도하고 있다. 크롬웰은 반란을 일으키거나 동조하는 잉글랜드인들이 사막에서 저항하고 불평하는 이스라엘 백성과 같다고 생각했다. 그는 그들의 팔을 틀어쥐고서라도 약속된 땅으로 이끌고 가야 하는 것이 자신의 사명이라 생각했다. 그러나 그도 끝내 모세처럼 약속된 땅을 보지 못했다.

존 밀턴

John Milton

1608~1674, 영국 출생
올리버 크롬웰의 라틴어 비서관이자 시인
《실락원》 집필

존 밀턴(작가 미상, 1629). 런던 초상화 갤러리
에 소장된 작품으로 젊은 날의 존 밀턴의 모습이
담겨 있다.

철학적 사유와 시적 은유로
개혁을 말하다

찰스 1세가 처형되자 그를 동정하는 분위기가 일어났다. 왕을 미워했던 사람들 중에도 처형은 너무했다고 생각하는 사람이 많았다. 왕을 지지했던 사람들은 찰스 1세를 무지한 대중에 의해 처형된 순교자로 여겼다. 그가 죽은 지 열흘이 지난 1649년 2월 9일,《왕의 성상(Eikonbasilike)》이라는 책이 발간되었다. 이 책을 죽은 왕이 썼다는 소문이 퍼지면서 사람들은 책의 내용에 주목하기 시작했다. 그러나 이 책은 찰스 1세가 아닌, 그의 교회 담임목사였던 존 고든이 쓴 것이었다. 그는 찰스 1세가 위대한 성자이며 무지한 대중이 그를 처형하여 순교를 당했다고 주장했다. 공화국을 막 출범시킨 올리버 크롬웰 측에서는 이 책의 등장에 당황했다. 왕당파의 공세를 막기 위한 조치가 필요했다. 크롬웰 측에서도《왕의 성상》에 반대하는 책을 그해 10월에 펴냈다. 책의 제목은 절묘하게도《우상파괴자(Eikonoklates)》였다. 에이콘(Eikon)이라는 희랍어는 성상과 우상이라는

《왕의 성상》이라는 표지 그림에서 찰스1세는 순교자로 묘사되고 있다. 찰스 1세는 〈당신의 말씀 속에 희망이 있다〉라는 글을 읽고 있으며, '그의 머리를 어둠 속에 더욱 빛이 나는 글귀가 담긴 빛이 비추고, 그의 눈에서는 영원의 왕관을 향한 빛이 나오고 있으며, 그 빛으로 인해 무거운 짐 아래에서 덕은 커지니'라는 글이 쓰여 있다.

두 가지 뜻으로 해석될 수 있다. 책은 제목에서부터《왕의 성상》이라는 제목을 비틀어 왕은 성상이 아니라 우상이며, 그래서 파괴되어야 할 대상이라고 명시했다. 이 절묘한 제목의 책을 쓴 사람은 찰스가 거룩한 순교자로서 죽은 것이 아니라 시민의 권리 파괴자로서 처형당했다고 주장했다. 그는 이미 국왕 찰스 1세가 처형당했을 때, 〈왕들과 위정자들의 자격 조건〉이라는 정치 논설을 써서 국왕의 처형을 정당화하기도 했다.

"만일 행정장관이 폭군이나 사악한 왕을 책망하고 그 왕에게 정당한 유죄 판결을 내린 뒤 그를 폐위시켜 사형에 처하기를 게을리 해 왔다거나 그렇게 하기를 거부해 왔다면, 그러한 일을 누구라도 권력을 가진 사람이 행하는 것은 합법적인 일이며, 어느 시대에서나 합법적인 일로 주장되어 왔다."

이처럼 왕을 처단할 수 있다는 과감한 주장을 한 사람은 올리버 크롬웰의 라틴어 비서관인 존 밀턴이었다. 그는 공화국이 수립된 직후인 1649년 3월부터 비서관 역할을 했다. 비서관으로 활동하면서 그가 발표한 정치 논설 때문에 그는 일약 국제적인 유명 인사가 되었다. 그러나 그는 나중에 정치가로서보다 《실락원》이라는 불후의 작품을 쓴 위대한 시인으로서 더 큰 명성을 떨쳤다. 밀턴은 청교도 혁명에 동참하면서 그토록 열망했던 시인으로서의 활동을 접었다. 대신 청교도 혁명의 이론가로서, 신생공화국의 프로파간다(propaganda)로서 열정적으로 활동했다.

✠

그런데 그는 어떠한 연유로 청교도 신앙을 가지게 된 것일까? 밀턴은 1608년 12월 9일에 청교도 신앙을 지닌 런던의 한 부유한 대금업자 가정에서 태어났다. 밀턴이 청교도가 된 데에는 같은 이름을 가진 아버지 존 밀턴의 영향이 컸다. 아버지 밀턴은 어렸을 때, 자기 방에서 몰래 성서를 읽다가 아버지, 즉 존 밀턴의 할아버지에게 들켜서 호되게 혼난 적이 있다. 할아버지는 독실한 가톨릭교도였다. 화가 난 할아버지는 아버지의 상속권을 박탈하고 집에서 쫓아냈다. 집에서 쫓겨난 아버지 밀턴은 개신교 신앙을 지키기 위해 런던으로 향했다. 그는 그곳에서 대금업자의 일을 돕다가 경험을 쌓아 대부업으로 성공했다. 아버지 밀턴은 대부업뿐 아니라 시와 음악에서도 재능을 발휘했다. 그는 스무 편이 넘는 곡을 만들어 작곡가로서 명성을 얻었다. 그리고 간간이 시를 쓰기도 했다. 아버지 밀턴의

재능은 아들 존 밀턴에게 그대로
이어졌다. 아들 밀턴은 어릴 때
부터 청교도 교육을 받았다. 밀
턴이 다닌 올 할로우 교회의 담
임목사는 청교도인 리처드 스톡
이었다. 이 교회에서 밀턴은 세
례와 교리문답을 받았다. 부유한
아버지 덕택에 밀턴은 당시 가장

런던 시의 밀턴 탄생지 기념판. 시인으로서 밀턴의 탄
생지를 기리고 있다.

유명한 문법학교 가운데 하나인 세인트 폴 학교에서 교육을 받았다. 그는
이 학교에서 라틴어, 그리스어, 히브리어를 배웠다. 가정교사에게서는 근
대 외국어를 따로 교육받았다. 매우 부지런한 학생인 그는 밤 12시 또는
새벽 1시가 될 때까지 독서를 했다. 밀턴은 이때 과도한 독서로 인해 말년
에 실명했다고 밝힌 적이 있다.

밀턴은 1625년에 케임브리지대학의 크라이스트 칼리지에 입학했다.
그는 입학 첫해에 담임교수와 충돌하여 1년 정학을 받았다. 그는 정학 생활
을 유배 생활로 표현했다. 그 시간 동안 그는 독서하며 한가롭게 보냈다. 그
후 새로운 담임교수를 만나 1629년에 문학사 학위를 받았고, 1632년에 문
학 석사학위를 받고 정상적으로 졸업했다. 처음에 대학에서 그는 잉글랜
드 국교회의 성직자가 되기 위한 공부를 했으나 이내 포기했다. 나중에 밀
턴은 '고위 성직자들에 의해 죽어 버린 교회'와 감독제의 지배를 받는 교
회에서 '노예 생활'을 하기 싫어 성직자가 되는 것을 포기했다고 진술했

다. 그러나 시에 대한 헌신 때문에 성직자의 길을 포기한 것이 아닌가 하는 해석도 있다. 대학을 졸업할 때 밀턴은 청교도 신앙에 대한 확신을 가졌다. 반대로 잉글랜드 국교회에 대한 반감은 더욱 커졌다. 밀턴은 성직자가 되는 대신 시인의 길을 택하기로 했다. 대학 재학 시절에 그는 〈그리스도 탄생의 아침에〉와 같은 유명한 단편 시들을 썼다.

대학을 졸업한 후 그는 호르톤과 버크셔에서 6년 동안 머무르며 대학에서 배우지 못한 교양 교육을 보충하기 위해 노력했다. 스스로 철학, 고전문학, 역사, 과학, 음악 등을 폭넓게 공부하면서 자신의 교양 세계를 넓히려고 애썼다. 이 기간에 그는 귀족 후원자를 위한 궁정 취향 가면극인 〈아케이드(1632)〉와 또 다른 가면극인 〈코머스(1634)〉를 썼다. 1637년에 그가 쓴 〈리시다스〉라는 작품에서는 돈벌이 목사를 비난하는 부분이 나온다. 그래서 이 작품을 사실상 밀턴의 '청교도 입장 선언'으로 해석하기도 한다.

밀턴은 1638년부터 이듬해 7월까지 여행을 통해 모자란 지식을 보충하고 견문을 넓히고자 하인 1명을 데리고 프랑스와 이탈리아를 여행했다. 파리에서는 당시 유명한 신 라틴 시인이자 법학자인 후고 그로티우스 (Hugo Grotius) 등을 만났다. 이후 피렌체, 로마, 나폴리를 방문해 많은 지식층 인사와 교류했다. 특히 그는 피렌체의 예술가와 지식인에게서 열렬한 환영을 받았다. 피렌체에서 머무는 동안 그는 천문학자 갈릴레이를 만났다. 그때 갈릴레이는 그의 우주관이 로마 교회의 교리와 상충된다는 이유로 사실상 가택 연금 상태에 있었다. 밀턴은 원래 시칠리아와 그리스

를 여행할 예정이었다. 그러나 급
박하게 돌아가는 잉글랜드의 정
치 상황 때문에 여행을 포기하고
귀국길에 올랐다.

이 시기에 찰스 1세는 윌리엄
로드를 캔터베리 대주교로 임명
해 비국교도들을 한창 탄압하고
있었다. 스코틀랜드에도 장로교
회를 폐지하고 잉글랜드 국교회
를 채택할 것을 요구했지만 반란

존 밀턴과 갈릴레이의 만남(티로 레씨 작, 1880). 밀
턴은 피렌체에서 갈릴레이를 만났다. 그림에서 밀턴은
갈릴레이의 우주관에 대해 귀를 기울이고 있다. 갈릴
레이는 로마 가톨릭 교리와 다른 우주관 때문에 사실
상 연금 상태에 있었다.

만 불러일으키고 말았다. 그는 두 번이나 스코틀랜드 진압에 나섰지만 모
두 패배했다. 찰스 1세는 출정에 드는 막대한 군비를 충당하기 위해 11년
간이나 소집하지 않았던 의회를 소집했다가 충돌만 빚었다. 급기야 국왕
찰스 1세가 대부분 청교도인 의회파를 힘으로 제압하려다 실패하는 바람
에 내전이 벌어지기 시작했다. 밀턴은 1639년 7월에 이탈리아에서 돌아
온 이후 열정적으로 정치 세계에 뛰어들었다.

1641년에 그는 〈잉글랜드 교회 계율의 개혁에 대하여〉라는 글을 써서
잉글랜드 국교회의 감독 제도와 주교들을 공격하며 새롭고 광범위한 종
교개혁에 대한 전망을 밝혔다. 1642년에는 〈감독제에 반대하는 이유〉를
써서 이상적 교회 정치는 감독제가 아니라 사도 시대와 같이 단순히 민주
적이며 순수성을 보유한 장로 제도라고 주장했다. 밀턴은 정치 논설을 발

표하면서 자신이 갈망했던 시인으로서의 명성보다 정치적 활동가로서의 명성을 먼저 얻었다. 그는 청교도 혁명 이후 인생 중반기라 할 수 있는 1660년까지 시인으로서는 폐업 상태였다. 그가 그렇게 열망했던 시인의 꿈을 접어 두고 '소음과 격렬한 논쟁의 거친 바다로 떠난' 까닭은 무엇일까? 정치적 출세 욕구 때문이었을까? 그는 〈감독제에 반대하는 이유〉에서 정치 참여가 자신에게는 상당한 희생이지만 하나님의 부르심에는 어쩔 수 없었다고 고백했다.

1640년에 찰스 1세가 군비를 충당하기 위해 어쩔 수 없이 장기 의회를 열자, 의회파는 '주교 전쟁'의 배후인 대주교 윌리엄 로드부터 탄핵했다. 의회파는 대주교 로드를 런던탑에 감금했다. 내전에서 승리한 의회는 찰스 1세의 참수에 앞서, 1645년 1월에 캔터베리 대주교 로드를 참수했다. 대주교 로드는 찰스 1세의 종교 고문이었다. 스코틀랜드는 존 녹스 이래 장로교회 정치가 자리 잡았다. 그런 스코틀랜드인들에게 잉글랜드 국교회의 의식과 주교제를 따르게 하기 위해 찰스 1세가 벌인 '주교 전쟁'을 부추긴 사람이 대주교 로드였다. 주교제는 잉글랜드 국왕을 잉글랜드 교회의 수장으로 했다. 왕에 의해 임명되는 주교들은 교회의 위계질서를 형성하며 교인들을 지배했다.

청교도들은 신앙의 자유를 요구하며 주교 제도에 대해 강력하게 반발했다. 1637년에 3명의 청교도가 대주교 로드의 견해에 반박하는 글을 발표했다. 대주교 로드는 성실청(Star Chamber, 형사재판소)을 통해 이들을 체포해 귀를 자르고, 잔인하게 고문한 뒤 투옥시켰다. 이에 격분한 청교도들은 주교제 폐지를 요구했다. 청교도들이 장악한 장기 의회는 로드를 구금한 뒤, 1641년 5월 27일에 주교제와 그에 따르는 일체의 것을 철폐하는 법안을 발의했다. 의회에서 주교제 폐지에 대해 토론이 벌어지자 노위치의 주교 조셉 홀은 〈신권에 의거한 주교제〉와 〈보잘 것 없는 항의〉를 발표해 주교제를 옹호하고 나섰다. 청교도들도 가만히 있지 않았다. 몇 달 뒤 밀턴의 가정교사였던 토머스 영을 포함

로드 대주교의 모습(반 다이크 작, 1636). 그는 고교회 정책을 펴며 주교제를 옹호했지만, 장기 의회에서 참수형을 당하고 만다.

해 5명의 청교도가 주교 조셉 홀에 반박하는 글 〈보잘 것 없는 항의에 대한 답변〉을 쓰고 공개적인 논쟁을 벌였다. 이 글을 쓴 사람들은 그들의 이름 머리글자를 따서 '스멕팀누스'라고 불렸다.

주교제에 대한 찬반을 두고 약 1년간 팸플릿 전쟁이 벌어졌다. 당시에는 신문이나 잡지가 없어서 소책자인 팸플릿이 의견이나 주장을 가장 빨리 전달할 수 있는 매체였다. 밀턴도 주교제를 둘러싼 이 팸플릿 전쟁에 뛰어들었다. 그는 〈스멕팀누스를 위한 반박〉을 써서 홀 주교의 주장을 반박했다. 이 팸플릿은 홀 주교에 대한 개인적인 공격이자 자신의 사욕을 채우기 위해 교회를 이용하는 주교들에 대한 신랄한 비판과 조롱이었다. 그는 이미 1641년 5월에 익명으로 발표한 〈종교개혁론〉에서 주교 제도에 반대

했다. 요지는 이렇다. 구원은 개인의 문제이고, 구원의 원리는 모든 사람이 이해할 수 있는 성서에 명시되어 있다. 따라서 구원은 주교의 지배 아래에서 이루어지는 것이 아니다. 종교 논의도 개인의 특권이자 의무이지 성직자의 독점물이 아니다. 주교 제도는 개인에게 주어진 존엄성을 구속하기 때문에 그 자체가 악이다. 왕에 의해 임명된 주교들은 의식과 예복 같은 형식만 중시한다. 새로운 주교는 교회 내에서 모든 교인의 손에 의해 선출되어야 하고, 기도와 설교에만 전념해야 한다. 팸플릿 전쟁에서 밀턴은 〈스멕팀누스 변호〉, 〈교회치리론〉 등의 글을 연달아 발표해 주교 폐지와 신앙의 자유를 담은 종교개혁을 주장했다.

밀턴이 팸플릿 전쟁을 벌이는 동안, 잉글랜드에서는 찰스 1세와 의회파의 사이가 일촉즉발의 상황으로 급변했다. 장기 의회는 1641년 7월에 악명 높은 성실청과 특별고등재판소를 폐지했다. 의회는 그해 8월에 13인의 주교를 탄핵했고, 12월에는 홀을 포함한 10인의 주교를 런던탑에 투옥시켰다. 그리고 11월 22일에는 즉위 이후 찰스 1세의 실정을 담은 〈대간의서〉를 통과시켰다. 이에 화가 난 찰스 1세는 의원들을 체포하기 위해 군대를 이끌고 직접 의사당으로 향했다. 왕의 분노를 피해 도망간 의회파는 의회군을 결성해 찰스 1세에 대항했다. 이로써 팸플릿 전쟁이 실제 전쟁으로 번졌다.

✠

의회파와 왕당파의 전쟁이 한창이던 1643년 1월, 밀턴은 종교에 관한 문제와 동떨어진 주제인 《이혼론》을 발표했다. 《이혼론》은 교회와 국가가 개인의 결혼과 이혼을 제한하는 것은 부당하다는 비판을 담고 있다. 그런데 밀턴은 왜 왕당파와 의회파의 전투가 고조될 때《이혼론》을 발표한 것일까?《이혼론》은 밀턴의 급작스러운 결혼, 곧 이은 별거 생활과 관련이 있다. 1642년에 밀턴은 리처드 파웰에게서 12파운드의 이자를 받기 위해 옥스퍼드셔의 포리스트 힐을 방문했다. 밀턴의 아버지는 밀턴에게 채권을 주고, 거기서 나오는 이자 수입을 받아 살아가도록 했다. 밀턴의 아버지는 연 24파운드를 받기로 하고 포리스트 힐의 치안판사이자 지주인 로버트 파웰에게 300파운드를 빌려 주었다. 파웰은 씀씀이가 헤퍼 집을 저당 잡힌 상태였다. 밀턴은 이자가 오지 않자 이자 지불을 독촉하기 위해 파웰을 찾았다. 그러나 그는 이자를 받는 대신 파웰의 장녀 메리 파월과 결혼했다. 밀턴의 조카 에드워드 필립스는 이때의 상황을 이렇게 기록했다.

"총각이었던 그가 한 달 뒤에 집에 돌아왔을 때에는 기혼자였다. 그의 아내는 파웰의 장녀인 메리였다."

결혼은 충동적이라고 할 수 있을 만큼 급작스럽게 이루어졌다. 메리 파월은 17세의 소녀였고, 밀턴은 32세였다. 밀턴은 어린 아내를 집으로 데리고 돌아왔지만, 이내 그녀와 여러 면에서 맞지 않다는 것을 느꼈다. 나이 차도 그렇지만, 왕당파 가문의 밝고 발랄한 분위기에서 자란 그녀는 밀턴 집안의 엄격한 청교도 가풍에 적응하지 못했다. 밀턴은 오래 지나지 않

밀턴과 메리 파월(알프레드 랭클리 작, 1862). 그림 속에서 밀턴은 메리 파월 남매와 만나고 있다. 밀턴은 검은 색 복장의 엄격한 청교도의 모습으로, 메리는 왕당파의 발랄한 소녀로 묘사되고 있다.

아 그녀와의 결혼을 후회했다. 순종적인 아내를 기대했지만 그녀는 그렇지 않았다. 고등 교육을 받지 못한 그녀는 밀턴과 말이 잘 통하지 않았다. 게다가 두 사람은 정치적 입장도 달랐다. 한 사람은 열렬한 왕당파 집안의 딸이고, 밀턴은 의회파의 열성 분자였다. 결국 그녀는 친가의 요청으로 결혼한 지 한 달 만에 집으로 돌아갔다. 메리는 한 달 정도 친가에 있다가 돌아올 생각이었다. 그러나 그 사이에 내란이 벌어졌다. 밀턴은 메리에게 빨리 돌아오라고 했지만, 그녀는 돌아오지 않았다. 사람을 보내 다시 돌아올 것을 독촉했지만, 파웰가는 경멸적인 말로 그 사람을 쫓아 버렸다. 밀턴은 아내가 돌아오지 않는 것이 열렬한 왕당파인 아버지 파웰의 뜻인지 아니면 아내 자신의 뜻인지 몰라 괴로워했다. 결혼과 곧 이은 파국은 밀턴으로 하여금 이혼을 생각하게 만들었다. 그러나 이혼은 불가능했다. 이혼은 의회에서 특별히 허락받거나 배우자의 간통, 성불구, 배교 등 교회법에 명시된 경우에 한해서만 이루어질 수 있었다. 밀턴이 볼 때 간통과 성불구 등과 같은 육

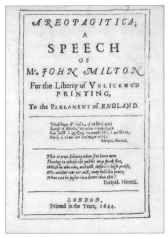
출판의 자유를 옹호한 밀턴의 《아레오파지티카》 표지

체적인 결함만을 이혼의 사유로 한정하는 교회법에 문제가 있었다. 그는 《이혼론》을 써서 배우자와 마음이 맞지 않는 정신적 결함도 이혼의 사유가 되어야 한다고 주장했다. 하나님이 정한 결혼의 일차적 목적은 육체적 결합이 아니라, 상호간의 사랑을 통해 고독을 위무하는 것이라 생각했기 때문이다.

이혼에 대한 밀턴의 생각은 오늘날로 보면 그다지 급진적인 것이 아니다. 그러나 당시에 밀턴의 《이혼론》은 커다란 파장을 일으켰다. 밀턴은 구교뿐 아니라 청교도 진영에서도 공격을 당했다. 1644년 8월 14일에 장로파 목사 파머는 의회에서 행한 설교에서 밀턴의 《이혼론》을 언급하며, 이혼은 결혼의 유대를 깨고 사회의 기초를 파괴할 우려가 있다고 공격했다. 그리고 출판 허가도 받지 않은 이 위험한 책자를 당장 불태워 버려야 한다고 비난했다. 보수적인 장로파 교인들은 《이혼론》과 같은 책자들이 아예 나오지 못하도록 더욱 철저한 검열을 요구했다. 이미 1643년 6월 14일에 장기 의회에서는 출판허가법을 제정해 어떤 서적이나 소책자, 논고도 검열관에게 사전 승인 및 허가를 받지 못하면 모두 출판할 수 없도록 했다. 실제 이 법은 내전의 혼란한 상황에서 별로 엄격하게 지켜지지 않았다. 그러나 의회의 다수파인 장로파는 《이혼론》을 문제 삼아 저자와 출판업자를 심문할 것을 요구했다.

밀턴은 검열 제도에 대해 분노했다. 이제 문제는 이혼에서 사상과 표현의 자유로 넘어갔다. 그는 《이혼론》으로 불거진 검열 제도에 반대해 1644년 11월 24일에 《아레오파지티카》를 썼다. 부제는 '검열을 받지 않는 출판의 자유를 위해 잉글랜드 의회에게 한 존 밀턴의 연설'이었다. 의회에서 연설을 하는 형식으로 쓴 《아레오파지티카》에서 밀턴은 검열 제도를 반대하고, 표현의 자유를 옹호했다. 표현의 자유는 신앙의 자유와 사상의 자유를 전제로 한다. 그는 검열 제도에 대해 이렇게 질타했다.

"우리가 좋은 책 하나를 파괴한다는 것은 이성 그 자체를 죽이는 것이고 이는 마음속에 있는 하나님의 형상을 죽이는 것이다."

밀턴은 크롬웰이 호국경이 되던 1654년에 〈잉글랜드 국민을 위한 두 번째 변호〉라는 글을 썼다. 이 글에서 그는 사회를 행복하게 하는 데에는 세 가지 자유, 즉 종교적 자유, 가정적 자유, 정치적 자유가 필요하다고 주장했다. 그는 종교적 자유를 위해 《감독제에 반대하는 이유》 등 종교개혁적 팸플릿을, 가정적 자유를 위해 《이혼론》을, 정치적 자유를 위해 《아레오파지티카》를 썼다.

✠

크롬웰 공화국 정부는 논객으로서의 밀턴에 주목했다. 밀턴은 찰스 1세가 처형된 지 2주 후에 《국왕과 관료들의 재직 조건》이라는 팸플릿을 출간했다. 이 팸플릿은 왕의 처형을 정당화하고 있다. 밀턴은 왕이 백성을 섬기지 않고, 부패한 성직자와 아첨꾼들의 말을 듣기 시작하면 폭군이 되기 쉽다고 주장했다. 그럴 경우 백성들은 왕을 재판할 권리가 있으며 필요하다면 처형할 수도 있다. 왕과 관료의 권력은 하늘로부터 부여받은 것이 아니다. 자신들을 다스리도록 선택한 백성의 합의에 의한 것이다. 그러므로 왕의 권위는 백성의 합의로 이루어진 법의 권위에서 나오며, 왕은 법에 복종해야 한다. 왕과 관료는 이 법에 따라 할 일을 바르게 수행해야 한다.

크롬웰 공화국 정부는 신생 공화국의 정당성을 유럽 여러 나라에 선전할 입이 필요했다. 그들은 그 입으로 밀턴을 선택했다. 1649년 3월 1일, 밀턴은 외국어 담당 비서관으로 임명되었다. 그는 외교 문서 번역과 외국 사신과의 공식 회견 통역, 대외적인 선전의 일 등을 맡았다. 공화국의 대의를 옹호하기 위해서는 찰스 1세의 처형을 정당화해야 했다. 그는 처형당한 왕에 대한 동정적인 분위기를 깨기 위해《왕의 성상》을 비판하는《우상파괴자》를 썼다. 그러나 동정적인 분위기는 쉽사리 가라앉지 않았다. 프랑스의 저명한 프로테스탄트 논객 살마시우스가《왕의 옹호》를 써서 찰스 1세를 처형한 것을 다시 비난하고 나섰다. 이 책은 신생 공화국의 이미지에 타격을 주었고, 유럽 대륙과의 관계도 위험에 빠뜨렸다. 밀턴은 또다시 신생 공화국을 변호해야 했다. 1651년 2월 24일, 그는 전 유럽을 상대로《잉글랜드 국민을 위한 변호》를 라틴어로 출간했다. 정의를 판정하는 것은 국민이며 이 기본 원칙에 따라 국왕 처형은 합법이라고 주장했다. 살마시우스에 대한 이 반박문은 밀턴에게 '잉글랜드 공화국 옹호자'

라는 국제적인 명성을 가져다주었다.

밀턴은 논객으로서 공화국 혁명의
대의를 옹호하기 위해, 각국의 비난과
공격에 대응하기 위해 분주했다. 그는
일에 너무 몰두한 나머지 실명할 위기
까지 처했다. 가뜩이나 나쁜 눈이 엄청
나게 몰려드는 글을 읽고 이에 대응하
는 글을 쓰느라 더욱 혹사당한 것이다.
그는 1648년에 완전히 실명한 왼쪽 눈

딸에게 《실낙원》을 구술하는 눈 먼 존 밀턴
(드라크로와 작, 1826). 눈이 먼 존 밀턴은
조수와 딸에게 구술해 받아쓰게 하는 방식으
로 작품들을 써 나갔다.

때문에 오른쪽 눈에 의지해 일을 했지
만 그가 43세가 되던 1652년 2월에 오른쪽 눈의 시력마저 완전히 잃어버
렸다.

아무것도 볼 수 없었지만 밀턴은 공화국을 변호하는 일을 그만둘 수 없
었다. 그는 조수를 고용해 받아쓰게 한 다음, 1654년에 《잉글랜드 국민을
위한 두 번째 변호》를 발표했다. 이것은 익명으로 발표된 《잉글랜드 국왕
살해에 대해 왕의 피가 하늘에 부르짖는 호소》라는 책자를 공격하는 글이
었다. 이 글에는 자신의 실명에 대한 변호와 함께 자전적인 내용도 들어
있었다. 이 글을 쓸 때 밀턴은 인생에서 가장 어려운 시기였다. 아내 메리
파웰은 내전이 끝나자 1645년에 밀턴에게 돌아왔다. 그러나 그녀는 밀턴
에게서 막내 딸 데보라를 낳은 후 27세의 젊은 나이로 세상을 떠났다. 한
달 후 외아들 존마저 죽었다. 그는 1656년에 20세 연하의 캐서린 우드콕

과 재혼했으나 그녀도 결혼한 지 약 1년 후에 사망했다. 그녀가 낳은 딸도 죽었다. 밀턴은 실명과 더불어 연이어 아내와 자식들을 잃는 슬픈 시기를 겪었다.

그러나 그에게 또 다른 위기가 기다리고 있었다. 1658년에 올리버 크롬웰이 말라리아에 걸려 런던의 화이트홀에서 59세의 나이로 숨진 것이다. 크롬웰이 죽고 그의 아들이 뒤를 이었으나 아들은 무능했다. 공화정의 무능함과 청교도적 통제에 염증을 느낀 잉글랜드 국민은 왕세자 찰스 2세의 귀국을 환영했다. 이제 왕정복고는 시간 문제였다. 밀턴은 목숨을 걸고 왕정복고를 저지했다. 그는 군주제의 속박을 비판하는《자유공화국 수립을 위한 준비되고 쉬운 길》을 발표했다. 그러나 1660년 5월에 찰스 2세가 열광적인 국민의 환호를 받으며 런던에 도착했다. 밀턴이 이상적 국가로 생각했던 공화정은 무너졌다. 무덤에서 꺼내진 크롬웰의 사체가 타이번의 교수대에 매달렸다. 밀턴은 목숨을 부지하기 어려운 상황이었고, 친구 집에 은신하던 중에 체포되었다. 그러나 밀턴은 처형당하지 않고 몇 달 만에 대사면령으로 석방되었다. 새 정부는 실명 시인을 처형하기보다 은혜를 베푸는 것이 민심 수습에 도움이 된다고 생각했다. 그의 저서《우상타파론》과《잉글랜드 국민을 위한 변호》를 분서하는 것으로 형벌은 일단락되었다. 석방된 밀턴은 정치적으로 실패한 삶을 되새기며 고통스러운 나날을 보냈다. 그러나 실패와 고통이 밀턴에게는 창작의 에너지이기도 했다. 그는 혁명의 대의를 위해 살았던 경험을 담아 그 유명한《실낙원》을 썼다. 그는《실낙원》에서 이렇게 말한다.

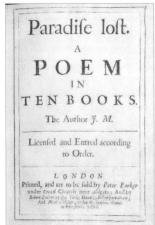

왼쪽.《실낙원》표지(1668년 판).《실낙원》은 1667년에 초판이 발행되어 1년 반 만에 모두 팔렸다.
오른쪽.《실낙원》삽화(구스타브 도레 판화). 실낙원에는 하나님에 대한 사탄의 반항이 나온다. 반항하는 사탄
의 모습을 그려 놓고 있다.

"보다 편안한 목소리로 나는 노래하리라.

악운의 날 만나도 목쉬거나 그치는 일 없이

비록 악한 세월과 사나운 혀를 만나고

어둠 속에 위험과 고독에 에워싸이더라도."

✠

《실낙원》은 1665년에 완성되었다. 그러나 페스트 발발과 뒤이은 런던
대화재로 인해 출판을 할 수 없었다. 10편으로 된 무운시 형식의《실낙
원》은 1667년이 되어서야 출판되었다.《실낙원》은 상식을 뛰어넘는 문
장들과 난해한 어휘, 우아한 문체로 읽기 쉽지 않았지만, 1년 반 만에 초판

1,300권이 모두 팔렸다.《실낙원》은 밀턴이 사망하기 전인 1674년에 12편으로 재구성되어 다시 출판되었다. 이것은 하나님에 대한 사탄의 반역과 아담과 이브로 대표되는 인간의 불순종, 그로 인한 낙원 상실이라는 주제를 다룬 서사시이다. 그것은 그가 그렸던 이상적 정치체제의 실종을 은유한 것이다.

밀턴은《실낙원》을 처음 출판한 지 4년 후인 1671년에《복낙원》을 출간했고, 같은 해에 고대 희랍 비극을 빌려《투사 삼손》을 써 냈다.《복낙원》은 광야의 예수 그리스도가 사탄의 유혹을 물리쳐 승리하는 것을 보여주는 4편짜리 서사시이다.《투사 삼손》은 삼손이 하나님에 대한 불순종의 죄를 인정하고 유혹에 빠진 자신과의 싸움에서 승리하는 영웅적 모습을 그리고 있다. 삼손은 밀턴의 모습이기도 했다. 삼손처럼 밀턴도 실명했고, 실패와 좌절을 맛보았다. 그러나 삼손은 하나님을 따르지 않던 자기 자신과의 투쟁에서 끝내 이겨 명예와 자유를 되찾았다. 밀턴은 삼손과 같은 영웅적 행동을 할 때 잃어버린 낙원, 자유와 정의가 가득한 세상을 되찾을 수 있다고 믿었다. 밀턴은 죽기 전에 기독교에 대한 생각을 담은 〈참된 종교〉에 관한 글을 썼다. 이 글에서 그는 무엇보다 종교의 자유를 역설했다. 또한 로마 가톨릭교의 확대를 막아야 하며, 잉글랜드인은 의무로서 성서를 읽어야 한다고 주장했다. 밀턴은 1674년 11월 8일 일요일 밤에 격한 통풍으로 인해 65세를 일기로 생을 마감했다. 그는 런던의 세인트 자일스 교회에 묻혔다.

현재 밀턴은 셰익스피어에 버금가는 잉글랜드 시인으로 칭송된다. 그리고 그는 언론과 출판의 자유를 옹호한 언론인이자 사상가로 추앙된다.

그러나 무엇보다 그는 도덕적으로 엄격하고 양심적인 청교도로서 시민의 종교적 자유와 권리를 위해 싸운 투사로 기억될 것이다. 윌리엄 워즈워스는 〈런던〉이라는 시에서 밀턴을 그리워하며 이렇게 노래했다.

"밀턴이여! 그대 이 순간 살아 있어야 하오.
잉글랜드가 그대를 필요로 하고 있으니, 이 나라는
지금 물이 괴어 있는 늪, 제단도, 칼도, 펜도
난로가도, 홀도 규방의 당당한 부도,
그들의 오랜 잉글랜드의 유산인 내면의 행복을
잃어버리고 말았소. 우리는 모두 이기적인 사람들.
오! 우리를 일으켜 우리에게로 다시 돌아가게 해 주시오.
그리고 우리에게 예절과 미덕과 자유와 힘을 주시오.
그대의 영혼은 별과 같아 멀리 떨어져 살았고,
그대는 바다와 같은 목소리를 갖고 있었소.
청명한 하늘처럼 맑고 장엄하고 자유롭게
그대는 유쾌한 신앙심을 갖고 인생의 평범한 길을
걸어갔소. 그러면서도 그대 마음은
가장 천한 의무도 스스로 떠맡았다오."

존 버니언

John Bunyan

1628~1688, 영국 출생

크롬웰 군대의 소년병 출신

《천로역정》 집필

존 버니언의 초상(토머스 새들러 작, 1684)

냄비 땜장이에서
영국 최고의 작가가 되다

'이 세상의 황막한 곳을 헤매다가 나는 굴이 있는 어떤 장소에 우연히 이르렀다. 그곳에서 몸을 누이자 잠이 들었는데, 꿈 속에서 더러운 옷을 입은 한 남자가 자기의 집을 등지고 서 있는 것을 보았다. 그 남자는 손에는 책 한 권을 들고, 등에는 무거운 짐을 짊어지고 있었다. 그는 내가 보는 앞에서 책을 펴 들고 그 내용을 읽었다. 읽으면서 눈물을 흘리고 몸을 덜덜 떨었다. 나중에는 더 이상 견디지 못하겠다는 듯 슬프게 통곡하며 소리쳤다. "아, 나는 어떻게 해야 할까?"'(BPP, 29)

《천로역정》의 시작이다. 《천로역정》은 작자의 꿈이라는 형식을 빌려 크리스천이라는 이름을 가진 순례자가 '멸망의 도시'를 떠나 험난한 길을 걸어 마침내 '하늘나라'에 이르는 과정을 생생하게 묘사한 작품이다. 《천로역정》은 존 밀턴의 《실낙원》과 더불어 영어권 기독교 고전으로 쌍벽을

이룬다. 《실낙원》과 《천로역정》은 모두 크롬웰의
청교도 혁명의 영향을 받아 탄생한 작품이다.

런던에서 출간된 《천로역정》 초판 모습(1678)

✠

《천로역정》을 쓴 사람은 존 버니언이다. 그는 크
롬웰 군대의 소년병 출신이었다. 존 버니언은 캠브
리지 대학 출신의 존 밀턴에 비해 시골의 그래머 스
쿨에서 읽는 법과 쓰는 법을 겨우 배운, 다시 말해
변변한 교육을 제대로 받지 못한 땜장이 출신이었
다. 그러나 그는 존 밀턴의 《실낙원》에 버금가는 작
품 《천로역정》을 썼다. 이 책은 현재 100개 이상의 언어로 번역되어 가장
많이 읽히는 크리스천 인문학 고전이 되었다. 성서 다음으로 기독교인들
이 가장 많이 읽는다는 《천로역정》을 쓴 존 버니언은 뜻밖에도 자신을 이
렇게 소개했다.

"하나님 없이 세상을 살던 시절에 나는 과연 '이 세상의 풍속을 좇아
사는 본질상 진노의 자녀'였다. '마귀의 올무'에 사로잡혀 그의 뜻대로
하는 것이 내 인생의 낙이었다."(BGC, 22)

도대체 존 버니언은 어떤 방탕한 삶을 살았기에 자신의 과거를 마귀의
뜻대로 하는 것이 인생의 낙이었다고 고백한 것일까? 그가 죄로 고백한
방탕한 삶을 보면 평소에 즐기던 춤, 몰래 남의 집 종 치기, 시골 들판에서

벌이는 운동 경기 등의 오락이었다. 오늘날로 보면, 뭐 그런 것이 죄라고 할 수 있을까 싶은 것들이다. 그런데 그는 왜 이런 것을 죄라고 생각한 것일까? 그가 소년병으로 입대한 크롬웰의 청교도 군대에서 그 실마리를 찾을 수 있지 않을까?

존 버니언은 잉글랜드 베드포드 근처에 있는 엘스토에서 땜장이의 맏아들로 태어났다. 베드포드와 올리버 크롬웰이 농사를 짓고 살았던 헌팅던에서 가까운 곳이다. 크롬웰이 무장한 청교도들로 의회파 군대를 조직해 왕당파에 대항할 때, 헌팅던은 청교도주의의 중심지가 되었다.

당시 16세였던 존 버니언은 소년병으로 징집되어 2년간 고향 근처인 뉴포트 파넬에서 복무했다. 그는 큰 규모의 전쟁에 참가한 적은 없고, 근처에서 벌어진 왕당파군과의 소규모 전투에 따라 다녔을 가능성이 높다. 크롬웰의 부대는 강한 청교도 의식에 사로잡힌 정예 부대였다. 청교도는 성서에 근거한 것이 아니라면, 타협하지 않으려 하는 까다롭고 고지식한 사람들이었다. 그들은 생활에서도 금욕을 추구했고, 세속적 쾌락을 죄악시했다. 존 버니언은 2년간 이런 크롬웰 부대에서 군대 생활을 했다. 그러니 그가 그런 것을 죄악시한 것은 당연한 일이 아닐까? 그가 군대에 있을 때 그런 것을 죄라고 배웠지만, 그것을 쉽사리 포기하지 못했다.

그는 자서전《죄인의 괴수에게 넘치는 은혜》에서 어린 시절에는 세상에 대한 부정과 반항 때문에 고삐 풀린 망아지 같은 생활을 했다고 고백했다. 남들에게 저주와 욕도 잘 했다. 술과 춤 등 달콤한 죄들의 유혹에 빠져 살았다.

그러나 그는 1648년에 결혼하면서부터 그런 삶에서 벗어나고자 애썼다. 첫 번째 아내는 고아였다. 가진 것이라고는 아버지가 죽을 때 유산으로 남겨 준 두 권의 책이 전부였다. 그러나 가

존 버니언의 탄생지 모습. 존 버니언은 케임브리지에서 서쪽으로 30마일가량 떨어진 베드포드 근처의 엘스토에서 태어났다.

난한 땜장이 청년 존 버니언도 어렵기는 마찬가지였다. 존 버니언 스스로도 "접시나 숟가락 같은 가재도구도 없을 만큼 매우 가난한 상태에서 서로 만났다."라고 언급할 정도였다. 고아였던 아내가 결혼 지참금 대신 가져온 것은 아더 덴트의《보통 사람이 천국에 이르는 길》과 루이스 베일리의《경건 훈련》이었다. 이 두 권의 신앙 소책자는 존 버니언으로 하여금 종교에 대해 새롭게 눈뜨게 했다.

그러나 새롭게 눈뜬 신앙 때문에 그는 오히려 낙담하고 절망했다. 그는 신앙을 위해 세속적 즐거움과 오락을 포기하겠다고 결심했지만 그것은 포기할 수 없을 정도로 강렬했다. 그는 자치기 놀이에 흠뻑 빠져 놀다가 과연 자신이 죄를 극복할 수 있을까 하는 의문이 들었다. 그는 여태껏 너무 큰 죄를 지어 용서받을 수 없다고 생각하고, 그냥 계속해서 죄를 짓기로 했다. 죄를 극복하지 못하면 성서의 말씀대로 마땅히 죽을 수밖에 없었다. 그는 그 사실 앞에서 절망했다. 그 절망감은 신앙마저 버리고 싶을 정도로 깊었다. 더 나아가 신을 모독하고, 배반하고 싶은 충동마저 느꼈다. 어느 날 아침에 그는 사탄의 음성에 굴복하고 그리스도를 배반해 버렸다

고 믿기까지 했다. 그때 버니언은 자신을 이렇게 표현했다.

"나는 총에 맞아 나무에서 떨어진 새처럼 쓰러졌다."

그러나 그는 다시 성서를 읽으면서, 자기가 죄로 인해 죽어 마땅한 것이 아님을 깨달았다. 성서에는 죄에 대한 경고뿐 아니라 죄에서 구원하는 말씀도 들어 있었다. 존 버니언이 이런 생각을 가지게 된 것은 존 기퍼드라는 목회자 덕분이었다. 존 기퍼드는 베드포드 독립파 교회의 목회자였다. 그는 예전에 왕당파 군대의 소령을 지낸 인물이다. 아이러니하지만 의회파 소년병 출신의 버니언은 왕당파 출신의 목회자를 통해 구원의 길에 들어섰다.

존 기퍼드가 목회하던 세인트 존 교회는 침례교회였다. 침례교회는 잉글랜드 청교도의 여러 파 가운데 하나로, 성서의 원리를 강조하며 재세례파처럼 유아 세례를 부정하고 신앙을 고백한 자들에게만 세례를 베풀었다. 그러나 재세례파와 달리 그리스도인의 참정권, 맹세와 전쟁 참여를 인정했다. 세인트 존 교회는 침례에 의한 성인 세례를 실행했으나, 침례를 교인이 되는 자격으로 고집할 정도로 엄격하지는 않았다. 침례교회를 더 확산하기 위해서는 더 많은 교인을 끌어들일 필요가 있었기 때문이다.

존 버니언은 1655년경 침례를 받고 이 교회의 정식 교인이 되었다. 그는 《죄인의 괴수에게 넘치는 은혜》에서 스스로를 죄인 괴수에서 그리스도의 부르심을 받아 새사람이 된 사도 바울로 여겼다. 그는 땜장이 교육밖에 받지 못했지만, 곧 평신도 설교가로서 재능을 나타냈다. 그의 설교는 죄 때문에 영적인 고민을 심각하게 겪는 사람들을 설득하는 데 특히 효과가 있었다. 그는 그때의 심정을 이렇게 표현했다.

"나 스스로 사슬에 결박당한 채 나 같이 사슬에 매인 사람들에게 다가갔고, 내 양심을 고통스럽게 태우던 불을 그대로 전해 경각심을 심어 주었다."(BGC, 176)

그는 사도 바울처럼 교인들을 방문하고 권고하는 활동을 활발히 했다. 그러나 1660년에 찰스 2세의 왕정복고로 인해 그동안 버니언과 같은 독립파 설교자들이 활동하기에 우호적이었던 분위기가 급변했다. 버니언은 1660년 11월 12일에 사우스베드퍼드셔에 있는 로어 삼셀에서 밤 집회를 인도하다가 체포당했다. 잉글랜드 국교회와 일치하지 않는 예배를 집행한 혐의였다. 당국은 설교를 중지하면 곧 풀어 주겠다고 제의했으나 버니언은 이를 거절했다. 그러자 당국은 그에게 사형을 언도했다.

치안판사 윈게이트는 원래 버니언이 사형당하거나 구속되는 것을 원하지 않았다. 그래서 직원을 보내 회유하기로 했다. 직원은 비국교도 모임이 왕에 대한 음모에 이용될 수 있으니 불법 집회에서 설교를 그만두라고 존 버니언을 설득했다. 그러나 존 버니언의 대답은 단호했다.

"어떤 기회가 주어지더라도 설교하라는 것이 하나님의 법이오!"

결국 치안판사 윈게이트가 직접
나섰다. 그는 버니언에게 국교회의
예배를 따르고, 불법 집회에서 설교
하지 않는다고 서약하면 당장 석방
시켜 주겠다고 제안했다. 이번에도
그는 단호하게 거절했다.

수감 생활 중인 존 버니언의 모습

"오늘 당신이 나를 석방한다면, 내일 다시 설교할 것입니다."

선택의 여지가 없었다. 치안판사 윈게이트는 존 버니언을 재판에 회부
했다. 존 버니언은 종신형을 선고받았다. 그러자 그의 두 번째 아내인 엘
리자베스가 남편을 구명하기 위해 백방으로 노력했다. 그녀는 용기 있게
치안판사를 찾아가 재심을 요청했다. 존 버니언의 첫 번째 아내는 네 명의
아이를 남기고 1656년에 사망했다. 엘리자베스는 존 버니언과 1659년
에 결혼했다. 엘리자베스의 탄원이 있었지만, 재판부는 탄원을 받아들일
수 없었다. 존 버니언이 석방되면 곧바로 설교를 하겠다고 천명했기 때문
이다. 재판부로서는 재범 우려가 확실한 확신범을 풀어 줄 수 없었다. 그
가 감옥에 갇혀 있는 동안 잉글랜드의 종교적 상황은 날로 나빠졌다.

찰스 2세는 왕정에 복귀할 때 장로교도의 도움을 받았지만, 곧 장로교
회를 폐지하고, 주교를 임명하면서 잉글랜드 국교회의 주교주의를 확산
시켰다. 수많은 청교도와 독립파 교도가 반역죄로 기소되었다. 존 밀턴은

눈이 멀어 가까스로 형벌을 면했다. 1664년에 찰스 2세는 〈제1집회령〉을 내려 5인 이상 모여 예배하면 모두 잡아들여 처벌하도록 했고, 1665년에는 〈5마일령〉을 내려 비국교도 목사가 이전에 목회하던 장소에서 5마일 이내의 지역에서 살 수 없도록 했다.

✠

존 버니언은 1666년에 몇 주 동안 잠깐 풀려난 것을 빼고는 1672년까지 12년 동안 옥살이를 했다. 다행히 수감 생활은 관대한 편이어서 '신발 레이스'를 만들어 팔아 가족을 부양할 수 있었다. 또한 허락을 받아 친구나 가족을 만났다. 때로는 바깥의 집회에도 참석할 수 있었다. 그는 감옥에서 죄수들을 상대로 설교했다. 그는 수감 생활 동안 성서와 존 폭스의《순교자 열전》을 열심히 읽었다. 성서를 통해 하나님의 말씀을 새기며《순교자 열전》속에서 신앙을 지키기 위해 목숨을 내놓은 순교자들로부터 위로와 용기를 받았다. 관대하다고 해도 수감 생활은 어디까지나 수감 생활이었다.

그는 가족들과 떨어져 수감 생활을 하는 것을 뼈에서 살을 발라내는 것처럼 아파했다. 그러나 수감 생활이 그에게 고통만 준 것은 아니었다. 그 속에서 그는 하나님을 새롭게 만났다고 고백했다.

"나는 수감 생활을 한 때만큼 하나님의 말씀을 깊이 이해한 적이 없었다. 전에는 그저 그런 줄로만 알고 지나쳤던 구절들이 이곳에서는 확연하게 다가왔다. 이때만큼 예수 그리스도를 실제적이고 뚜렷하게 생각

하며 산 적이 없었다. 이곳에서는 예수 그리스도를 마음으로 보고 느끼며 지냈다."(BGC, 194)

존 버니언은 수감 생활 동안 새롭게 깨달은 것을 바깥 사람들에게 설교할 수 없어 글로써 설교를 하기로 결심했다. 그래서 예수 그리스도의 넘치는 은혜를 알리기 위해 자신의 회심을 담은 영적 자서전을 집필했다. 그는 구속되기 전에 이미 두 권의 책,《공개된 몇 가지 복음의 진리들》(1656)과 《공개된 몇 가지 복음의 진리들의 옹호》(1657)를 출간해 사람들의 주목을 받은 바 있었다. 영적 자서전의 제목은《죄인의 괴수에게 넘치는 은혜》였다. 제목이 보여 주듯, 그는 사도 바울처럼 '죄인 괴수'에서 예수 그리스도의 넘치는 은혜를 받아 회심의 삶을 살게 된 것을 솔직하고 담담한 필치로 서술했다. 1666년에 출판된《죄인의 괴수에게 넘치는 은혜》는 11개의 장과 마지막 결론으로 이루어져 있다. 책의 내용은 회심 이전과 회심 그리고 회심 이후의 삶을 3단계로 나누었다. 책 속에서 그는 회심 이전에 자신이 죄에 빠져 지내던 모습을 적나라하게 고백했다.

"나는 어릴 때부터 저주와 맹세와 거짓말과 하나님의 거룩하신 이름을 모독하는 일에 타의 추종을 불허했다. …… 온갖 부류의 불경한 친구들과 사귀었다. 육체의 정욕과 열매가 나 같은 가련한 영혼을 꼼짝 못하게 장악하고 있었던 것이다."(BGC, 22)

✠

이렇게 죄에 빠져 지내던 존 버니언은 어느 날 환상을 보게 되고, 회심을 결심했다. 그가 본 환상은 어떤 신자들이 높은 산의 양지 바른 곳에 모여 앉아 따사로운 햇볕을 즐기고 있는데, 버니언 그 자신은 추운 곳에서 서리와 눈과 먹구름에 잔뜩 움츠린 채 떨고 있는 모습이었다.

런던에서 출간된 《죄인의 괴수에게 넘치는 은혜》 표지(1666)

그와 신자들 사이에는 담장이 놓여 있었다. 그 담장은 산 전체를 두르고 있었다. 그는 담장을 넘어 양지 바른 곳으로 가려 했지만 들어갈 곳이 없었다. 그러다가 마침 좁은 틈을 발견했는데, 들어가기에 너무 좁았다. 좁은 틈으로 들어가기 위해 여러 번 시도했지만 실패만 거듭했다. 거의 탈진 상태가 되어 겨우 몸을 집어넣어 가까스로 들어갈 수 있었다. 존 버니언은 자신이 보았던 환상의 의미를 깨달았다. 그 산은 하나님의 교회였고, 담장은 하나님과 세상을 분리하는 장벽이었으며 그 틈은 예수 그리스도였다.

이 환상의 의미를 깨달은 그는 회심했다. 그러나 회심 이후에도 시험과 시련은 끝나지 않았다. 항상 다시 옛 생활로 돌아가려는 시험과 유혹이 있었기 때문이다. 결국 그는 시험과 유혹의 물결에 휩쓸려 죄를 짓는 것이 하나님께서 자신을 버리신 것만 같다는 느낌이 들었다. 그러나 그는 그리스도가 우리의 죄를 사하시기 위해 십자가에서 죽으셨고 그로 인해 흘린 그리스도의 피가 용서하지 못할 죄라는 것은 없다는 것을 깨달았다.

"나는 수감 생활을 하면서, 하나님이 항상 내 곁에 계시며 사탄이 나를 괴롭히려고 할 때에도 늘 나와 함께하신다는 것을 분명히 알게 되었다."(BGC, 195)

수감 생활 12년 만에 존 버니언은 자유의 몸이 되었다. 1672년에 찰스 2세는 〈신앙 자유령〉을 선언하면서 비국교도들에 대한 관용 정책을 폈다. 그러나 그것은 청교도나 독립파를 위해서 그런 것이 아닌, 가톨릭의 부활을 꾀하기 위한 것이었다. 존 버니언이 풀려나기 전부터 베드퍼드 공동체는 그를 목사로 선출해 놓고, 새로운 집회 장소도 물색해 놓았다. 그해 5월에 버니언은 25명의 다른 비국교도파 목사들과 함께 베드퍼드셔와 주변 마을에서 설교하도록 허락받았다.

사람들은 그를 '주교 버니언'이라 불렀다. 별명이기는 하지만 주교라고 불릴 만큼 그는 설교와 목회 활동에 뛰어났다. 예상한 대로 찰스 2세의 〈신앙 자유령〉은 오래 가지 못했다. 찰스 2세는 1675년에 〈신앙 자유령〉을 철회했다. 그러자 비국교도의 설교 행위는 다시 불법이 되었다. 1675년 3월에 존 버니언은 불법 설교로 다시 구금되었다. 두 번째 구금 기간은 길지 않아서 6개월 만에 풀려났다.

버니언이 감옥에서 풀려나게 된 것은 퀘이커교도들의 도움이 컸다. 국

왕이 사면 대상자 리스트를 제출하라고 했
을 때, 퀘이커교도들은 버니언의 이름도 함
께 제출했다. 버니언은 처음 설교 활동을 시
작했을 무렵, 퀘이커교도들과 신랄한 논쟁
을 벌인 적이 있었다. 그러나 이제 버니언은
그들의 도움을 받고 풀려났다.

두 번째 구금 기간 동안 버니언은《천로역
정》을 완성했다. 그는 첫 번째 구금 때부터
이 작품을 구상하고 써 왔다. 이 작품의 밑바
닥에는 버니언의 자서전적 요소가 짙게 깔
려 있다.

《천로역정》 삽화, 등에 짐을 진 크리스
천이 굿 윌(선의)의 도움을 받아 좁은
문으로 들어서고 있다.

다시 말해 이 작품은 그의 영적 자서전인《죄인의 괴수에게 넘치는 은
혜》의 문학적 알레고리라고도 할 수 있다. 예를 들어《죄인의 괴수에게 넘
치는 은혜》에서 벽에 난 좁은 틈을 통과하기 위해 애쓰던 존 버니언의 모
습은 무거운 짐을 진 크리스천이 통과하기 위해 애쓰던 '좁은 문'으로 나
타난다. 또한 버니언 자신의 '좌절'은 '다우팅 성', 즉 '의심의 성'에 사는
'절망'이라는 뜻을 가진 '디스페어'라는 이름의 거인 성주로 은유된다. 이
렇듯《천로역정》은 존 버니언이 겪은 사건이나 인물, 그의 심리적 상태를
은유적으로 나타내고 있다.

《천로역정》은 작자의 꿈이라는 형식을 빌리고 있다. 플롯은 단순하다.
주인공 크리스천이 한 권의 책, 즉 성서를 읽고 나자 자신이 지고 있던 큼

짐이 죄라는 것을 깨닫게 된다. 그는 그가 살았던 마을이 하나님의 손에 심판받는다는 것을 알게 된다. 크리스천은 아내와 아이들에게 자신의 괴로움을 털어놓고, 멸망할 도시에서 떠나 도망가자고 권한다. 그러나 아내와 아이들은 그의 권고를 비웃는다. 결국 혼자 피난을 떠나지만, 그는 어디로 가야 할지 몰라 한다. 그때 이벤젤리스트, 즉 전도자가 나타나 '좁은 문'을 지나 '밝은 빛'이 보이는 곳을 가리키며 그곳으로 가야 한다고 일러 준다. 그는 영원한 생명과 구원이 있다는 그곳을 향해 순례의 길을 떠난다.

그러나 순례의 길에는 많은 유혹과 위험이 기다린다. 그는 '낙담의 늪', '좁은 문', '겸손의 계곡', '죽음의 계곡', '허영의 시장' 등 여러 지역을 거치며 유혹과 시험을 받는다. 이 과정에서 옵스티니트(옹고집), 플라이볼(유약함), 굿 윌(선의), 페이스 풀(신실) 등 그를 방해하거나 도와주는 여러 사람을 만난다. 악한 이들을 물리치고, 선한 이들의 도움을 받아 결국 크리스천은 '천상의 도시'에 입성한다.

《천로역정》에 등장하는 인물과 괴물 또는 악마, 지명을 보면 그것이 모두 신앙과 관련된 덕목이나 악덕, 유혹과 위험을 의인화했다는 것을 알 수 있다. 기발한 작명과 풍부한 상상력이 담긴 스토리로 구성된 《천로역정》은 당대의 기독교인들에게 어떤 신앙의 길을 걸어야 하는지를 흥미진진한 방식으로 일깨워 주었다. 고리타분하고도 딱딱한 신앙 계도서의 틀을 벗어난 이 책을 읽고 당대의 기독교인들은 환호했을 것이다.

특히 겸손의 계곡에서 크리스천과 아폴리온이 싸우는 장면은 마치 영화

〈반지의 제왕〉의 한 장면을 보는 것과 같은 짜릿함마저 느껴진다. 《천로역정》은 위작들이 판을 칠 정도로 커다란 성공을 거두었다. 버니언은 《천로역정》의 2부도 썼다. 2부는 1부에서 '파멸의 도시'에 남겨진 아내 크리스티나가 마찬가지로 여러 가지 고난 끝에 '천상의 도시'에 이르는 과정을 그리고 있다. 《천로역정》 1부는 1678년에, 2부는 6년 뒤인 1684년에 출간되었다.

홍미진진한 종교 소설인 《천로역정》은 성서와 함께 사람들에게 기독교의 진리를 전달하는 데 매우 효과적이었다. 이런 이유로 《천로역정》은 한국에 개신교가 도입되던 무렵부터 일찍이 번역되어 소개되었다. 《천로역정》은 조선시대 말인 1895년에 선교사 제임스 스카스 게일(James Scarth Gale)이 번역했다. 이 번역은 한국 최초의 근대 번역 소설로 기록되었다. 이 번역본에는 김준근(金俊根)의 판화가 실려 있다. 판화에 나타난 등장 인물은 한복과 갓을 쓰고 있으며, 천사의 모습은 한국 고전의 선녀 모습이다.

두 번째 구금 기간 동안 버니언이 《천로역정》의 완성에 몰두한 것은 어쩌면 구금의 고통 때문일지도 모른다. 그는 구금의 고통을 잊기 위해 이 작품을 쓴 것이 아닐까 싶다. 그 자신도 이 작품을 무엇보다 자신을 위해 썼다고 말하고 있기 때문이다.

"맨 처음 펜을 들었을 때, 나는 이런 모양의 작은 책을 쓰게 되리라고는 생각지 않았다. 그렇다. 실은 나는 다른 어떤 책을 쓰고 있었는데, 그것을 거의 다 탈고하게 되었을 때 자기도 모르게 이 책을 쓰기 시작했던

것이다.……내가 무엇 때문에 이것을 썼
는지는 모른다. 내 이웃을 즐겁게 해 주
기 위해서 쓴 것도 아니다. 나는 자기 자
신의 만족감을 위해서 이 글을 썼다."
(BPP, 11)

존 버니언은 석방되었지만, 또다시 구금
될까 항상 두려워했다. 그는 언제 석방될지

《텬로력뎡》(김준근 작, 1895). 《천로역
정》은 한국어판으로도 나왔는데, 조선
풍속화가 기산 김준근이 그림을 그렸다.

모른 채 12년 동안 구금되었고, 구금 기간 동안 항상 사형에 대한 두려움
에 시달려야 했기 때문이다. 이제는 설교와 여러 권의 저서로 유명 인사가
되어 체포될 위험이 줄어들었다고는 하지만, 구속당할 위험은 항상 있었
다. 그래서 그는 교구들을 방문할 때 역마차 마부처럼 옷을 입고, 손에 채
찍을 들고 위장해 다녔다.

✽

1685년 2월 6일에 찰스 2세가 죽고, 그의 동생 제임스 2세가 왕위를
이어받았다. 제임스 2세는 즉위 후 가톨릭을 부활하고 전제 정치를 강화
했다. 제임스 2세가 권좌에 오른 후 버니언은 자신의 전 재산을 아내에게
양도했다. 다시 수감되거나 재산 몰수형을 받을 경우를 대비하기 위해서
였다. 제임스 2세는 스코틀랜드를 다스릴 때 비국교도를 가혹하게 억압
했다. 그러나 그는 뜻밖에도 종교 양심의 자유 정책을 펼쳤다.
가톨릭교도였던 그는 국교도의 세력을 약화시키고 가톨릭의 세력을

키우기 위한 일환으로 그런 정책을 폈다. 그 덕분에 존 버니언과 같은 비국교도 개신교도들은 상대적으로 평화를 누렸다. 버니언은 제임스 2세의 재위 기간 동안 아무런 피해도 입지 않았고, 이 기간에 6권의 책을 새로 펴냈다. 그는 생애 동안《천로역정》외에도《배드맨 씨의 생애와 죽음》,《거룩한 전쟁》등 총 60권이 넘는 책을 집필했다. 책의 집필은 또 다른 설교 활동이었으나 설교 활동과 과도한 집필은 그의 건강을 해쳤다. 그의 책을 출판한 찰스 도우는 이렇게 증언했다.

"그는 여섯 권의 책을 집필한 뒤에 다한증에 걸렸으며, 그러고서는 몇 주 뒤에 숨을 거두었다."

버니언은 다한증으로 몸이 많이 쇠약해진 상태에서도 사람들을 도와주는 일을 마다하지 않았다. 레딩에 사는 한 청년이 찾아와 아버지의 분노를 누그려 달라고 도움을 청하자, 그는 레딩으로 가서 아버지를 간곡하게 설득해 아버지와 아들 사이를 화해시켰다. 레딩에서 일이 끝나고 그가 다시 말을 타고 런던으로 돌아가려 할 때 비가 억수같이 퍼부었다.

그는 심한 비를 맞고 늦은 시각에 런던으로 돌아왔다. 런던으로 돌아온 그는 오한이 들어 몸을 사시나무 떨듯 덜덜 떨어야 했다. 갑자기 열이 오르기 시작했고 침대에 눕자 몸이 펄펄 끓었다. 증세는 갈수록 더 심해졌다. 결국 그는 침대에 누운 지 열흘이 지난 1688년 8월 31일에 예순의 나이로 사망했다.

현재 버니언이 살던 집에는 그가 사용하던 성서와 함께《순교자 열전》이 놓여 있다. 이 책자들은 그가 크리스천으로서 시험과 유혹을 이겨내고 '천상의 도시'에 입성하기 위해 항상 순교자의 자세로 살고자 했다는 것을 증언해 주고 있다.

❖

종교개혁의 마지막은 종교 전쟁으로 불리는 30년 전쟁으로 얼룩졌다. 처음에는 종교 전쟁이었던 30년 전쟁은 1625년에는 덴마크가, 1630년에는 스웨덴이, 1635년에는 프랑스와 스웨덴 등이 참전해 신교도를 지원하면서 국제 전쟁으로 확대되었다. 잉글랜드에서 종교개혁은 1688년에 명예 혁명을 통해 일단락되었다. 명예 혁명의 결과로 1689년에 〈관용·법(The Toleration Act)〉이 제정되어 개신교를 비롯한 여러 신앙의 자유가 허용되었다. 수많은 희생이 따랐지만, 투쟁의 결과 종교개혁은 유럽 역사에서 인간의 자유에 기초한 새로운 정치체제를 탄생시켰다.

5부

종교개혁의 전진

●

내적인 양심과
관용으로
승리하다

이 시기의 역사적 배경

종교개혁의 마지막은 종교 전쟁으로 불리는 30년 전쟁으로 얼룩졌다. 1618년에 보헤미아의 개신교도들이 페르디난트 2세의 대표단 세 명을 프라하성의 창문 밖으로 내던져 버렸다. 다행히도 거름 구덩이에 떨어진 이들 중 두 명은 크게 다치지 않았다. 1617년에 가톨릭교도인 페르디난트 2세가 보헤미아의 왕위에 올라 가톨릭 신앙을 강요하려 하자 칼빈파인 보헤미아의 개신교 귀족들이 반란을 일으킨 것이다. 이 창문 투척 사건은 30년 전쟁의 직접적 원인이 되었다.

그러나 30년 전쟁의 불씨는 1555년에 아우쿠스부르크 종교 화의 때부터 싹 튼 것이다. 아우쿠스부르크 종교 화의에서는 신앙의 자유가 허용되었다. 그러나 그 자유는 루터파에만 국한되고 칼빈파를 비롯한 다른 신교 종파는 제외되었다. 예수회의 활동이 활발해지면서 가톨릭 세력이 재무장하고 나서자 칼빈파는 불안을 느꼈다. 1619년에 페르디난트 2세가 신성로마제국의 황제가 되자 보헤미아의 칼빈파 개신교 귀족들은 팔츠 선제후인 프리드리히 5세를 국왕으로 받들고 개신교 연합을 결성해 그에 대항했다. 가톨릭 측은 이에 맞서 가톨릭 동맹을 결성했다.

오렌지 공 윌리엄 3세의
영국 토베이 상륙 William_
Miller 1852

1620년에 바이서베르크 싸움에서 패배한 뒤 프리드리히 5세는 네덜
란드로 망명하고 보헤미아의 개신교도들은 탄압받기 시작했다.

처음에는 종교 전쟁이었던 30년 전쟁은 1625년에는 덴마크가, 1630년
에는 스웨덴이, 1635년에는 프랑스와 스웨덴 등이 참전해 신교도를 지원
하면서 국제 전쟁으로 확대되었다. 또한 전쟁의 양상도 각국의 이해 관계가
얽히면서 영토·통상 등의 문제로 변질되었다. 1635년에 베스트팔렌 조약
을 통해 신교 측과 구교 측의 화의가 이루어졌다. 그러나 당시 30년 전쟁의
중심지였던 독일은 이 전쟁으로 인해 국토가 황폐화되었고, 인구가 크게 감
소했으며 황제권이 약화되었다. 이후 독일은 분열되었다. 반면 네덜란드와
스위스는 독립했고, 프랑스와 스웨덴은 영토를 확장했으며, 칼빈파는 공식
적으로 인정받았다.

잉글랜드에서 종교개혁은 1688년에 명예 혁명을 통해 일단락되었다.
명예 혁명은 제임스 2세의 전제 정치 강화와 로마 가톨릭교로의 복귀 때
문에 일어났다. 제임스 2세는 가톨릭 신자였다. 그는 심사율을 무시하고

가톨릭교도를 관리로 등용했다. 이에 반대하는 잉글랜드 국교회 주교들을 구금하는 등 전제 정치를 강화했다. 잉글랜드 의회는 잉글랜드가 다시 가톨릭 왕국이 될지 모른다는 위기의식에 휩싸였다. 결국 의회는 왕의 딸인 개신교도 메리와 그녀의 남편인 네덜란드 총독 윌리엄 3세를 공동 왕으로 추대하고 도움을 요청했다. 1688년 메리와 윌리엄 3세는 '자유로운 의회와 신교 보호'라는 명목으로 런던으로 진격해 들어와 제임스 2세를 퇴위시켰다. 피를 흘리지 않고 이룬 이 혁명이 소위 명예 혁명이었다. 1688년의 명예 혁명은 잉글랜드 역사에서 오랫동안 지속된 왕권과 의회의 갈등에 중요한 이정표가 된 사건이었다.

메리와 윌리엄 3세는 즉위식에서 의회가 제출한 〈권리장전〉을 승인했다. 〈권리장전〉은 의회의 입법권, 의회의 승인 없는 과세의 금지, 의회에서의 발언의 자유, 법률의 공정한 적용 등의 내용을 담고 있었다. 〈권리장전〉은 절대 왕정의 타파와 함께 영국 입헌 정치의 시작을 알리는 계기가 되었다.

명예 혁명의 결과로 1689년에 〈관용법(The Toleration Act)〉이 제정되어 개신교를 비롯한 여러 신앙의 자유가 허용되었다. 〈관용법〉 당시 비국교도들은 잉글랜드 국민의 10퍼센트였다. 이들 대부분은 청교도, 장로교, 침례교, 회중교회의 교인이었다. 조지 폭스로부터 시작된 퀘이커와 구세군 등도 비국교도인이었다. 〈관용법〉은 기독교의 주요 교리인 삼위일체 교리에 반대하는 사람들과 로마 가톨릭교도들은 배척했다. 로크가 주장했던 종교의 관용이 제도로 정착된 것이다.

종교개혁은 본질적으로 교회의 부패와 타락을 정화하기 위한 운동으로 시작해 인간의 자유와 직결된 종교 자유를 위한 투쟁으로 발전했다. 수많은 희생이 따랐지만, 투쟁의 결과 종교개혁은 유럽 역사에서 인간의 자유에 기초한 새로운 정치체제를 탄생시켰다.

조지 폭스

George Fox

1624～1691, 영국 출생
퀘이커교의 창시자

19세기 때 조지 폭스의 모습

퀘이커교도로서
'내적인 빛'에 따른 삶을 살다

"신의 음성을 듣고 그에 따라 사십시오!"

호국경 올리버 크롬웰 앞에 한 죄수가 끌려와 외쳤다. 호국경은 나는 새도 떨어뜨릴 수 있는 권력을 지닌 사람이었다. 그 앞에 서면 누구든지 위축될 수밖에 없었다. 그러나 그 죄수는 몰골은 초라했지만 당당했다. 이죄수는 상습범으로, 1649년에 노팅엄에서 체포된 적이 있고, 1651년 더비에서는 신성모독죄로 기소되었다. 이후에도 질서를 어지럽히고 미혹한다 하여 여러 번 체포되었다. 그는 정식 목회자가 아니면서도 사람들이모이는 곳이면 어디서든지 설교를 했고, 설교를 통해 영적 체험과 소명을강조했다.

또한 영적 체험과 소명이 없는 기성 교회와 목회자들을 비판했다. 때문에 기존 교회와의 충돌이 불가피했다. 그래도 이 죄수는 뜻을 굽히지 않

왔다. 그는 '친구들'이라는 이름의 무리
를 이끌고 잉글랜드 전역을 방랑하며 설
교했다. 크롬웰 정부는 이들이 왕당파의
음모에 가담해 정부를 타도하려는 목적
을 가지고 있지 않은지 의심했다. 크롬
웰은 왜 그들이 기존 교회 목사와 충돌
하며 그런 행동을 하는가 하고 물었다.
이 죄수는 이렇게 대답했다.

런던 웨스트민스터 광장의 올리버 크롬웰 동
상, 그는 퀘이커를 비롯한 소수파의 교회에 대
해 관용적인 태도를 보였다.

"선지자와 그리스도와 사도들은 값없
이 전했으며, 값없이 전하지 않는 사
람들을 비난했습니다. 그러한 사람들은 더러운 이익을 얻으려고 설교
하고, 돈을 받고 예언하며, 대가를 받고 설교하는 탐욕과 욕심에 찬 사
람들로 결코 충족함을 누리지 못합니다."(GF. 177)

그의 말을 들으면서 크롬웰은 몇 번이고 옳다고 맞장구를 쳤다. 크롬웰
의 마음속에는 그 죄수가 무죄라는 확신이 더욱 커졌다. 오전 내내 이루어
진 대화에서 그 죄수는 '친구들'에 대해 설명하고, 크롬웰에게 신의 음성
을 듣고 그것에 따라 살라고 진언했다. 그 말에 감동을 받은 크롬웰은 그
가 떠나려 할 때 눈물을 글썽이며 이렇게 말했다.

"우리 집에 다시 오시오. 한 시간만 더 같이 있다면 우리는 좀 더 가까워질 거요."(GF, 177)

크롬웰을 감동케 한 이 죄수는 조지 폭스로, 당시 퀘이커 운동을 이끌었다. 이는 프로테스탄트, 로마 가톨릭교회 그리고 잉글랜드 국교회와는 전혀 다른 제3의 종교 운동이었다. 퀘이커라는 말은 치안판사 베네트가 조지 폭스와 그를 추종하는 사람들을 향해 비꼰 말에서 유래했다. 베네트는 하나님의 말씀을 접하면 몸을 떨게 되리라던 폭스의 말을 인용해 폭스와 그의 친구들을 '몸을 떠는 사람들'이라는 뜻의 '퀘이커들(Quakers)'이라고 조롱했다.

✠

조지 폭스는 1624년 7월에 청교도 마을인 잉글랜드 중부의 레스터셔, 지금의 페니 드레이튼이라는 곳에서 태어났다. 아버지 크리스터 폭스는 이웃들이 '공정한 크리스터'라 부를 정도로 정직한 사람이었다. 아버지는 방직공으로, 그의 집안은 하층에 가까웠다. 집안 형편으로 볼 때, 폭스가 공식적인 교육을 받을 기회는 없었던 것으로 보인다.

그가 십대 시절, 목회자가 되기를 바라는 친척들의 희망을 뒤로한 채 구두 제조업과 목축업을 겸하는 사람에게서 양치기 생활을 했던 점도 이를 뒷받침해 준다. 그러나 폭스는 글은 쓰고 읽을 줄 알았던 것 같다. 그는 외로운 양치기 생활 동안 종교와 신앙에 대해 많은 생각을 하며 목회자의 꿈을 버리지 못했다. 이때 그는 노아, 아브라함, 야곱, 모세, 다윗을 생각하며 정규적인 제도 교육이 꼭 목회자가 되기 위해 필요한 자격이 아니라고 생각했다. 성서의 위대한 인물들은 양치기 생활을 하면서도 훌륭한 목회자가 되었기 때문이다.

그러나 그는 목회자가 되기에는 아직 확고한 신앙을 가지지 못했다. 당시에는 로마 가톨릭, 잉글랜드 국교도, 청교도들이 서로 나뉘어 싸움하고 있었고, 그 틈을 타 분파적인 교회들도 생겨나 무척이나 혼란스러운 상황이었다. 이런 상황에서 진정한 신앙에 대한 그의 고민은 커져만 갔다. 18세 때 정말 어느 것이 진정한 신앙인지를 알아보기 위해 집을 떠난 이후 수많은 사람과 목회자를 찾아다녔지만 실망만 안고 돌아왔다. 그때의 심정을 그는 이렇게 회고했다.

"내 몸은 그야말로 슬픔과 고통과 괴로움으로 메말라 있었고, 그러한 고통들이 너무 커서 차라리 태어나지 말거나 장님으로 태어나 사악하고 허망한 것들을 보지 않게 되거나, 귀머거리로 태어나 헛되고 나쁜 말이나 주님의 이름을 욕되게 하는 말들을 결코 듣지 않기를 바라는 게 나을 것 같았다."(GF. 65)

폭스는 이제 다른 사람이나 글의 도움을 받지 않고, 하나님과 그리스도만을 바로 알고자 했다. 어떻게 하면 하나님을 온전히 알 수 있을까? 사람들이 성서를 읽기는 했으나, 하나님과 그리스도에 대해 제대로 안 것일까? 폭스는 오랜 고민 끝에 성서를 읽는 것만으로는 충분하지 않으며, 성령이 함께해야 성서를 올바로 알 수 있음을 깨달았다. 그 이유를 그는 나중에 이렇게 설명했다.

"하나님께서는 하나님의 영을 통해 성서를 주셨습니다. 선지자들과 사도들이 배웠던 것처럼 하나님과 그리스도를 알기 위해서는 모든 사람이 자기 안에 있는 하나님의 영께로 나아가야 합니다. 바로 그 영으로 말미암아 모든 사람이 성서를 바로 알 수 있을 것이다."

그는 어떻게 이런 깨달음을 갖게 된 것일까? 그가 이런 종교적 깨달음을 갖게 된 것은 주께서 그의 마음을 열어 주시어 된 일이라고 다음과 같이 고백했다.

"그리스도와 하나님에 대해 성서에서 읽기는 했어도 하나님을 알지 못했으나 이제 계시를 통해 열쇠를 가지신 분이 그 문을 여셨으며, 생명의 아버지이신 하나님께서 성령을 통해 하나님의 아들이신 그리스도께로 나를 인도하셨다."(GF. 72)

폭스는 이런 깨달음을 얻고 난 뒤, 1643년에 가족과 친구와의 관계를 청산하고 진리를 전파하기 위한 영적 방랑을 시작했다. 그러면서 영적인 열림의 체험을 한 다른 사람들을 열심히 찾아다녔다. 그러나 안타깝게도 그가 볼 때 그들은 그런 체험을 말할 수 있을 정도의 참된 신자가 아니었다. 그는 자신의 체험을 나눈 뒤 자신의 처지를 이해해 줄 사람이 하나도 없다는 것을 알게 되어 실의에 빠졌다. 그때 어떤 목소리가 들려왔다.

"한 분, 한결같은 예수 그리스도가 계시니, 그분만이 네 처지를 말해 줄 수 있다."(GF. 71)

그는 이 음성을 듣고 너무 좋아서 깡충깡충 뛰었다. 그는 1646년에 체험한 이 음성을 '내적인 빛'이라 표현했다. 그는 '내적인 빛'을 '그리스도의 신령한 빛'으로 설명하고, '내적인 빛'에 따라 살 때 타락 전의 아담처럼 하나님의 형상을 완전히 회복한 온전한 생활을 할 수 있다고 주장했다. 폭스는 '내적인 빛'에 의한 영적 각성 후 진리를 전파하기 위해 전국을 돌기 시작했다.

그는 시장에서도, 설교가 끝난 교회에서도 설교했다. 그는 설교를 통해 성령의 감동을 받으면 남녀를 불문하고 모두 목회자가 될 수 있다고 주장했다. 옥스퍼드나 케임브리지에서 공부해야만 목회자가 되는 것이 아니라 목회자에게 중요한 것은 영적인 체험과 소명이라는 것이 그의 생각이었다. 폭스는 교회를 돈벌이로만 생각하는 직업적인 목회자들을 부정했다. 그는 돈벌이로 이용되는 교회를 영은 없고 건물만 있는 '뾰족집'이라 불렀다.

"목사들의 세상적인 생각은 내 삶에 상처가 되었다. 그래서 사람들을 뾰족집으로 불러들이는 종소리가 듣기 괴로웠다. 그것은 목사들이 자신의 상품을 팔기 위해 사람들을 불러 모으는 시장의 종소리처럼 들렸다. 최고의 주교에서 가장 낮은 사제에 이르기까지 성서를 팔아, 설교를 해 벌어들인 그 엄청난 돈이란! 세상에 어떤 장사와 비할 수 있겠는가?" (GF, 91)

브라운이라는 사람은 임종 때 폭스가 주님의 도구로 쓰이게 될 것이라고 예언했다. 믿지 못한 사람도 있었지만, 사람들은 브라운의 장례식에서 본 폭스의 변화된 용모에 깜짝 놀랐다. 폭스는 일기에서 이때 자신이 용모도, 마음도 많이 바뀌었다고 적어 놓았다. 그가 이렇게 변화한 것은 '내적인 빛'의 체험 때문이었다. 주변의 수많은 신앙고백자와 목회자가 변화된 폭스를 보기 위해 찾아오기도 했다.

✠

폭스는 이런 종교 체험을 한 후, 1647년부터 진리를 전파하러 다녔다. 그와 함께하고자 하는 사람들도 생겨 났는데, 그는 그들을 '친우회' 또는 '친구들'이라고 불렀다. 폭스는 기도하며 전도했다. 그는 성령의 인도 속에 기도했다. 1648년에 맨스필드에서 그가 기도를 마치자 커다란 변화가 일어났다. 그곳에 모인 몇몇 사람이 사도들이 살던 시대의 사람들이 기도할 때처럼 집이 흔들리는 것 같은 경험을 한 것이다.

폭스의 기도 후에 다른 사람이 기도를 했지만 잠잠했다. 사람들은 폭스에게 다시 기도를 부탁했지만, 그는 사람의 의지로는 기도할 수 없다며 거절했다. 사람들은 폭스의 기도 속에 하나님이 동행한다고 느꼈다.

폭스는 진리를 전파하기 위해 잉글랜드 전역을 돌아다녔다. 그는 잉글랜드 전역을 돌기 시작한 초기에 레스터 지역의 어떤 대집회에 갔다가 논쟁에 휘말렸다. 그 대집회는 장로교, 조합교회, 침례교, 국교회 교인이 모두 모인 자리로, 종교 논쟁을 위한 자리였다. 목사들은 설교단에 자리 잡고 설교와 강연을 했다. 설교와 강연이 끝나자 어떤 여성이 설교자에게 이렇게 질문했다.

"'너희가 성서에 거듭난 것은 썩지 아니할 씨로 된 것이니 하나님의 살아 있고 항상 살아 있는 말씀으로 되었느니라.(벧전 1:23)'라고 쓰여 있는데, 이 말은 어떤 뜻입니까?"(GF. 80)

이에 설교자는 당황한 듯 대답했다.

"나는 교회에서 여자가 말하는 것을 허락하지 않습니다."(GF. 80)

조지 폭스는 이 대답이 모순되었다고 느꼈다. 그 설교자는 교회에서는 "누구든 말할 수 있다."라고 설교했기 때문이다. 폭스는 이 여성의 입을 막은 목사에게 질문했다.

"목사님, 당신은 이 뾰족집(steeple-house)을 교회라고 생각하십

338

니까? 아니면 여기 함께 섞여 있는 군중들을 교회라고 생각하십니까?"(GF. 80)

폭스는 교회에서는 누구든지 말할 수 있다고 생각했다. 따라서 목사에게 교회의 본질에 대해 물은 것이었다. 목사는 대답하지 못했다. 그 대신 폭스의 의견을 물었다. 폭스는 이렇게 대답했다.

"교회는 살아 있는 돌, 곧 살아 있는 사람들로 구성된 영적인 집으로 진리의 기둥과 초석이 되는 곳입니다. 그리스도께서 머리가 되는 곳이지만, 그리스도께서는 섞여 있는 군중의 머리도 아니시며 석회나 돌이나 나무로 만든 오래된 집의 머리가 되시는 분이 아닙니다."(GF. 80)

폭스가 이렇게 말하자 장내가 소란스러워졌다. 당황한 목사는 설교를 중단하고 설교단에서 내려가 버렸고, 사람들도 따라 나가 버려 결국 대집회가 중단되었다. 호텔로 돌아와서도 폭스는 흥분한 목사와 교인들과의 논쟁에 시달려야 했다. 그러나 그의 대답은 완고했다. 참된 교회의 머리되시는 분은 그리스도이며, 그분을 따라야 한다는 것이었다.

폭스는 이 일이 있은 후 대성당이나 집회 장소에 대해서는 뾰족집이라 불렀고, 드물게 '영적인 신앙 공동체'에 한해서만 '교회'라 했다. 폭스 이후로 퀘이커들은 자신들이 모여 예배드리는 곳을 '모임집(meeting-house)'이라 불렀다.

스와스모어 홀. 조지 폭스의 부인 마거릿 펠은 자신이 살던 집을 퀘이커교도들의 집회 장소로 내놓았고, 이곳은 퀘이커교의 본부가 된다.

폭스는 계속해서 진리를 전파하러 다녔다. 이 시기는 정치적 혼란기였다. 정치적인 의도는 없었지만, 그의 설교는 민감한 정치적 내용을 건드렸다.

그는 신약성서와 내적인 빛에 따라 성도에게 검소한 의식주 생활을 권하고, 어떠한 맹세나 무력의 사용, 군대 입대를 금하며, 전쟁은 불법적인 것이고, 노예 제도는 정의롭지 않다고 설교했기 때문이다.

폭스가 맨스필드에 있을 때였다. 그곳에서 노예에 관한 재판이 벌어졌다. 그는 노예를 학대하지 말라는 주의 말씀을 듣고, 재판관을 찾아갔다. 재판관들은 많은 노예와 함께 있었다. 그는 재판관에게 노예들을 학대하지 말고 오직 옳고 공정하게 그들을 대우하라고 권고했다. 노예들에게도 자신의 의무를 다하고 정직하게 주인을 섬기라고 충고했다. 놀랍게도 재판관들은 그의 말을 들어 주었다.

그는 이것이 모두 예수 그리스도가 이끄셔서 그렇게 된 것이라고 믿었다. 그는 이 일이 있고 난 뒤 몇몇 법정과 뾰족집을 찾아다니며 노예에 대한 억압과 서약 제도를 중단하고 주님의 말씀에 따라 올바르게 행할 것을

340

경고했다. 그의 설교와 기도는 사람들의 마음을 변화시키는 놀라운 힘이 있었다. 그의 설교를 들은 사람 중에는 노예의 주인이자, 유명한 술꾼이며, 악명 높은 포주이자 악독한 사기꾼이 있었다. 설교가 끝난 뒤 그는 폭스의 뒤를 쫓아갔다. 폭스가 놀라자 그는 이렇게 말했다.

"당신의 이야기를 듣고, 세차게 얻어맞은 것 같아 지금 내 몸에는 아무런 힘도 남아 있지 않소."(GF. 83)

믿기지 않겠지만, 이 일이 있고 난 후 이 악독한 사람은 정직하고 착실한 사람이 되었다. 이만큼 폭스의 설교는 사람들을 움직이는 힘이 있었다. 그 힘은 사람들의 내면에 자리 잡은 '내적인 빛'에서 나왔다. 폭스는 설교와 기도를 통해 사람들 가슴속에 꺼져 있던 그 빛을 점화시켜 타오르게 했다.

폭스의 진리 전파는 성공적이었다. 그러나 당시는 심각한 정치적 혼란의 시기였기 때문에 그의 행동과 설교는 반란을 목적으로 하는 것으로 오해를 받았다. 폭스는 1649년에 노팅엄의 한 교회에서 성령이 모든 권위의 길잡이라고 설교하다가 처음으로 투옥당했다. 특히 맹세를 거부하는 그의 행동은 커다란 논란거리였다.

잉글랜드 정부에서는 1662년에 〈퀘이커교도라고 하는 특정한 사람이나 맹세하기를 거절하는 사람들이 일으킬 수 있는 사고나 위험을 막기 위한 법률안〉을 통과시켰다. 이 법은 맹세를 거부하거나 다른 사람에게 맹세를 하지 못하도록 설득하는 행위는 불법이며, 하나님의 말씀과는 맞지 않는 것이라고 선언했다. 재판관들은 폭스에게 잉글랜드 국왕의 주권과 그에 대한 충성을 승인하는 맹세를 강요했다. 그러나 폭스는 "평생 한 번도 맹세를 한 적이 없으며, 약속이나 계약을 맺은 일도 없다."라고 말하며 맹세를 거부했다. 폭

퀘이커 총회에서 여성이 설교하는 모습

스가 맹세를 거부하는 이유는 매우 분명했다.

"나는 맹세하는 것이 아닌 진리와 신뢰할 수 있는 것에 충성합니다. 나는 모든 사람을 존중하는데 하물며 왕이라면 더 말해 뭐하겠소! 그러나 그리스도께서는 맹세하지 말라 하셨습니다. 제가 지금 그리스도의 말을 따라야 하겠습니까, 아니면 당신의 말을 따라야 하겠습니까?"(GF. 343)

결국 폭스는 수감되었다. 그는 1649년부터 1673년 사이에 무려 8년 동안 구금을 당했다. 그는 타협적인 사람이 아니어서 성서 말씀과 '내적인 빛'에 따라서만 움직였다. 그만큼 그는 순수했다. 그 덕분에 폭스는 여러 차례 투옥되었다. 하지만 퀘이커 교리를 전파하는 일은 멈추지 않았다. 가난한 서민 계층에서부터 시작한 퀘이커 운동은 귀족들을 포함한 사회전 계층으로 퍼져 나갔다. 이렇게 될 때까지 열성적인 퀘이커교도들의 헌

신적 도움이 있었다.

가장 헌신적인 사람은 퀘이커교의 어머니로 불리는 마거릿 펠이었다. 그녀는 폭스의 설교를 듣고 열성 퀘이커교도가 되었다. 그녀는 친우회(the Religious Society of Friends)의 초기 멤버가 되어 퀘이커교 최초의 여성 설교자이자 전도자로 활약했다. 1652년에 폭스가 얼버스틴 교회에서 예배를 방해한 일로 체포될 위기에 놓이자 그를 숨겨 주기도 했다. 그녀 자신도 서약 거부와 집회령을 어기고 집에서 집회를 열었다는 죄목으로 1664년에 투옥되어 오랜 옥고를 치렀다.

1668년에 석방될 때까지 그녀는 옥중에서 종교 팸플릿과 서한들을 썼다. 그녀가 쓴 유명한 작품은 성서에 기초해 여성 사역을 주장한 《정당한 여성의 발언》이었다. 이 글은 17세기의 여성 리더십·남녀 평등과 관련한 중요한 텍스트 중 하나이다. 그녀는 이 글에서 영적 평등이라고 하는 퀘이커 교리의 기본 전제에 기초해 성적 평등을 주장했다. 그녀는 하나님은 모든 인간 존재를 창조했고, 따라서 여성과 남성은 내적인 빛을 소유할 뿐 아니라 선지자가 될 능력을 갖고 있다고 믿었다. 그녀는 남편과 사별하고 난 뒤 1669년에 폭스와 결혼했다.

✖

폭스는 퀘이커교도의 수가 불어나자 조직의 필요성을 느꼈다. 그는 1653년부터 60명 이상의 선교사를 잉글랜드 전역에 보내 퀘이커 공동체를 조직하기 시작했다. 1654년에 런던, 브리스톨, 노르위치에 지회가 만들어졌다. 또한 퀘이커교도들은 1656년에 대서양을 건너 미국의 매사추

세츠로 가서 퀘이커 교리를 전파했다. 그러나 그들은 그곳에 먼저 와 있던 뉴잉글랜드의 청교도들과 충돌했다. 퀘이커교도들은 성령의 직접적인 영감을 주장했고, 영감을 받은 사람은 모두가 설교자라고 주장했다. 청교도들이 볼 때 그들의 주장은 주관적이며 과격했다. 청교도들은 그들을 이단으로 간주해 경고했다. 이단을 영혼을 죽이는 사상으로 여겼기 때문이다. 퀘이커교도들은 경고에도 불구하고 말을 듣지 않았고, 결국 추방을 당했다. 추방에 불복할 경우 사회 선동죄로 처형될 수 있었다. 퀘이커교도들은 추방을 당했지만, 다시 들어와 그들의 교리를 전파했다. 뉴잉글랜드의 청교도들은 그들이 사회의 법을 무시한다는 죄명으로 퀘이커교도 4명을 처형했다. 퀘이커교도들은 왜 그런 희생을 감수한 것일까? 그들은 그 일이 자신이 시켜서 한 일이 아니라, 하나님이 시켜서 한 일이라 믿었기 때문이다.

그즈음 본토의 퀘이커교도들은 또다시 심각한 위기를 맞고 있었다. 1660년에 찰스 2세가 귀국해 왕위에 올랐기 때문이다. 찰스 2세는 크롬웰에 의해 참수당한 찰스 1세의 아들이다. 그러니 찰스 2세가 어떤 종교 정책을 펼칠지 불 보듯 뻔했다. 그는 다시 국교회 정책을 폈고 폭스는 1660년에 구속되었다. 나라를 어지럽히고, 국왕의 원수인 동시에 퀘이커 당의 강력한 지지자이자 광신

윌리엄 펜, 해군제독의 아들로 미국의 퀘이커교 확장에 커다란 역할을 했다.

자라는 혐의였다. 폭스는 이 혐의에 대해 반박하는 글을 국왕 찰스 2세와 의회 앞으로 보냈다.

"나는 국왕의 원수가 된 일이 없을 뿐 아니라 이 땅 위에 사는 어느 누구와도 원수가 된 일이 없습니다. 나는 모든 율법을 완성하는 사랑 안에 삽니다. 사랑은 악한 것을 생각하지 않으며 원수까지도 사랑하는 것입니다. 찰스 왕이 구원받아서 진리에 관한 지식을 알아 주님을 경외하게 되어 모든 것을 만들고 지어 내신 하늘로부터 내려오는 지혜를 받아들인다면, 국왕은 모든 것이 하나님의 영광을 향하도록 명령할 수 있을 것입니다."(GF. 208)

폭스는 이후에도 찰스 2세에게 편지를 보내 용서와 자비를 베풀라고 간청했다. 찰스 2세는 폭스가 군사적 반란이나 정치적 야심이 없다는 것을 안 후, 감금 20주 만에 그를 석방했다. 또한 폭스의 말에도 귀 기울여 크롬웰 치하에서 감금되었던 700명의 퀘이커교도를 풀어 주었다. 그러나 퀘이커교도들은 찰스 2세에 의해 또다시 탄압을 받았다. 극단적 청교도 분파인 제5왕국파가 1661년 1월에 일으킨 무장봉기 때문이었다. 이 일로 찰스 2세는 모든 종교 분파와 비국교도를 탄압하기 시작했다. 퀘이커교도도 예외는 아니었다.

찰스 2세는 1662년에 〈통일령〉을 내려 국교회를 따를 것을 명령했다. 이어 1664년에 또다시 〈제1집회령〉을 내려 사적으로 5인 이상이 모여 예배하는 것을 금했다. 그리고 선서를 거부하는 사람을 처벌하는 〈비밀집회법〉을 제정했다. 정부의 탄압이 있었지만, 퀘이커교도들은 공개적인 모임을 중단할 수 없었다. 또한 성서 말씀을 따라야 하기에 맹세나 서약을 할 수도 없었다. 결국 그들은 가혹한 탄압을 그대로 받아야 했다. 1661년에 〈통일령〉을 어긴 3,170명 이상의 퀘이커교도가 투옥되었다. 그중 400여 명이 옥중에서 죽었고, 살아남은 자들은 벌금형을 받아 파산했다.

폭스는 가혹한 시련에도 굴복하지 않았다. 시련은 사람을 단련시키고, 단단하게 만들었다. 폭스는 시련에 굴복하지 않으려면 퀘이커교도들을 더욱 단련시켜야 한다고 생각했다. 그는 이미 있던 사계회(quarterly meeting)와 월례회(monthly meeting)를 조직해 전국의 친우회원들을 훈련시켰다. 폭스는 전국을 다니며 퀘이커 조직을 다졌다.

그는 그 과정에서 기존 국교회와 마찰을 빚거나 서약을 거부해서 여러 차례 투옥되었다. 출옥한 뒤에도 그는 계속해서 집회 여행을 떠났다. 투옥과 집회 여행을 반복하던 그는 결국 몸이 극도로 쇠약해져 일시적으로 눈과 귀가 멀기도 했다.

그는 새로운 개척지인 아메리카에 대해서도 관심을 쏟았다. 탄압이 뜸해지자 1671~1673년에 서인도의 바베이도스, 자메이카, 메릴랜드, 뉴저지, 롱아일랜드, 로드아일랜드를 방문했다. 그는 광대한 북아메리카의 지역을 찾아다니며 집회를 열어 친우회원들을 격려했

조지 폭스의 표식. 번힐 필즈 묘지 근처에 조지 폭스를 기리는 표식이 세워져 있다.

다. 퀘이커교가 신대륙에 정착하기까지는 해군제독 윌리엄 펜 경의 아들인 윌리엄 펜의 역할이 컸다. 그는 1666년에 퀘이커로 개종하여 신대륙에 퀘이커 정착지를 건설할 것을 결심했다. 그는 1677년과 1678년에 약 800명의 퀘이커를 뉴저지로 보냈다. 이후 1681년에 찰스 2세로부터 펜실베니아를 불하받았다. 찰스 2세가 그의 부친에게 진 빚 대신에 그 땅을 불하해 준 것이다. 1682년에 퀘이커교도들은 그곳에 '형제애의 도시'라는 뜻의 필라델피아를 건설해 퀘이커 도시를 만들었다.

1683년에 폭스는 또다시 체포되었다가 풀려났다. 그의 건강은 더욱 악화되었으나 계속해서 런던 집회에 참여했고, 종교적 핍박에 대해서 의회에 항의했다. 1685년에 찰스 2세가 죽고 새로운 왕 제임스 2세가 즉위했다. 제임스 2세는 가톨릭교도였다. 그는 가톨릭교를 부활시키기 위해 비국교도에 대한 종교 관용 정책을 폈다. 덕분에 약 1,500명의 친우회 회원이 풀려날 수 있었다. 그러나 그가 가톨릭 복고를 꾀하고 절대주의적 경향을 강화하자 개신교도들로 구성된 의회는 1688년에 명예 혁명을 일으켰다. 제임스 2세는 프랑스로 망명했고, 개신교도인 네덜란드의 윌리엄과 메리가 공동으로 왕위에 올랐다. 명예 혁명 뒤 1689년에 〈관용령〉이 공포되었다.

〈관용령〉은 비국교도들도 자유롭게 예배를 드릴 수 있다는 내용을 담고 있었다. 이제 퀘이커교도들은 자유롭게 예배를 드릴 수 있게 되었다. 조지 폭스가 원했던 집회의 자유와 신앙의 자유가 보장된 것이다. 그러나 폭스는 관용령이 선포된 지 2년이 채 못 된 1691년 1월 13일에 사망했다. 그는 런던의 퀘이커 집회에 참석하고 그날 저녁에 사망했다. 임종 시 그는 짧은 말을 남겼다.

"나는 결백하다. 나는 완전히 결백하다."

그의 시신은 번힐 필즈 가까운 곳에 있는 묘지에 안치되었다. 조지 폭스는 하나님과의 떨리는 만남을 가져 보지 못한 채 생계를 위해 '뾰족집'에서 직업적으로 설교하던 목회자들에게는 커다란 도전이었다. 그가 주장한 퀘이커교 교리는 분명 주관적이고 신비주의적인 색채가 짙다. 성서 말씀에 의해 뒷받침되지 않는다면, 그것은 주관적 황홀경에 매몰되거나 광신으로 빠질 수도 있다. 그러나 아무리 열심히 교회를 다닌다고 해도 하나님과의 떨리는 만남이 없다면 그것 또한 죽은 믿음이 아닌가.

존 로크

John Locke

1632~1704, 영국 출생
근대 정치철학의 교과서인 《통치론》 집필
《관용에 관한 편지》에서 관용 강조

존 로크의 초상화(Sir Godfrey Kneller 작,
1697), 말년의 존 로크의 모습이다.

종교의 자유와 관용을
설파하다

"제아무리 모두가 정통 신앙을 (각자에게는 자신의 신앙이 정통일 것이므로) 크게 자랑한다 해도 그들이 내세우는 이러저러한 주장들은 그리스도가 세운 교회의 표식이 아니라, 인간이 권력과 지배를 둘러싸고 경쟁함을 보여 주는 것일 수 있습니다. 이 모든 것을 누군가 소유하고 있어도, 만약 자비와 온순과 호의를 세상 모든 사람에게는커녕, 같은 그리스도교 신앙을 고백하는 사람들조차 결여한다면, 그 사람은 아직 그리스도인이 아닙니다."[1]

존 로크는 《관용에 관한 편지》의 첫머리를 이렇게 썼다. 그는 잉글랜드

---

1 존 로크, 《*Epistola de Tolerantia*》, London Oxford University Press, 1968 ; 공진성 역, 《관용에 관한 편지》, 책세상, 2008, 15쪽

의 혼란한 정치적 상황이 정부와 종교인들의 종교적 편협함에 원인이 있다고 보고 이를 질타했다. 이 편지를 쓸 때, 그는 반란과 국왕 암살 음모 사건에 연루되어 네덜란드에 망명 중이었다.

1683년 6월 21일, 찰스 2세는 자신과 자신의 동생이자 왕위 계승자인 제임스에 대한 암살 혐의로 급진파 휘그당원들에 대한 체포 명령을 내렸다. 급진파 휘그당원들의 지도자인 섀프츠베리 백작(Earl of Shaftesbury, 1621~1683)은 반란죄로 기소되기 전에 이미 네덜란드로 도주했다. 섀프츠베리의 측근인 존 로크도 체포 명령이 내려지기 전에 황급하게 런던을 떠나야 했다. 그는 두 달간 웨스트 컨트리에서 머물다가 돈을 마련해 네덜란드로 떠났다. 로크가 네덜란드로 망명하자 찰스 2세는 크라이스트 처치 칼리지가 로크에게 주던 장학금을 중단시켜 버렸다. 다음해에 잉글랜드 정부는 유럽에 지명 수배한 84명의 반역자 명단에 로크의 이름을 올렸다.

✠

존 로크는 잉글랜드 근대 경험론의 아버지처럼 불린다. 또한 그는 개인의 생명, 자유 그리고 재산권 등을 주장해 인권과 시민권의 이론적 정초자로 불린다. 그런 그가 어떤 연유로 잉글랜드 국왕과 왕위 계승자에 대한 암살 음모에 휘말린 것일까?

일의 발단은 왕의 동생이자 왕위 계승자인 요크 공 제임스가 〈심사율(Test Act)〉에 따라 선서하기를 거부한 데서 비롯했다. 찰스 2세는 태양왕이라고 불린 프랑스의 루이 14세와 비밀 조약을 맺어 때가 되면 가톨릭으로 개종할 것과 잉글랜드 전체를 함께 개종시킬 것을 약속했다. 실제로 1672년에 그는 〈신앙 자유령〉을 반포해 가톨릭과 비국교회 신교도들에게 관용을 허락했다. 그 덕분에 《천로역정》의 저자 존 버니언이 감옥에서 풀려나기도 했다. 그러나 1673년에 찰스 2세가 루이 14세와 맺은 비밀 조약의 내용이 폭로되자 찰스 2세는 〈신앙 자유령〉을 철회할 수밖에 없었다. 왕을 믿지 못한 의회는 1673년에 〈심사율〉을 제정하여 정부 관직과 군대 지휘관직을 맡는 사람은 국교도여야 함을 명시했다. 그러자 요크 공 제임스는 해군 총사령관 자리에서 사임했다. 자신이 가톨릭교도임을 드러낸 것이다. 잉글랜드 의회는 그의 태도에 분노했다. 의회는 잉글랜드의 국왕이 잉글랜드 국교회의 수장이므로 국교도가 아닌 사람은 왕위를 계승할 수 없다고 주장했다. 이 주장은 가톨릭교도인 제임스를 왕위 계승에서 배제해야 한다는 것을 의미한다.

1679년에 찰스 2세는 의회를 해산하고 새로운 선거를 실시했다. 이 선거에서 왕에게 충성하는 궁정당을 누르고 가톨릭교도인 제임스를 왕위 계승에서 배제하는 정책을 지지하는 국가당이 절대 다수로 승리했다. 선거에서 국민은 국왕에 대항해 반가톨릭 정서를 드러냈다. 국민은 로마 가톨릭교의 회복을 전제 정치의 귀환으로 생각했다. 새롭게 구성된 의회에서 가톨릭교도의 왕위 계승 배제 법안을 토의하기 시작하자 찰스 2세는 법이 통과되기 전에 의회를 해산시켜 버렸다.

이 새로운 선거에서 휘그와 토리라는 용어가 쓰이기 시작했다. 원래 '휘그'와 '토리'라는 말은 제임스의 왕위 계승을 두고 의회 내 찬성파와 반대파 간에 주고받은 경멸적인 말이었다. 휘그는 스코틀랜드 게일어에서 유래한 '말 도둑'이라는 단어였다. 이 말은 비국교도, 반란 등을 내포하기도 해서 왕위 계승권 배제파에게 비하조로 사용되었다.

토리는 아일랜드어로 '산적들'로, 불법적인 가톨릭교도를 뜻했다. 가톨릭교도인 제임스의 왕위 계승권을 지지하는 사람들을 비하조로 그렇게 불렀다. 토리는 제임

새프츠베리 백작의 모습. 앤서니 애슐리 쿠퍼는 나중에 새프츠베리 백작이 되었고, 로크는 간종양 제거 수술로 그의 목숨을 구해 주면서 주치의가 된다.

스의 왕위 계승을 지지하지만, 그들은 국교회 신봉자들이며, 가톨릭을 지지하지 않았다.

가톨릭교도인 동생을 국왕으로 삼고자 하는 찰스 2세에 대해 휘그당들이 문제를 제기했다. 휘그당의 지도자인 새프츠베리는 영국 역사에서 최초로 휘그당이라는 정당을 만든 사람이다. 그는 보수주의적 토리당에 반대해 왕권의 제한과 개신교적 자유 교회의 권리를 옹호하기 위해 적극적으로 활동했다. 로크는 새프츠베리의 주치의이자 최측근이었다. 그는 간종양 제거 수술을 통해 새프츠베리의 목숨을 구해 주었다. 새프츠베리는 그런 로크를 국가 서기관으로 추천해 잉글랜드의 정치 현실에 참여할 수 있도록 도움을 주었다. 로크는 정치적 후견자이자 든든한 지원자인 새프

츠베리를 도와 휘그당들의 견해를 이론화했고 그에 대해 철학적인 기초를 제공했다. 로크는 권력은 사회적 행복과 만인의 평화를 위한 목적을 지닌 것으로서, 왕에게 독점적으로 부여된 것이 아니라는 점을 강조했다. 또한 의회를 자의적으로 무력화할 수 있는 월권을 행사하는 가톨릭 왕은 공공의 평화를 파괴하고, 더 나아가 내전을 불러올 수 있다고 주장했다. 이런 이유로 그는 왕은 정당성을 결여했다고 내세웠다.

토리당 쪽에서도 가만히 있지 않았다. 그중 존 필머(John Filmer)는 1680년에 발간한 《족장론》에서 왕권은 〈구약성서〉에서 하나님이 아담에게 주었던 부계적 권력에서 그 정당성을 찾을 수 있다는 점을 증명하려 했다. 그에 따르면 정치 권력은 '가부장제'에 그 뿌리가 있다. 정치 권력은 하나님의 선물이요, 그것의 권한은 무제한이다. 아담은 정치 권력을 그의 후손에게 넘겨주었다. 군주들이 바로 그들에게 속한다. 국가는 왕이 정점에 있는, 가족보다 더 커다란 조직 형태이다. 국가의 신하는 가족의 구성원이 아버지에게 하듯이 왕에게 충성해야 한다. 필머의 저서는 토리당원들 사이에서 아주 높은 대중적 인기를 끌며 휘그당원들에 맞서는 이론적 무기로 사용되었다.

존 로크는 필머의 이론을 반박하기 위해 《통치론》 1부를 집필했다. 그 책에서 로크는 아담에게 하나님이 그런 가부장적 통치권력을 주었다는 성서 구절도 없으며, 또한 현재의 군주가 아담에서부터 이어져 내려온 통치자인지 알 수 없다고 비판했다. 이 책은 필머에 대한 비판뿐 아니라 혁명의 정당화도 포함하고 있다. 그것은 정당하지 못한 왕권의 전복에 대한 철학적 근거를 담고 있었다. 1682년 7월에 런던의 치안판사 선거에서 압도적으로 다수의 토리당 사람이 선출되었다. 섀프츠베리는 불리한 정세를 간파하고 런던 외의 잉글랜드 곳곳에서 반란을 일으키려 했다. 그는 즉각적 무장 봉기를 주장했지만 거사를 함께 계획한 사람들의 우유부단함 때문에 무장 봉기는 몇 차례나 연기되었다.

제임스 2세의 초상화(Peter Lely 작)

그러던 1682년 9월, 섀프츠베리와 그의 추종자들이 무장 봉기 대신 찰스 2세와 제임스를 암살하려는 음모를 계획했다. 섀프츠베리는 찰스 2세가 병이 들어 자리에 눕자, 왕이 죽으면 의회를 설득해 제임스가 왕위 계승을 못하도록 논의했다. 그렇게 해서 가톨릭교도가 왕이 되는 것을 막고자 했다. 그러나 왕은 회복되었고, 그러한 일은 허사가 되었다. 섀프츠베리는 개신교 목사로 위장하고 네덜란드로 도주해야만 했다. 몇 달 뒤 그는 그곳에서 사망했다. 섀프츠베리가 죽고, 잉글랜드에서는 1685년에 가톨릭교도인 제임스 2세가 즉위했다. 즉위 후 그는 가톨릭을 부활하고 전제 정치를 강화했다. 국민들과 그를 지지하던 토리당들도 제임스에게서 등을 돌리기 시작했다. 네덜란드로 망명한 로크는 그곳에서 조용히 혁명의 이론을 다듬고 있었다.

"정부의 목적은 인류의 복지이다. 그렇다면 인민이 항상 폭군의 무제한 적인 의지에 신음하는 것과 통치자가 권력을 방만하게 행사할 때 그리고 권력을 인민의 재산을 보존하기 위해서가 아니라 파괴하기 위해서 사용할 때 종종 저항하는 것 중 과연 어느 편이 인류에게 최선인가?"[2]

로크가 《통치론》에서 전제에 대한 혁명을 정당화하면서 한 말이다. 흔히 로크의 《통치론》은 명예 혁명을 옹호하고, 잉글랜드 정치를 지배하게 된 휘그당의 원칙을 정당화하기 위해 저술된 것으로 인식되어 왔다. 그러나 로크는 명예 혁명 전부터 《통치론》을 써 왔다. 로크의 《통치론》은 사실상 제임스 2세를 겨냥한 것이다. 로크는 가톨릭교도인 요크 공 제임스를 왕위 계승에서 배제시키려는 섀프츠베리를 이론적으로 지지하려는 의도에서 《통치론》을 집필했다. 그러나 섀프츠베리의 국왕 암살 음모가 탄로나자 로크는 생명의 위협을 느끼고 네덜란드로 도피하는 바람에 《통치론》을 출간할 수 없었다.

제임스 2세는 최대의 정적 섀프츠베리가 망명지 네덜란드에서 죽자 의회를 자신을 지지한 다수의 토리당원으로 채웠다. 그러나 가톨릭교도인 제임스 2세와 잉글랜드 국교도인 토리당원들은 심각한 갈등을 빚었다. 제임스 2세는 이른바 종교적 자유를 내세우면서 〈심사율〉을 무시했다. 〈심사율〉이란 잉글랜드 국교회 신자가 아닌 사람은 공직에 임명될

---

2 존 로크, 강정인 외 옮김, 《통치론》, 1996, 215쪽

수 없도록 해서 사실상 가톨릭교도의 공직 취임을 배제한 것이다. 제임스 2세는 심사율 폐지를 의회에 제출했다가 부결되자 왕권으로 심사율 폐지를 선언했다. 그렇게 해서 그는 로마 가톨릭 신자들을 관리로 채용했고, 정치에 참여할 수 있도록 했다. 제임스의 심사율 폐지에 대해 토리당이 지배하는 잉글랜드의회는 잉글랜드 국교회를 붕괴시키는 행위로 간주했다.

제임스 2세는 갈수록 전제 군주의 모습을 노골적으로 드러냈다. 그는 의회의 반대에도 불구하고 절대 왕권을 구축하기 위해 많은 로마 가톨릭 신도를 포함한 상비군을 구성했다. 이 상비군으로 스코틀랜드에서 찰스 1세의 서자인 몬머스 공작이 일으킨 반란을 무자비하게 진압했다. 1688년에 제임스 2세는 잉글랜드의 모든 교회에서 종교 양심의 자유 선언을 낭독하라는 칙령을 반포했다. 이것은 실제로 가톨릭교를 인정하라는 포고였다.

캔터베리 대주교 윌리엄 샌크로프트와 6명의 주교가 이에 반대했다가 런던탑에 수감되었다. 1688년 4월에 재혼한 이탈리아 출신의 가톨릭교도 왕비 마리 모데나가 아들을 낳자 의회와 잉글랜드인의 불안은 최고조로 달했다. 대립하던 토리당과 휘그당은 잉글랜드에 가톨릭 왕국이 세워질지도 모른다는 위기 의식을 느끼고는 동맹을 맺어 국왕에 맞섰다. 잉글랜드 의회는 제임스 2세의 왕위 계승자인 그의 딸 개신교도 메리와 남편 윌리엄에게 몇 차례 초청장을 보냈다. 윌리엄은 제임스 2세의 조카이자 사위였다.

제임스 2세의 전횡으로 인한 잉글랜드의 불안정한 상황은 네덜란드에 망명해 있던 로크에게는 정치적으로 재기할 수 있는 좋은 기회였다. 그는 네덜란드 사람인 오렌지 공 윌리엄을 잉글랜드 왕으로 옹립하려는 거사에 참여했다. 1688년 11월 5일, 윌리엄 오렌지 공은 거사를 결심하고 '자유로운 의회와 신교 보

오렌지 공의 영국 상륙(William Miller 작, 1852), 영국 의회의 요청으로 영국을 공격하러 온 오렌지 공이 영국 해안에 상륙하고 있다.

호'라는 구호 아래 런던으로 진격했다.

제임스 2세는 자신의 군대만으로 충분하다고 믿고 프랑스 루이 14세의 도움을 거절했다. 프랑스인들에 대한 잉글랜드 국민들의 반발을 우려해서였다. 막상 적이 쳐들어오자 제임스 2세는 혼란에 빠져 수적으로 많은 군대를 가지고도 공격조차 하지 못했다. 런던 시민들이 그에게 지지를 보내지 않은 것도 큰 충격이었다. 결국 제임스 2세는 싸워 보지도 못하고 프랑스로 망명해야 했다. 덕분에 유혈 사태 없이 정권이 바뀌었다. 이것이 잉글랜드인들이 자랑스럽게 내세우는 '명예 혁명(Glorious Revolution)'이었다. 1688년의 명예 혁명이 끝나고 이듬해 2월에 로크는 개인 비서의 자격으로 메리 공주를 수행해 영국으로 귀국했다. 메리 공주는 윌리엄 3세와 더불어 영국의 공동 왕으로 즉위했다.

✠

로크는 1689년 11월경에 《통치론》을 출간했다. 그는 《통치론》에서 전

제 정치를 행하는 권력자의 소환과 국민의 저
항권을 주장했다. 만약 권력자가 법률을 어기
고 전제를 행한다면, 국민은 혁명으로 그를 퇴
위시킬 수 있다.

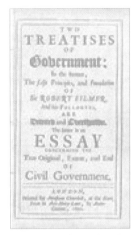

로크의 《통치론》은 근대 정치철학의 교과서
가 되었다. 로크는 이 책에서 자연법, 사회계약
론, 권력 분립론 등을 주장했다. 홉스가 자연 상
태를 만인에 대한 만인의 투쟁 상태로 가정했
다면, 로크는 자연 상태는 완전한 '자유'와 '평
등'이 존재하며 비교적 평화롭다고 가정했다.
자연 상태에서는 자연법이 지배한다.

로크의 《통치론》(1690년판)의 표
지. 표지에는 1690년으로 되어
있지만, 실제 1689년 11월경에
출판된 것으로 알려졌다. 이 책은
프랑스, 미국의 헌법 등에 많은 영
향을 끼쳤다.

이 자연법은 신에게서 나온 것으로, 모든 사
람은 이 자연법을 따라야 한다. 로크가 생각하는 자연법은 생명, 자유, 재
산에 대한 권리이다. 이러한 권리 중에서 가장 관심을 끄는 것은 사유재산
권에 대한 로크의 정당화이다. 자연물은 원래 공공의 것이다. 그러나 그것
에 노동을 가할 경우 그것은 개인의 소유가 된다. 이 소유권은 국가보다
선행하기 때문에 국가에 의해 박탈될 수 없는 것이다. 누구도 이러한 권리
를 침해해서는 안 된다. 로크는 인간을 포함해 신이 창조한 자연을 유지하
는 것이 자연법의 최상의 규칙이라고 보았다. 이 자연법을 따르면 자연 상
태는 자유롭고 평화로울 것이다. 그러나 자연 상태에서 모든 사람은 '자
기 자신이 재판관'이기 때문에 언제든지 만인의, 만인에 대한 투쟁이 일

어날 수 있다. 이러한 투쟁을 방지하기 위해 사람들은 '사회 계약'을 통해 평화와 자기 보존을 목적으로 입법, 사법, 행정의 권리를 국가기구에 양도하게 된다. 국가 권력의 의무는 개인의 자유와 소유를 지켜 주고, 전체의 안녕을 위한 평화 상태를 유지하는 것이다. 로크는 전제적 국가 권력의 위험을 피하기 위해 권력을 상이한 기관에 속하게 하는 권력 분립, 즉 입법부와 행정부의 권력 분립을 주장했다. 입법부는 최고의 권력기관이지만, 법을 만드는 사람이 스스로 그것을 집행해야 하는 것은 바람직하지 않기 때문에 행정부가 따로 기능해야 한다고 보았다. 이런 로크의 권력분립론은 나중에 몽테스키외의 삼권 분립론에 영향을 끼쳤다. 로크가 주장하는 권력 분립론이나 왕의 소환권, 국민의 저항권은 따지고 보면 로크의 독창적인 생각이라기보다 왕권과 의회파 사이의 갈등을 담은 잉글랜드 역사를 반영한 것이라 볼 수 있다. 로크가 네덜란드에서 보낸 약 5년간의 망명 생활은 외롭고 괴로운 고통의 시간이었을 것이다. 그러나 예술가나 사상가들에게 망명 기간은 오히려 집필에 몰두할 수 있는 기간이기도 했다. 단테가 그 기간에 《신곡》을 쓰고, 마키아벨리가 《군주론》을 쓴 것처럼, 로크역시 그 시기에 《관용에 관한 편지》, 《통치론》, 《인간지성론》을 집필했다.

《관용에 관한 편지》는 로크가 종교에 관한 문제를 다룬 서한이다. 그가네덜란드에 있을 때인 1685년 10월, 루이 14세는 낭트 칙령을 완전히 철폐했다. 앙리 4세는 1598년 4월에 낭트에서 프랑스의 개신교도들에게종교의 자유를 허용하는 칙령을 공포했었다. 그러나 루이 14세는 개신교국가 전체를 적으로 삼고, 국내의 개신교도들을 강제로 개종시키려 했다.

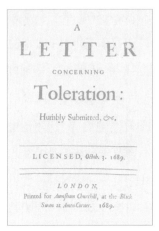
《관용에 관한 편지》(1689)의 표지

낭트 칙령의 폐지를 계기로 유럽의 지식인들 사이에서 종교의 관용에 대한 논쟁이 벌어졌다. 로크는 이에 대해 자신의 입장을 개진한 글을 네덜란드의 항명파 신학자인 림보르흐를 수신인으로 해서 편지 형식으로 썼다. 로크는 처음에 이 편지를 출판할 생각이 없었다. 그러나 이것은 영어로 번역되어 그가 잉글랜드로 귀국한 지 3개월 후인 1689년 5월에 출간되었다. 종교의 관용이 절실하게 필요했던 유니테리언 (Unitarian)이자 상인인 윌리엄 포플이 로크의 허락도 없이 편지를 출간했다. 유니테리언은 그리스도교의 정통 교의인 삼위일체론의 교리에 반하여 그리스도의 신성을 부정하고 하나님의 유일한 신성만을 인정했다.《관용에 관한 편지》가 출판되자 로크는 본의 아니게 종교 논쟁에 휘말렸다.

《관용에 관한 편지》는 1689년에 출간되어 몇 달 만에 재판을 찍을 정도로 잘 팔렸다. 이 소책자가 주목을 받자, 1690년 4월에 잉글랜드 고교회 성직자인 프로스트(Jonas Proast)가 익명으로 비판하는 글을 발표했다. 그는 종교적 관용과 자유주의에 대해 반대했다. 로크는 1690년 여름에 《관용에 관한 두 번째 편지》를 작성해 반박했다. 이때 로크는 '인간을 사랑하는 자'라는 뜻의 필안드로푸스(Philanthropus)라는 가명을 사용했다. 1691년 2월에 프로스트도 필로그리스투스(Philochristus)라는 가명을 사용해 로크를 다시 비판했다. 필로그리스투스는 '그리스도를 사랑하는 자'라는 뜻이다. 1692년 6월, 로크는 장문의《관용에 관한 세 번째 편지》를 써서 다시 반박했다. 인간을 사랑하는 자와 그리스도를 사랑하는 자 사이의 논쟁이 벌어진 이유는 무엇 때문일까? 무엇보다 로크가 주장하는 '관용' 때문이었다. 프로스트는 잘못된 종교를 억누르기 위해서는 관용이 아니라 강제적인 힘을 사용해야 한다고 주장했다. 강제적인 힘은 사람들에게 신앙심을 고취시킬 수 있고, 올바른 신앙을 갖도록 하는 효과를 가지고 있다. 그러나 로크는 그런 비관용적인 강제적 힘이나 형법은 결코 도움이 되지 않는다고 반박했다. 인간의 영혼은 자유로운 것이라 결코 강제적 힘에 의해 굴복되지 않기 때문이다. 그러기에 '관용'이 중요했다. 로크는《관용에 관한 편지》에서 '관용'은 '참된 교회를 구별하는 가장 분명한 기준'이라 주장했다. 어째서 '관용'이 그런 기준이 될까? '관용'은 그리스도의 사랑을 보여 주기 때문이다. 유럽의 역사를 보면, 종교라는 미명하에 그리고 교리가 다르다는 이유로 수많은 사람의 목이 잘려 나가고, 불에 태워졌다. 처음에는 구교와 신교 사이에 그리고 신교 사이에서도 교리가 다르다고 상대방을 고문하고, 고통스럽게 죽였다. 아이러니하게도 종교가 독단에 빠지면 바늘 하나 꽂을 틈도 없을 정도로 무자비하고 잔혹하다. 이런 상황 속에서 로크는 내심 이렇게 물었을 것이다.

"도대체 예수 그리스도의 사랑은 어디로 갔는가? 도대체 종교의 관용
은 무엇이란 말인가?"

✠

로크는 영국 역사에서 종교의 미명하에 벌어진 참혹한 일들을 경험했고, 목격했다. 그는 그러한 일들이 그리스도의 사랑과는 무관하며, 모두 인간의 권력욕에서 나온 것이라고 보았다. 영국 국왕들은 교회의 우두머리를 자처하며 인간의 종교적 양심과 자유를 억압했다. 이에 대해 로크는 국가와 교회를 구분하며 서로 할 일이 다르다고 주장했다. 국가는 오로지 생명, 자유, 건강, 토지, 돈 등 시민의 재산을 지키고 증식하기 위해 만들어진 사회이다. 국가의 세속적 통치에 개인의 영혼 구원은 속하지 않는다. 그것은 교회의 일이다. 교회는 영혼의 구원을 목적으로 하나님을 공적으로 섬기기 위해 자발적으로 모인 인간들의 자유로운 사회이다. 국가를 다스리는 세속적 통치자가 인간의 내면과 영혼까지 간섭하고 강제하는 것은 월권이다. 세속적 통치자인 국왕이 종교의 수장이 되어서 자신이 믿는 신앙을 강요해서는 안 된다. 왕이 가톨릭 신자라면, 국민도 가톨릭 신자가 되어야 하고, 왕이 잉글랜드 국교회수장이라면, 국민이 자신의 양심과 달리 국교회 신자가 되어야 하는 일은 더 이상 용납되어서는 안 된다. 영혼 구원의 문제는 신의 영역이다. 자신의 권력으로 일방적으로 자신이 믿는 신앙을 강요하는 것은 신에 대해 참람한 일을 저지르는 것이다.

로크가 볼 때 인간의 영혼은 자유롭다. 개인은 각자의 이성과 양심의 명령에 따라 자유롭게 하나님을 믿어야 한다. 강제적인 권력에 의해 마지못해 하나님을 믿는다면, 그것은 진정한 신앙이 아니다. 교회는 교회법으로 정한 신앙을 강요하기 위해 사람들에게 물리적 강제력을 행사해서도 안 된다. 무력을 사용한다고 해서 그 사람이 내면 속으로까지 받아들이는 것이 아니기 때문이다. 그러기에 교회는 자유롭고 자발적인 사람들의 모임일 수밖에 없다. 그렇다면 교회법을 위반하는 사람들에 대해 교회는 어떻게 해야 하는가? 로크는 이에 대해 이렇게 말했다.

"어떤 금지가 영혼 깊숙이 자리 잡지 못하고, 양심의 전적인 동의를 구하지 못한 채, 어떤 것들을 단지 겉으로만 고백하고 준수하게끔 한다면 전혀 쓸모가 없습니다. 교회 사회가 그 구성원들에게 의무를 다하도록 할 수 있는 무기는 훈계, 권고, 충고입니다."(LET, 30~31)

로크에 따르면, 교회가 행사할 수 있는 힘은 타인의 오류를 지적하고 끝까지 권면하는 길밖에 없다. 그렇게 해서 그 사람이 스스로 잘못된 신앙으로부터 돌아서게 할 수밖에 없다. 로크는 이렇게 관용을 주장하면서도 관용을 베풀어서는 안 되는 두 대상을 언급했다. 그 하나는 무신론이며, 다른 하나는 로마 가톨릭이었다. 무신론자는 사회를 묶어 주는 맹세나 서약 등을 하지 않는 자들이기에 그들에게 관용을 베풀면 함께 살아가는 사회의 기초가 무너질 수 있었다. 그리고 자신과 다르다고 해서 종교를 박해하거나 괴롭히는 로마 가톨릭교도들이 종교에 대한 자유를 갖는다는 것은 합리적이지 않기 때문이다.

관용은 상대방을 존중하는 것에서부터 나온다. 그렇다면 앞의 두 대상 외에 이단에 대해서도 관용을 베풀어야 할까? 로크는 이단에 대해 조심스

하이레이버 교구 교회에 묻힌 로크의 무덤

럽게 접근했다.

그는 루터파, 칼빈파, 항명파, 재세례파, 그 밖의 종파들이 서로 자신이 옳다고 주장하는 상황에서 섣불리 자신의 교리와 다르다고, 다른 종파들을 이단으로 분리하고 배척하는 것이 옳은 것인지 물었다. 그에 의하면 이단은 성서를 유일한 기초로 삼았으면서 또 다른 것, 곧 성서의 어느 곳에서도 발견되지 않는 명제들을 신앙의 기초로 삼아 분리를 일으키는 사람들이다.

이 정의에 따라 그는 성서 외의 근거를 가지고 자신만이 옳다고 믿고 다른 사람들을 배척하고 분리한다면, 그 사람이 바로 이단이라고 주장했다. 그는 종파 분리도 이단과 다르지 않다고 내세웠다. 종파 분리는 하나님에 대한 예배나 교회 치리에 필수적이지 않은 이유를 가지고 다른 종파를 배척하기 때문이다. 로크는 섣불리 다른 그리스도인을 이단과 종파 분리로 낙인찍지 말 것을 경고했다.

"저는 한마디로 말합니다. 성서의 분명한 구절들을 통해 신성한 말씀이 말한 그 어떠한 것도 부정하지 않는 사람들, 거룩한 문서에 명확하게 포함되어 있지 않은 그 어떤 것 때문에 분리를 만들지 않는 사람들은, 그들이 그리스도교라는 이름의 그 어떤 종파에게 나쁜 소리를 듣고, 그 일부이거나 전부이거나 간에, 그 종파에게 참된 그리스도교에게서 벗어났다고 선언되더라도 결코 이단자나 종파분리자가 될 수 없습니다."(LET, 96)

로크의 관용론은 자신의 종교가 정통파라고 고집하는 자들에게는 불만스러운 것이었다. 그는 죽을 때까지 종교 관용 문제로 고심했다. 로크는 생애 말년인 1695년에 자신의 신학적 입장이 담긴 《기독교의 합리성》이라는 책을 익명으로 발간했다. 이신론의 영향이 느껴지는 책이다. 그러나 로크는 이신론자들과 달리 초자연적인 계시를 인정했고, 그것을 이성적으로 이해하고자 했다. 기독교의 진리라 하더라도 강제에 의한 수긍이 아니라, 관용을 가지고 이성을 통해 영혼 내면으로부터 받아들이게 하는 것이 중요했다. 로크는 1704년 10월 28일에 죽었고 하이레이버 교구 교회에 묻혔다.

그가 쓴 《관용에 관한 네 번째 편지》는 유고로 출간되었다. 로크는 기독교인들 사이의 상호 관용을 참된 교회의 기준으로 옹호했다. 그가 옹호한 종교적 관용은 미국의 헌법 초안 속에도 반영되었다. 오늘날 대부분의 자유주의 국가에서도 보장되고 있다. 국가 권력으로, 강제적으로 신앙을 주입하려는 시도는 사라졌다. 만약 로크가 주장하는 '관용'이 없었다면, 인류는 아직도 종교적 진리를 가장한 독단과 폭력으로부터 자유롭지 못할 것이다.

이 책은 위클리프로부터 시작해 존 로크까지 종교개혁의 인물들에 대해 다루었다. 종교개혁은 오늘날 근대 유럽의 역사를 만든 중요한 역사적 사건이기 때문에 종교인뿐 아니라 일반인들도 꼭 알아야 한다. 종교개혁을 통해 유럽의 근대 국가들이 형성되었기 때문이다. 네덜란드가 에스파냐로부터 독립했고, 영국이 입헌군주제로 자리 잡았으며, 신성로마제국에서 체코와 독일이 탄생했다. 유럽의 근대 정신은 종교개혁의 영향을 받은 것이다. 종교개혁은 정치 지리뿐 아니라 사람들의 정신에도 커다란 영향을 미쳤다. 그 예가 언어이다. 언어를 통해 사람들은 민족 국가로서의 동질감을 가졌다. 루터를 통해 독일어가, 얀 후스를 통해 체코어가, 윌리엄 틴들을 통해 영어가 민족 언어로 자리 잡았다.

종교개혁의 원리는 간단하다. 거대한 교회나 교황의 권위에 의존하지 말고, 하나님과 하나님의 말씀인 성서의 정신으로 돌아가자는 것이다. 철학자 헤겔은 《역사철학강의》에서 이 종교개혁의 정신이 이미 십자군 원정 때부터 배태되었다고 본다. 십자군은 막

대한 비용과 수많은 희생을 치루고 나서야 성지를 탈환했다. 그들은 설레는 가슴을 안고 그리스도의 돌무덤 앞에 섰다. 그러나 돌무덤을 열어 보니 아무것도 없었다. 텅 빈 돌무덤 앞에서 그들은 허무함을 느꼈다. 이것을 찾기 위해 그토록 엄청난 희생을 치루었던가! 그때 그들의 귀에 들려오는 말은 예수 그리스도가 스승의 시신을 찾아 헤매던 제자들에게 해 준 말이었다.

"너희들은 왜 죽은 자 가운데서 산 자를 찾으려 하는가. 살아 있는 예수는 이곳에 없다. 그는 부활했다."

십자군은 그 순간 그들이 추구했던 것이 예수 그리스도의 진리가 아니라 단지 공허한 돌무덤이라는 것을 깨달았다. 사람들은 십자군 원정이 얼마나 허무한 것이었는지 알게 되었다. 이제 사람들은 하나님을 외부의 돌무덤이 아니라 자기의 내면에서 찾기 시작했다. 사실 십자군 원정의 실패로 절대 권력이던 교황권이 무너져 내리기 시작했다. 로마 가톨릭교회는 교황이 2명에서 3명이 되며 분열을 거듭했고, 끝없이 추락했다. 위클리프의 교황 비판과 루터의 면죄부 판매에 대한 반박은 시대 정신을 대변한 것이다. 루터는 종교개혁의 횃불을 들어 올려 성서의 정신을 회복하고자 했다. 그는 성서 정신을 '믿음'과 '은총'으로 요약했다. 믿음을 통해 예수 그리스도의 철저한 은총으로 죄를 용서받은 인간은 자유하다. 그 인간이 바로 그리스도인이다. 이 인간을 구속할 권리는 아무에게도 없다. 루터는 이렇게 해서 신앙의 원리로 개인의 자유와 양심 자유의 원리를 확보했다. 이것이 근대 유럽의 정신을 결정지었다. 그러나 이러한 자유가 실질적으로 확보되기까지는 수많은 사람이 투옥되고 순교의 피를 흘려야만 했다. 이 책에 소개된 영국의 순교 역사가 그것을 보여 준다.

이 책에서는 종교개혁의 대상이 되었던 로마 가톨릭이 매우 부정적으로 그려져 있다. 개신교 종교개혁가들에 초점을 맞추다 보니 가톨릭 내부에서 가톨릭교회의 문제점을 극복하기 위한 노력들이 충분하게 다루어지지 못했다. 그러나 간과하지 말아야 할 것은 종교개혁이 진행되는 동안 로마 가톨릭교회 내부에서도 개혁을 통해 교회를 갱신하고자 하는 운동과 노력이 일어났다는 점이다.

1534년에 이그나티우스 데 로욜라에 의해 예수회가 설립되었고, 이어 아빌라의 테레사에 의해 가르멜 수도회의 부흥 운동이 일어났다. 1534년에 새로 교황이 된 바오로 3세는 가톨릭 내 종교개혁 운동을 적극적으로 추진했다. 그는 '교회 개혁추기경회의'를 창설해 교회 기구의 해악들을 조사하는 등 교회의 내부 개혁을 본격화했다. 1545년부터 20년간에 걸쳐 개최된 트리엔트 공의회는 종교개혁가들이 제기했던 여러 문제에 대해 가톨릭의 입장을 정리했고, 교회의 규율과 제도 개혁을 결정했다.

종교 개혁 운동은 이렇게 신구교에 영향을 미쳤고, 유럽의 근대 역사를 결정지었다. 이 책을 마무리하며 전하고 싶은 말은 신교든 구교든 종교가 권력화되면 항상 타락할 위험이 있다는 점이다. 종교는 사람들에게 군림해서는 안 된다. 특히 기독교는 항상 낮은 곳을 지향해야 한다. 왜냐고? 대답은 간단하다. 예수 그리스도가 낮은 곳을 향했기 때문이다.

⁜ 부록

마르틴 루터의 종교개혁 95개 반박문[1]

Disputatio pro declaratione virtutis indulgentiarum. 1517.

Amore et studio elucidande veritas hec subscripta disputabuntur Wittenberge, Presidente R.P. Martino Lutter, Artium et S. Theologie Magistro eiusdemque ibidem lectore Ordinario. Quare petit, ut qui non possunt verbis presentes nobiscum disceptare agant id literis absentes. In nomine domini nostri Hiesu Christi. Amen.

진리에 대한 사랑과 그것을 밝히고자 하는 요구에서 존경하는 신부이자, 인문학과 성스런 신학의 마기스터[2]이자, 성스런 신학의 정교수인 마르틴 루터의 주재 하에 비텐베르크에서 아래와 같은 반박문들을 변호하기 위해 논쟁을 벌이고자 한다. 이에 자리를 함께할 수 없어 입으로 논쟁하기 어려운 사람들은 문서로 대신할 것을 부탁드린다. 우리 주 예수 그리스도의 이름으로 아멘.

1. Dominus et magister noster Iesus Christus dicendo `Penitentiam(Matth. 4, 17) agite&c.' omnem vitam fidelium penitentiam esse voluit.

2. Quod verbum de penitentia sacramentali (id est confessionis et satisfactionis, que sacerdotum ministerio celebratur) non potest intelligi.

3. Non tamen solam intendit interiorem,immo interior nulla est, nisi foris operetur varias carnis mortificationes.

4. Manet itaque pena, donec manet odium sui (id est penitentia vera intus), scilicet usque ad introitum regni celorum.

5. Papa non vult nec potest ullas penas remittere preter eas, quas arbitrio vel suo vel canonum imposuit.

6. Papa non potest remittere ullam culpam nisi declarando et approbando remissam a deo Aut certe remittendo casus reservatos sibi, quibus contemptis culpa prorsus remaneret.

7. Nulli prorsus remittit deus culpam, quin simul eum subiiciat humiliatum in omnibus sacerdoti suo

1. 우리의 주님이시며 스승이신 예수 그리스도께서 "회개하라"(마 4 : 17)고 말씀하실 때, 그는 믿는 자들의 삶 전체가 회개하는 것을 원하셨다.

2. 이 말씀은 하나님께 드리는 성례전적 회개(즉 사제의 직권으로 수행하는 고백과 속죄로서의 회개)로는 이해할 수 없다.

3. 그러나 이 말씀은 다만 내적인 회개만을 뜻하는 것이 아니다. 오히려 이 내적 회개가 외부적으로 각종 육신의 금욕에 대해 영향을 끼칠 수 없다면 그 회개는 아무것도 아니다.

4. 그렇기 때문에 사람이 자기 자신에 대해 심판을(이것이 참된 내적 회개다.) 하는 한 신의 벌은 남아 있으며, 그것은 하늘나라에 들어갈 때까지 계속될 것이다.

5. 교황은 자기의 고유한 직권 혹은 교회법에 의해 부과된 것 이외의 어떤 벌도 용서할 수 없으며, 그렇게 하려 해서도 안 된다.

6. 교황은 하나님께서 죄를 사하였다는 것을 선언하고 시인하는 것 이외에 어떤 죄도 사할 능력이 없다. 물론 교황은 자신에게

---

1 이 번역문은 라틴어원문을 대본으로 삼고 독역본을 의지해 번역 한 것이다. 독역본은 독일개신교협의회(EKD)의 번역본과 Martin Luther(1883), 《Kritische Gesamtausgabe》, Bd. 1 233-238쪽 참조

2 중세 대학의 학문 과정은 8개의 자유 학문-(artes liberales, 문법, 수사학, 변증학, 수학, 기하학, 음악, 천문학)을 마기스터라는 학위로 졸업한 후, 그 다음에 신학, 법학, 의학을 계속 공부한다.

vicario.

8. Canones penitentiales solum viventibus sunt impositi nihilque morituris secundum eosdem debet imponi.

9. Inde bene nobis facit spiritussanctus in papa excipiendo in suis decretis semper articulum mortis et necessitatis.

10. Indocte et male faciunt sacerdotes ii, qui morituris penitentias canonicas in purgatorium reservant.

11. Zizania illa de mutanda pena Canonica in penam purgatorii videatur certe dormientibus episcopis seminata.

12. Olim pene canonice non post, sed ante absolutionem imponebantur tanquam tentamenta vere contritionis.

13. Morituri per mortem omnia solvunt et legibus canonum mortui iam sunt, habentes iure earum relaxationem.

14. Imperfecta sanitas seu charitas morituri necessario secum fermagnum timorem, tantoque maiorem, quanto minor fuerit ipsa.

15. Hic timor et horror satis est se solo (ut alia taceam) facere penam purgatorii, cum sit proximus desperationis horrori.

16. Videntur infernus, purgatorium, celum differre, sicut desperatio prope desperatio, securitas differunt.

17. Necessarium videtur animabus in purgatorio sicut minui hoarorem ita augeri charitatem.

18. Nec probatum videtur ullis aut rationibus aut scripturis, quod sim extra statum meriti seu augende charitatis.

19. Nec hoc probatum esse videtur, quod sint de sua beatitudine certe et secure, saltem omnes, licet nos certissimi si nus.

말겨진 소송사건들에 대해 죄를 사하여 줄 수 있다. 사람들이 그것을 경시하려 한다면, 그것은 완전한 유죄이다.

7. 하나님께서는 동시에 하나님 없이 모든 일에 사제와 그의 대리자에게 전적으로 굽실거리며 복종하는 자에 대해 결코 죄를 용서하지 않으신다.

8. 교회법은 산 사람에게만 부과되는 것이다. 죽어가는 사람에게 이 교회법에 대한 어떤 것도 부과해서는 안 된다.

9. 그러므로 교황이 교황의 법령에서 죽음과 극도의 곤궁한 상태의 경우를 항상 예외로 할 때, 교황 속의 성령께서 우리에게 선을 나타내 보이신 것이다.

10. 임종을 맞은 사람에게 아직도 연옥을 위한 교회법상 속죄를 예약해 두는 사제들의 행위는 잘못된 것이며 무지한 것이다.

11. 교회법상의 속죄를 연옥의 속죄로 변경시키는 '독초'는 확실히 주교들이 잠잘 때, 심어진 것이다(마13:25).

12. 이전에 교회법의 벌은 참회의 진정성을 검증하기 위해 사면 후가 아니라 사면 이전에 가해졌다.

13. 임종을 맞이한 자는 죽음으로써 모든 것에서 자유롭게 되며, 교회법에 대해서도 이미 죽은 것이기에 면제도 법률상 유효하다.

14. 임종을 맞이한 사람의 불완전한 경건이나 불완전한 사랑은 반드시 커다란 두려움을 초래한다. 게다가 이 두려움은 앞에서 언급한 사랑이 작으면 작을수록 더욱 커진다.

15. 이 두려움과 공포만으로(다른 것은 언급하지 않더라도) 연옥의 고통을 불러일으키는 데 충분하다. 이 두려움과 공포가 절망에 가장 가까운 것이기 때문이다.

16. 지옥과 연옥 그리고 하늘은 마치 절망과 두려움 그리고 구원의 확실성과 같은 차이라 할 수 있다.

17. 연옥에 있는 영혼들에게서 공포가 줄어드는 만큼 똑같이 사랑이 느는 것은 필연적인 것처럼 보인다.

18. 그리고 연옥에 있는 영혼들이 공을 세우고 사랑을 증대시킬 수 있는지에 대해서는 이성적 근거들에 의해 또는 성서에 의해 입증되지 않는 것 같다.

19. 다시 말해 우리가 구원에 대해 전적으로 확신한다고 해도, 적어도 연옥에 있는 모든 영혼들이 아니더라도 자신의 구원을 확신하고 장담하는 영혼이 있는지는 입증되지 않은 것처럼 보인다.

20. Igitur papa per remissionem plenariam omnium penarum non simpliciter omnium intelligit, sed a seipso tantummodo impositarum.

21. Errant itaque indulgentiarum predicatores ii, qui dicunt per pape indulgentias hominem ab omni pena solvi et salvari.

22. Quin nullam remittit animabus in purgatorio, quam in hac vita debuissent secundum Canones solvere.

23. Si remissio ulla omnium omnino penarum potest alicui dari, certum est eam non nisi perfectissimis, i. e. paucissimis, dari.

24. Falli ob id necesse est maiorem partem populi per indifferentem illam et magnificam pene solute promissionem.

25. Qualem potestatem habet papa in purgatorium generaliter, talem habet quilibet Episcopus et Curatus in sua diocesi et parochia specialiter.

26. Optime facit papa, quod non potestate clavis(quam nullam habet) sed per modum suffragii dat animabus remissionem.

27. Hominem predicant, qui statim ut iactus nummus in cistam tinnierit evolare dicunt animam.

28. Certum est, nummo in cistam tinniente augeri questum et avariciam posse : suffragium autem ecclesie est in arbitrio dei solius.

29. Quis scit, si omnes anime in purgatorio velint redimi, sicut de s. Severino et Paschali factum narratur.

30. Nullus securus est de veritate sue contritionis, multominus de consecutione plenarie remissionis.

31. Quam rarus est vere penitens, tam rarus est vere indulgentias redimens, i. e. rarissimus.

32. Damnabuntur ineternum cum suis magistris, qui per literas veniarum securos sese credunt de sua salute.

20. 그러므로 교황이 "모든 죄의 완전한 사면"을 말할 때 그것은 단순히 모든 죄의 용서를 뜻하는 것이 아니라, 그 자신이 부과한 죄의 사면을 의미하는 것이다.

21. 그러므로 교황의 면죄부를 받는 사람은 모든 형벌로부터 해방되며 구원되었다고 말하는 면죄부설교자들은 모두 오류에 빠져 있는 것이다.

22. 교황은 연옥에 있는 영혼에 대해 어떤 형벌도 사할 수 없다. 교황은 교회법에 따라 이 세상에 살 때 그 영혼에게 형벌을 사했어야만 했다.

23. 만일 누군가에게 모든 형벌의 사면이 허락된다면, 그 사면은 확실히 가장 완전한 사람, 즉 극소수의 사람에게만 허락될 수 있다는 것이 확실하다.

24. 그렇기 때문에 대부분의 사람들이 형벌의 사면에 대해 무분별하며 어마어마한 확약에 의해 사기를 당한 것이다.

25. 교황이 연옥에 대하여 일반적으로 가진 것과 같은 전권을 모든 주교들과 목회자들이 특별히 자기의 교구나 교회에서 가지고 있다.

26. 교황이 열쇠의 권력(이 권력은 전혀 그에게 속한 것이 아니다)으로써가 아니고, 중보기도의 방법으로 영혼들에게 사죄를 허락한다면, 그것은 올바른 것이다.

27. 연보궤 안으로 던진 돈이 딸랑 소리를 내며 떨어지자마자 영혼이 연옥에서 벗어 나온다고 말하는 자들은 인간적인 것[1]을 설교하는 것이다.

28. 돈이 연보궤에서 딸랑 소리를 낼 때 이득과 탐욕이 증가한다는 것은 틀림없다. 그러나 교회의 중보기도는 오직 하나님의 재량에 달려 있다.

29. 성 세베린(St. Severin)과 파스칼리스(Paschalis)[2]에 관한 이야기에서처럼 연옥에 있는 모든 영혼이 돈으로 풀려나기를 원하는지 원하지 않는지 누가 알 것인가!

30. 누구든지 자기 참회의 진실성에 대해서 확신을 갖지 못하는데, 하물며 완전한 용서를 받았다는 것은 훨씬 더 확실치 않은 것이다.

31. 진실로 회개를 하는 사람이 드문 것처럼 진실로 면죄를 받는 사람도 드물다. 다시 말해 그런 사람은 거의 없다.

32. 면죄부를 가졌기 때문에 자신의 구원이 확실하다고 믿는 사람은 그것을 가르친 선생들과 함께 영원히 저주를 받을 것이다.

33. Cavendi sunt nimis, qui decunt venias illas Pape donum esse illud dei inestimabile, quo reconciliatur homo deo.

34. Gratie enim ille veniales tantum respiciunt penas satisfactionis sacramentalis ab homine constitutas.

35. Non christiana predicant, qui docent, quod redempturis animas vel confessionalia non sit necessaria contritio.

36. Quilibet christianus vere compunctus habet remissionem plenariam a pena et culpa etiam sine literis veniarum sibi debitam.

37. Quilibet verus christianus, sive vivus sive mortuus, habet participationem omnium bonorum Christi et Ecclesie etiam sine literis veniarum a deo sibi datam.

38. Remissio tamen et participatio Pape nullo modo est contemnenda, quia (ut dixi) est declaratio remissionis divine.

39. Difficillimum est etiam doctissimis Thoelogis simul extollere veniarum largitatem et contritionis veritatem coram populo.

40. Contritionis veritas penas querit et amat, Veniarum autem largitas relaxat et odisse facit, saltem occasione.

41. Caute sunt venie apostolice predicande, ne populus false intelligat eas preferri ceteris bonis operibus charitatis.

42. Docendi sunt christiani, quod Pape mens non est, redemptionem veniarum ulla ex parte comparandam esse operibus misericordie.

43. Docendi sunt christiani, quod dans pauperi aut mutuans egenti melius facit quam si venias redimeret.

44. Quia per opus charitatis crescit charitas et fit

33. 교황의 면죄가 인간이 하나님과 화해하는, 헤아릴 수 없는 하나님의 선물이라고 말하는 사람을 우리는 특별히 경계해야만 한다.

34. 왜냐하면 이 면죄의 은총은 인간이 확립한 성례전적 사죄라고 하는 형벌에만 적용되기 때문이다.

35. 연옥의 영혼을 속량하거나 고백 증서를 얻기 위해서 어떤 참회도 필요하지 않다고 가르치는 자는 비기독교적인 것을 설교하는 것이다.

36. 진심으로 뉘우치고 참회하는 모든 그리스도인은 면죄부 없이도 형벌과 죄에서 완전한 사함을 받는다.

37. 죽은 자나 산 자나 참된 그리스도인은 그리스도와 교회의 모든 은혜에 참여한다. 하나님께서는 면죄부 없이도 이것을 참된 그리스도인에게 허락하셨기 때문이다.

38. 그래도 교황이 사면하고, 그것에 관여하는 것을 결코 무시해서는 안 된다. 왜냐하면 이미 말한 대로(제6논제 참조) 그것은 하나님의 용서를 선포하는 것이기 때문이다.

39. 면죄의 관대함과 참다운 회개의 필요성을 사람들에게 권유한다는 것은 가장 학식이 많은 신학자에게도 매우 어려운 일이다.

40. 참다운 회개는 형벌을 찾고 그것을 달게 받는다. 그러나 면죄의 관대함은 형벌을 회피하게 하고, 그것을 증오하게 한다. 적어도 그것을 싫어하도록 기회를 제공한다.

41. 교황의 면죄는 조심스럽게 설교해야 한다. 그래야 사람들이 잘못 생각하여 그것을 사랑에 의한 행위보다 좋아 하지 않게 된다.

42. 기독교인들은 면죄부를 사들이는 것이 자비로운 행위를 대신한다는 것이 교황의 의도가 아니라는 것을 배워야만 한다.

43. 기독교인들은 가난한 이에게 주고, 궁핍한 자에게 빌려 주는 것이 면죄부를 사는 것보다 좋다고 배워야 한다.

44. 사랑을 행함으로써 사랑이 자라고, 사람은 더 나아진다. 이에

---

1 라틴어 원문은 인간(hominem)을 뜻하는 것으로 되어 있는데, 여기서는 하늘과 대비되는 인간적인 것으로 해석했고, 의미상 기만과 사기를 뜻한다.

2 이 두 성자는 좀 더 높은 구원의 단계에 오르기 위해 연옥에서 더 오랫동안 참기를 원했다고 한다.

homo melior, sed per venias non fit melior sed tantummodo a pena liberior.

45. Docendi sunt christiani, quod, qui videt egenum et neglecto eo dat pro veniis, non indulgentias Pape sed indignationem dei sibi vendicat.

46. Docendi sunt christiani, quod nisi superfluis abundent necessaria tenentur domui sue retinere et nequaquam propter venias effundere.

47. Docendi sunt christiani, quod redemptio veniarum est libera, non precepta.

48. Docendi sunt christiani, quod Papa sicut magis eget ita magis optat in veniis dandis pro se devotam orationem quam promptam pecuniam.

49. Docendi sunt christiani, quod venie Pape sunt utiles, si non in eas confidant, Sed nocentissime, si timorem dei per eas amittant.

50. Docendi sunt christiani, quod, si Papa nosset exactiones venialium predicatorum, mallet Basilicam s. Petri in cineres ire quam edificari cute, carne et ossibus ovium suarum.

51. Docendi sunt christiani, quod Papa sicut debet ita vellet, etiam vendita (si opus sit) Basilica s. Petri, de suis pecuniis dare illis, a quorum plurimis quidamconcionatores veniarum pecuniam eliciunt.

52. Vana est fiducia salutis per literas veniarum, etiam si Commissarius, immo Papa ipse suam animam pro illis impigneraret.

53. Hostes Christi et Pape sunt ii, qui propter venias predicandas verbum dei in aliis ecclesiis penitus silere iubent.

54. Iniuria fit verbo dei, dum in eodem sermone equale vel longius tempus impenditur veniis quam illi.

55. Mens Pape necessario est, quod, si venie(quod minimum est) una campana, unis pompis et ceremoniis celebrantur, Euangelium (quod

반해 면죄부에 의해서는 사람이 더 나아질 수 없으며, 단지 형벌만 피하게 될 뿐이다.

45. 궁핍한 자를 보고 그냥 지나치면서도 면죄부를 돈으로 사는 것은 교황에게서 면죄를 사는 것이 아니라 하느님에게서 진노를 산다는 것을 기독교인들은 배워야 한다.

46. 필요 이상으로 돈이 있다면, 그 돈은 가족의 필요를 위해 저축해 두어야 하며, 결코 면죄부를 사는 데 낭비해서는 안 된다는 것을 기독교인들은 배워야만 한다.

47. 면죄부를 사는 것은 자유로운 선택의 문제이지, 계명에 의한 것이 아니라는 것을 기독교인들은 배워야만 한다.

48. 교황이 사면을 부여할 때 그들의 돈보다 경건한 기도를 더 필요로 하며 더 원한다는 것을 기독교인들은 배워야만 한다.

49. 교황의 면죄에 신뢰를 두지 않는다면 교황의 면죄는 유용한 것이지만, 면죄로 인해 하느님에 대한 두려움을 잃는다면 그것은 가장 해롭다는 것을 기독교인들은 배워야만 한다.

50. 교황이 면죄부 설교자들이 돈을 강제 징수하는 것을 안다면, 그는 자기 양들의 살과 뼈, 그리고 가죽으로 지어 올리는 성 베드로 대성당을 불태워 재로 만드는 편을 택하는 게 낫다는 것을 기독교인들은 배워야만 한다.

51. 수많은 면죄부 설교자의 감언이설에 속아 돈을 갈취당한 많은 사람들에게, 교황은 성 베드로 성당을 파는 한이 있더라도 자신의 돈으로 갚을 의무가 있으며, 그렇게 해야만 한다는 것을 기독교인들은 배워야 한다.

52. 면죄부에 의한 구원의 보장은 헛된 것이다. 설령 면죄부 대리인이나, 교황 자신이 영혼을 걸고 보증한다 해도 그것은 헛된 것이다.

53. 면죄부 설교 때문에 부근의 교회에서 하느님의 말씀을 전하지 못하게 하는 자들은 그리스도의 적이자 교황의 적이다.

54. 동일한 설교에서 하느님의 말씀을 전하는 시간과 같거나 또는 더 오랫동안 면죄부를 설교하는 것은 하느님의 말씀에 대해 불의를 행하는 것이다.

55. 교황은(가장 하찮은 것인) 면죄부가 종, 축일 행렬 그리고 예배로 찬양될 때, 위대한 복음은 백 개의 종, 백번의 축일 행렬, 백번의 예배로 설교되어야 한다는 것을 무조건 자신의 의견으로 가져야 한다.

maximum est) centum campanis, centum pompis, centum ceremoniis predicetur.

56. Thesauri, ecclesie, unde Papa dat indulgentias, neque satis nominati sunt neque cogniti apud populum Christi.

57. Temporales certe non esse patet, quod non tam facile eos profundunt, sed tantummodo colligunt multi concionatorum.

58. Nec sunt merita Christi et sanctorum, quia hec semper sine Papa operantur gratiam hominis interioris et crucem, mortem infernumque exterioris.

59. Thesauros ecclesie s. Laurentius dixit esse pauperes ecclesie, sed locutus est usu vocabuli suo tempore.

60. Sine temeritate dicimus claves ecclesie (merito Christi donatas) esse thesaurum istum.

61. Clarum est enim, quod ad remissionem penarum et casuum sola sufficit potestas Pape.

62. Verus thesaurus ecclesie est sacrosanctum euangelium glorie et gratie dei.

63. Hic autem est merito odiosissimus, quia ex primis facit novissimos.

64. Thesaurus autem indulgentiarum merito est gratissimus, quia ex novissimis facit primos.

65. Igitur thesauri Euangelici rhetia sunt, quibus olim piscabantur viros divitiarum.

66. Thesauri indulgentiarum rhetia sunt, quibus nunc piscantur divitias virorum.

67. Indulgentie, quas concionatores vociferantur maximas, gratias, intelliguntur vere tales quoad questum promovendum.

68. Sunt tamen re vera minime ad gratiam dei et crucis pietatem comparate.

69. Tenentur Episcopi et Curati veniarum apostolicarum

56. 교황이 그것으로부터 끄집어 내어 면죄를 부여하는 "교회의 보물"은 기독교인들에게 정확하게 언급되지도 충분히 알려지지도 않았다.

57. 그 면죄부는 세속의 보물이 아닌 것이 분명하다. 왜냐하면 수많은 면죄부 설교자들이 그 보물들을 기꺼이 내놓지 않고 모으기만 하기 때문이다.

58. 그것들은 어느 것도 그리스도와 성자들의 공로가 아니다. 왜냐하면 이들은 교황이 없이도 언제나 내면적 사람에게는 은혜를 주고, 외면적인 사람에게는[1] 십자가와 죽음과 지옥을 주기 때문이다.

59. 성 로렌스는 교회의 가난한 자가 교회의 보물이라 하였으나, 그는 그의 시대에 쓰던 말을 사용한 것이다.

60. 우리는 그리스도의 공로에 의해 선물로 주어진 교회의 열쇠가 바로 그 보물이라 매우 신중하게 말한다.

61. 교황의 권능이 단지 형벌의 사면과 그가 관할하는, 특별한 소송사건들의 사면 으로 족한 것은 물론 분명하다.

62. 진정한 교회의 보물은 하느님의 영광과 은총에 의한 가장 거룩한 복음이다.

63. 그러나 이 보물은 일반적으로 가장 혐오스러운 것이 되었는데, 첫째가 꼴찌가 되게 하기 때문이다(마 20:16).

64. 이에 반해 면죄의 보물은 당연하게 극도로 사랑을 받았는데, 꼴찌가 첫째가 되게 하기 때문이다.

65. 그러므로 복음의 보물은 예전부터 부자를 낚고자 하는 그물이다.

66. 면죄의 보물은 지금 사람이 가진 부를 낚고자 하는 그물이다.

67. 면죄부 설교자들이 큰 소리로 가장 큰 은총이라고 찬양하는 면죄부는 실상은 그들의 이익을 도모하기 위한 것으로 이해된다.

68. 그래도 면죄부는 하나님의 은총과 십자가의 경건함에 비교해 볼 때 가장 작은 은총에 불과하다.

69. 주교와 교구 목회자는 모든 존경심을 가지고 교황 면죄부의 대리자들을 허용할 의무가 있다.

---

1 내면적 사람은 정신적, 영적인 사람을 뜻하며, 외면적 사람은 육적인 사람을 뜻한다.

Commissarios cum omni reverentia admittere.

70. Sed magis tenentur omnibus oculis intendere, omnibus auribus advertere, ne pro commissione Pape sua illi somnia predicent.

71. Contra veniarum apostovicarum veritatem qui loquitur, sit ille anathema et maledictus.

72. Qui vero contra libidinem ac licentiam verborum Concionatoris veniarum curam agit, sit ille benedictus.

73. Sicut Papa iuste fulminat eos, qui in fraudem negocii Veniarum quacunque arte machinantur.

74. Multomagis fulminare intendit eos, qui per veniarum pretextum in fraudem sancte charitatis et veritatis machinantur.

75. Opinari venias papales tantas esse, ut solvere possint hominem, etiam si quis per impossibie dei genitricem violasset, Est insanire.

76. Dicimus contra, quod venie papales nec mimimum venialium peccatorum tollere possint quo ad culpam.

77. Quod dicitur, nec si s. Petrus modo Papa esset maiores gratias donare posset, est blasphemia in sanctum Petrum et Papam.

78. Dicimus contra, quod etiam iste et quilibet papa maiores habet, scilicet Euangelium, virtutes, gratias curationum &c. ut 1. Co. xii.

79. Dicere, Crucem armis papalibus insigniter erectam cruci Christi equivalere blasphemia est.

80. Rationem reddent Episcopi, Curati et Theologi, Qui tales sermones in populum licere sinunt.

81. Facit hec licentiosa veniarum predicatio, ut nec reverentiam Pape facile sit etiam doctis viris redimere a calummis aut certe argutis questionibus laicorum.

82. Scilicet. Cur Papa non evacuat purgatorium propter sanctissimam charitatem et summam animarum necessitatem ut causam omnium

70. 그러나 그들은 이 대리들이 교황이 맡긴 일 대신에 자신들의 꿈을 설교하는지 두 눈을 뜨고 지켜봐야 하며, 모든 귀를 기울여야 할 더 많은 의무가 있다.

71. 교황의 면죄의 진리에 반하여 설교하는 자는 저주받고 파문되어야 한다.

72. 그러나 면죄부 설교자가 행하는 방종한 말과 뻔뻔한 말을 막는 자는 축복받아야 한다.

73. 교황이 면죄 사업과 관련하여 다양한 방식으로 사기를 획책하는 사람들에게 정당하게 파문을 선고하는 것처럼,

74. 교황은 면죄부를 빙자하여 거룩한 사랑과 진리를 훼손하는 자들에 대해 오히려 파문을 선고하려 할 것이다.

75. 교황의 면죄부가 전혀 가능하지 않은 일인, 설령 성모를 범한 그런 자도 용서받을 수 있을 정도로 효과적이라고 생각하는 것은 미친 짓이다.

76. 이와 반대로 우리는 교황의 면죄부는 죄와 관련하여 가장 사소한 죄악도 없앨 수 없다고 주장한다.

77. 지금 성 베드로가 교황이라고 하여도, 그가 더 큰 은총을 줄 수 없다고 말하는 것은 성 베드로나 교황을 모독하는 것이 아니다.

78. 이와 반대로 우리는 지금의 교황이나 모든 교황은 더 큰 은총, 즉 〈고린도전서〉 12장 28절에 기록되어 있는 것과 같은 복음, 영적인 권능, 치료의 은사를 가지고 있다고 주장한다.

79. 교황의 문장으로 장식된, 교회의 높은 곳에 세워진 면죄의 십자가가 그리스도의 십자가와 동등한 가치를 가졌다고 하는 말은 신을 모독하는 말이다.

80. 그러한 말을 사람들에게 퍼트리고 다니는 주교와 교구목회자, 신학자들은 그에 대해 대답해야 할 것이다.

81. 아주 뻔뻔한 면죄부 설교는 학식 있는 사람이라 할지라도 악의적인 비판이나 평신도의 송곳 같은 질문에서 교황이 받아야 할 당연한 존경마저 변호하기 어렵게 만든다.

82. 예를 들어 보자: 베드로 대성당 건축을 위해 쓰이는 부정한 돈 때문에 교황이 가장 하찮은 근거를 가지고 무수히 많은 영혼들을 속량해 준다고 할 때, 어째서 교황은 가장 신뢰할 만한 근거인 가장 거룩한 사랑을 가지고 가장 곤경에 처한 영혼을 위해 연옥을 비우지 않는 것인가?

iustissimam, Si infinitas animas redimit propter pecuniam funestissimam ad structuram Basilice ut causam livissimam?

83. Item. Cur permanent exequie et anniversaria defunctorum et non reddit aut recipi permittit beneficia pro illis instituta, cum iam sit iniuria pro redemptisorare?

84. Item. Que illa nova pietas Dei et Pape, quod impio et inimico propter pecuniam concedunt animam piam et amicam dei redimere, Et tamen propter necessitatem ipsius met pie et dilecte anime non redimunt eam gratuita charitate?

85. Item. Cur Canones penitentiales re ipsa et non usu iam diu in semet abrogati et mortui adhuctamen pecuniis redimuntur per concessionem indulgentiarum tanquam vivacissimi?

86. Item, Cur Papa, cuius opes hodie sunt opulentissimis Crassis crassiores, non de suis pecuniis magis quam pauperum fidelium struit unam tantummodo Basilican sancti Petri?

87. Item. Quid remittit aut participat Papa iis, qui per contritionem perfectam ius habent plenarie rimissionis et participationis?

88. Item. Quid adderetur ecclesie boni maioris, Si Papa, sicut semel facit, ita centies in die cuilibet fidelium has remissiones et participationes tribueret?

89. Ex quo Papa salutem querit animarum per venias magis quam pecunias, Cur suspendit literas et venias iam olim concessas, cum sint eque efficaces?

90. Hec scrupulosissima laicorum argumenta sola potestate compescere nec reddita ratione diluere, Est ecclesiam et Papam hostibus ridendos exponere et infelices christianos facere.

91. Si ergo venie secundum spiritum et mentem Pape perdicarentur, facile illa omnia solverentur, immo non essent.

83. 또 다른 예를 들어 보자 이미 연옥에서 속량된 자들을 위해 계속해서 기도하는 것은 불의한 것인데, 어째서 죽은 자를 위한 장례 미사와 추모 미사가 계속되고, 어째서 교황은 그들을 위해 낸 헌금을 돌려주지도 않고 헌금 회수를 허락하지 않는가?

84. 또 다른 예를 들어 보자. 불경한 자들과 적대적인 마음을 가진 자들이 돈을 받고서 경건하고 신에게 사랑받는 영혼을 구원할 수 있도록 허락해 주면서도, 이 경건하고 사랑받는 영혼들이 그들의 곤궁 때문에 자유롭게 선물받은 사랑에 의해 구원받지 못하도록 하는 것이 하느님과 교황의 새로운 자비인가?

85. 또 다른 예를 들어 보자. 교회법상 참회 규정은 사실상 오랫동안 사용하지 않아 폐지되고 사문화되었는데도, 왜 이제와서 그 규정들이 돈으로 인한 면죄부 부여로 교체되어, 살아서 효력을 발휘하는가??

86. 또 다른 예를 들어 보자. 가장 부유한 크로이소스의 재산보다 오늘날 더 많은 재산을 가진 교황이 왜 자신의 돈이 아니라 가난한 신자의 돈으로 베드로 대성당을 지으려 하는가?

87. 또 다른 예를 들어 보자. 온전한 회개로 인해 완전한 용서와 완전한 몫에 대한 권리를 가진 이들에게 교황이 무슨 사면을 해주고, 무엇에 기여하려 하는가?

88. 또 다른 예를 들어 보자. 만일 교황이 하루에 한 번씩 하고 있는 모든 신자들에 대한 사면과 축복을 하루에 백 번씩 한다면, 그것은 교회를 위해 최고로 좋은 것이 아닌가?

89. 교황이 사면할 때 돈보다는 영혼의 구원을 위해서 행한다면서, 교황은 어째서 둘 다 동일한 효력을 가진, 이전에 허락한 면죄부와 사면의 효력을 중지하지 않는 것인가?

90. 이 가장 날카로운 평신도 반론들을 단지 힘으로 억압하고, 합리적 이유를 통해 해소하지 못하는 것이 교회와 교황을 적들의 조롱거리로 만들고, 기독교인들을 불행하게 만든다.

91. 그러므로 면죄부가 교황의 정신과 의견에 맞게 설교되었더라면, 이 모든 반론들은 이미 해소되었을 것이며, 존재하지도 않을 것이다.

92. 그렇기 때문에 그리스도의 백성들에게 "평화, 평화"라고 말하는 저 모든 예언자들로부터 떨어지라. 거기에는 평화가

92. Valeant itaque omnes illi prophete qui dicunt populo Chisti 'Pax pax', et non est pax.

93. Bene agant omnes illi prophete, qui dicunt populo Christi 'Crux crux', et non est crux.

94. Exhortandi sunt Christiani, ut caput suum Christum per penas, mortes infernosque sequi studeant.

95. Ac sic magis per multas tribulationes intrare celum quam per securitatem pacis confidant.

없다!(렘 6:14)

93. 그리스도의 백성들에게 "십자가, 십자가"라며 말하는 저 모든 예언자들은 축복을 받으라. 거기에는 십자가가 없다!

94. 기독교인들은 형벌과 죽음과 지옥을 지나 부지런히 그들의 머리인 그리스도를 따르라고 훈육되어야 한다.

95. 그리고 그들은 거짓 평화의 확실성이 아니라 많은 역경을 통해서 천국에 들어간다는 것을 더 많이 확신하여야 한다.(행 14:22)

✤ 연표

종교개혁사 속 교황

연도	교황 이름	라틴어 이름	재위 기간	비고
193	보니파키우스 8세	Bonifatius VIII	1294/ 1295~1303	프랑스 국왕 필리프 4세와 대립
194	베네딕토 11세	B.Benedictus XI	1303~1304	
195	클레멘스 5세	Clemens V	1305~1314	아비뇽 유수의 치욕을 당함
196	요한 22세 니콜라오 5세	Joannes XXII Nicolaus V	1316~1334 1328~1330	두 명의 교황 체제로 교회 분열 시작
197	베네딕토 12세	Benedictus XII	1334~1342	
198	클레멘스 6세	Clemens VI	1342~1352	
199	인노첸시오 6세	Innocentius VI	1352~1362	
200	우르바노 5세	B.Urbanus V	1362~1370	
201	그레고리오 11세	Gregorius XI	1370/ 1371~1378	
202	우르바노 6세 클레멘스 7세	Urbanus VI Clemens VII	1378~1389 1378~1394	
203	보니파키우스 9세 베네딕토 13세	Bonifatius IX Benedictus XIII	1389~1404 1394~1423	
204	인노첸시오 7세	Innocentius VII	1404~1406	
205	그레고리오 12세 알렉산데르 5세 요한 23세	Gregorius XII Alexander V Joannes XXIII	1406~1415 1409~1410 1410~1415	
206	마르티노 5세 클레멘스 8세	Martinus V Clemens VIII	1417~1431 1423~1429	(마)위클리프 시신 화형시킴
207	에우제니오 4세 펠릭스 5세	Eugenius IV Felix V	1431~1447 1439~1449	
208	니콜라오 5세	Nicolaus V	1447~1455	
209	갈리스토 3세	Calixtus III	1455~1458	
210	비오 2세	Pius II	1458~1464	
211	바오로 2세	Paulus II	1464~1471	
212	식스토 4세	Sixtus IV	1471~1484	

연도	교황 이름	라틴어 이름	재위 기간	비고
213	인노첸시오 8세	Innocentius VIII	1484~1492	
214	알렉산데르 6세	Alexander VI	1492~1503	갈리토스 3세의 아들, 부패와 타락이 심함
215	비오 3세	Pius III	1503	
216	율리오 2세	Julius II	1503~1513	
217	레오 10세	Leo X	1513~1521	루터가 〈95개 반박문〉 작성
218	하드리아노 6세	Hadrianus VI	1522~1523	
219	클레멘스 7세	Clemens VII	1523~1534	
220	바오로 3세	Paulus III	1534~1549	가톨릭 내 종교개혁 운동 적극 추진
221	율리오 3세	Julius III	1550~1555	
222	마르첼로 2세	Marcellus II	1555	
223	바오로 4세	Paulus IV	1555~1559	
224	비오 4세	Pius IV	1559~1565	
225	성 비오 5세	St. Pius V	1566~1572	
226	그레고리오 13세	Gregorius XIII	1572~1585	성 바르톨로메오 축일의 대학살 발생
227	식스토 5세	Sixtus V	1585~1590	
228	우르바노 7세	Urbanus VII	1590	
229	그레고리오 14세	Gregorius XIV	1590~1591	
230	인노첸시오 9세	Innocentius IX	1591	
231	클레멘스 8세	Clemens VIII	1592~1605	
232	레오 11세	Leo XI	1605	
233	바오로 5세	Paulus V	1605~1621	
234	그레고리오 15세	Gregorius XV	1621~1623	
235	우르바노 8세	Urbanus VIII	1623~1644	
236	인노첸시오 10세	Innocentius X	1644~1655	
237	알렉산데르 7세	Alexander VII	1655~1667	
238	클레멘스 9세	Clemens IX	1667~1669	
239	클레멘스 10세	Clemens X	1670~1676	

1. 종교개혁 전반부

연도	종교개혁사	세계사	한국사
1320	• 종교개혁가 위클리프 탄생 (잉글랜드)		
1337		• 잉글랜드 에드워드 3세가 프랑스 왕위 계승권 주장 • 잉글랜드와 프랑스의 백년전쟁 (~1453) 시작	
1340		• 잉글랜드 함대가 프랑스 함대를 스로이스 해전에서 격퇴	
1346		• 에드워드 3세가 크레시 전투에서 프랑스군 격파 • 페스트 발발	• 고려,《편년강목》증보, 충렬왕, 충선왕, 충숙왕 3대 실록 편찬
1348		• 유럽 각지에서 페스트가 창궐해 농촌 인구 격감 • 프라하대학 창설	
1360		• 잉글랜드와 프랑스가 브리타니 화약 맺음.(백년전쟁 일시 휴전)	
1362		• 잉글랜드에서 영어를 법정과 의회의 공용어로 사용	
1364		• 프랑스 샤를 5세 즉위 후 잉글랜드와 교전	
1369	• 종교개혁가 후스 탄생(보헤미아)	• 잉글랜드와 프랑스가 백년전쟁 재개	• 고려, 원의 연호 사용 중지, 명에 사신 보냄
1376	• 교황 그레고리오 1세가 아비뇽의 교황청 폐위 • 위클리프 종교개혁에 나섬		• 최영 왜구 정벌
1378	• 위클리프가 로마 교황 비판 • 교황 그레고리오 11세 사망, 로마의 우르바노 6세와 아비뇽의 클레멘스 7세 교황이 있는 교회에서 대분열이 일어남		
1381	• 위클리프가 화체설 부인 • 잉글랜드에서 와트 타일러의 농민 폭동 발발 • 캔터베리 대주교 살해됨 • 위클리프가 농민 폭동 비판	• 토리노 조약으로 베네치아와 제노바가 화해해 지중해와 동방무역 장악	• 이인임을 문하시중으로 삼고, 최영을 수시중으로 삼음

연도	종교개혁사	세계사	한국사
1382	• 스코틀랜드가 존 위클리프의 사상을 이단으로 정죄		• 이성계가 동북면도 지휘사로 부임
1383	• 위클리프가 성서를 영어로 번역		
1384	• 위클리프 사망		• 최영을 문하시중에, 이성계를 수문하시 중에 임명
1392		• 신성로마제국 한자동맹 체결	• 고려 멸망, 조선 건국
1401	• 잉글랜드 의회에서 위클리프 파에 대해 화형 결정		
1403	• 프라하대학의 후스 추방	• 기베르트, 피렌체 성당 북문의 청동부조 〈이삭의 희생〉 제작	• 주자소 설치, 계미자를 만듦 • 하륜과 권근 등이 《동국사략》 편찬
1410	• 후스 파문 • 교황 요한 23세 즉위		• 하륜, 《태조실록》 편찬 • 주자소에서 서적 편찬
1415	• 후스 화형	• 명, 《성리대전》 출판, 주자학을 관학화함 • 해양왕 엔리케, 카나리아 제도에 탐험대 파견	• 연등행사 폐지
1417	• 콘스탄츠 공의회에서 마르티누스 5세를 통일교회의 교황으로 선출 • 교회 대분열 종결		
1418			• 세종 즉위
1419	• 보헤미아에서 후스 일파가 후스 처형에 항의해 후스전쟁 일으킴		• 상왕 정종 사망
1422		• 백년전쟁 재개 • 정화, 남해 원정에서 돌아옴	• 태종 사망
1424	• 미에스 전투에서 후스파가 신성로마제국 황제 지기스문트 격파 • 교황 클레멘스 8세 즉위	• 명의 영락제 제3차 타타르 정벌 도중 사망 • 정화, 제6차 남해 원정	• 평양에 단군사당 세움
1430	• 잔 다르크가 부르고뉴에서 체포됨		• 《농사직설》 반포
1431	• 후스파가 타우스 전투에서 황제 지기스문트의 군대 격퇴	• 정화, 제7차 남해 원정	
1436	• 후스전쟁 후 신성로마제국 황제 지기스문트와 후스파 화해		• 납활자, 병진자 만듦

연도	종교개혁사	세계사	한국사
1443			• 훈민정음 창제
1445		• 명나라 활자 인쇄술이 유럽에 전파	• 《용비어천가》 편찬 • 의학백과서 《의방유취》 365권 편찬
1450		• 구텐베르크가 유럽에서 처음으로 금속활자 인쇄술 발명	• 세종 사망, 문종 즉위 • 구리활자, 경오자 완성
1453	• 프랑스가 카스티움 전투에서 잉글랜드군을 격파 • 기엔 지역 회복 후 백년전쟁 종료	• 메흐메트 2세, 콘스탄티노플을 점령하고, 동로마제국을 멸함	• 수양대군이 김종서 등을 죽이고 정권 잡음(계유정난)
1455	• 구텐베르크가 금속활자로 성서를 최초로 인쇄	• 랭커스터가(붉은 장미 문장)와 요크가(흰 장미 문장) 간에 장미전쟁이 일어나 30년간 지속	• 단종, 수양대군에게 선위
1466	• 에라스무스 탄생		
1472	• 성 프란체스코 50주년을 기념해 가톨릭교회가 면죄부 대량으로 발행 판매		
1483	• 루터 탄생		
1484	• 인노켄티우스 8세가 〈마녀교서〉를 발표해 18세기까지 백만 명 이상의 여성이 마녀로 몰려 희생됨 • 츠빙글리 탄생		• 창경궁 완성 • 서거정, 《동국통감》 찬진
1485		• 장미전쟁 후 튜더 왕조 시작	
1489	• 토머스 크랜머 탄생		
1490	• 토머스 뮌처 탄생		
1492	• 교황 알렉산데르 6세가 교황 추대, 돈과 여자에 대한 추문이 끊이지 않음 • 그의 사생아 체사레 보르지아는 마키아벨리 《군주론》의 모델이 됨		
1494	• 종교개혁가 사보나롤라의 지도하에 공화정 수립 • 윌리엄 틴들 탄생	• 피렌체에서 메디치가 추방	
1495	• 존 후퍼 탄생		
1497	• 필립 멜랑히톤 탄생		
1500	• 예수 탄생 1,500주년 기념 면죄부 판매		• 해인사 《대장경》 간행

2. 종료개혁 후반부

연도	종교개혁사	세계사	한국사
1509	• 에라스무스, 《우신예찬》 출간 • 요한 칼빈 탄생	• 영국의 튜더 왕조 개조 • 헨리 8세 즉위	• 《경국대전》 간행
1513	• 마키아벨리, 《군주론》 저술		
1514	• 존 녹스 탄생		
1516	• 토머스 모어, 《유토피아》 출간		• 주자도감 설치
1517	• 루터가 교황 레오 10세의 면죄부 판매에 분노해 〈95개 반박문〉 발표, 본격적 종교개혁 시작(10. 31) • 교황 레오 10세가 면죄부 판매 공인 • 존 폭스 탄생	• 포르투갈 사신 말바레스가 서양인으로서 처음으로 광동 부근 상륙	• 김안국, 《여씨향약》 간행
1519	• 교황 레오 10세가 루터 파문 • 츠빙글리가 취리히에서 종교개혁 시작 • 테오도르 베자 탄생	• 마젤란 세계일주 항해 시작	• 조광조가 유배지에서 사약받고 죽음 • 기묘사화
1520	• 루터가 교황 파문장 불태움(12. 10) • 루터가 종교개혁 알리는 3대 책 《독일 기독교 귀족에게 고함》, 《교회의 바빌로니아 유폐》, 《그리스도인의 자유》 발간	• 마젤란, 마젤란해협을 통과해 태평양으로 나옴	
1521	• 헨리 8세가 루터를 비판하는 책을 써서 교황으로부터 '신앙의 수호자'라는 칭호 받음 • 신성로마제국은 보름스 제국의회에서 신교 금지하고 루터 추방	• 마젤란, 필리핀 군도에서 원주민에게 피살	
1522	• 루터의 독일어 번역 신약성서 간행	• 마젤란의 부하 엘카노 등이 최초로 세계일주 마치고 귀환해 지구가 둥글다는 것 입증 • 나관중, 《삼국지통속연의》 간행	• 비변사 설치
1523	• 제1회 취리히 종교개혁 토론회 개최		
1524	• 에라스무스, 《자유의지론》 간행	• 독일 남부의 슈바르츠발트 지역에서 농노제 폐지를 요구하는 농민전쟁 발생	
1525	• 농민전쟁을 선동한 혐의로 종교개혁가 토머스 뮌처 처형		
1526	• 신성로마제국 황제 카를 5세가 제1차 슈파이어 제국의회 개최 • 오스만투르크의 침략에 대처하기 위해 루터파 제후 용인	• 오스만투르크의 술레이만 1세가 모하치 전투에서 헝가리군 격파	

연도	종교개혁사	세계사	한국사
1527	• 헨리 8세가 이혼 문제로 로마 교황과 대립		
1529	• 카를 5세가 제2차 슈파이어 제국의회에서 1526년 제1차 회의에서 결정한 것을 철회하자, 루터파 제후들이 항의서(Protestatio) 제출, 여기서 프로테스탄트라는 명칭이 기원함		
1530	• 아우쿠스부르크 제국의회 개최 • 멜랑히톤에 의한 신앙 개조를 부인하고 루터파 배척을 결의한 아우쿠스부르크 신조 채택	• 코페르니쿠스가 지동설 주장	《신증동국여지승람》 찬진
1531	• 츠빙글리 전사 • 불링거가 계승	• 프로테스탄트 제후들의 슈말칼덴 동맹 결성	
1533		• 헨리 8세가 캐서린과 이혼하고 앤 불린과 재혼	
1534	• 루터가 성서를 독일어로 완역 • 칼빈의 회심 • 헨리 8세가 수장령을 공포해 로마 교황청과 단교하고 잉글랜드 국교회의 수장이 됨 • 가톨릭 내부 쇄신운동으로 예수회 창설		• 관복을 명나라식으로 개정
1535	• 토머스 모어가 잉글랜드 국교회에 반대해 런던탑에서 참수	• 오스만투르크 프랑스와 동맹해 특혜 무역 허용	
1536	• 존 칼빈이 제네바에 머무르며 《기독교 강요》 초판 간행 • 잉글랜드에서 수도원 해산, 앤 불린은 간통 혐의로 처형 • 에라스무스 사망 • 윌리엄 틴들 사망		• 군포 수납 과정에서 인징, 족징이 만연
1537	• 덴마크 크리스티앙 3세가 교회령을 반포해 루터파를 국교로 삼음	• 포르투갈, 마카오에 식민지 건설	
1538	• 칼빈이 제네바에서 추방됨	• 슐레이만 1세, 에스파냐, 베네치아, 교황 연합군을 프레베사 해전에서 격파하고 지중해 해상권 장악	• 기묘사화 관련자 사면
1541	• 칼빈이 제네바로 귀환해 종교개혁 일으킴	• 미켈란젤로, 〈최후의 심판〉 제작	• 진휼청 설치
1544	• 칼빈의 《기독교 강요》가 파리의 노트르담에서 불태워짐		• 중종 사망, 인종 즉위
1545	• 트리엔트 공의회가 개최되어 가톨릭과 프로테스탄트의 분리 확정		• 인종 사망, 명종 즉위 • 이언적, 《소학언해》 간행

연도	종교개혁사	세계사	한국사
1546	• 종교개혁가 루터 사망 • 신교도와 구교도 간 슈말칼덴 전쟁에서 슈말칼덴 동맹이 가톨릭 측 황제파에게 패함 • 스코틀랜드에서 조지 위샤트가 사형에 처해지자 추종자들이 추기경 데이비드 비튼을 살해하고 앤드류 성 점령		
1547	• 존 녹스가 성 앤드류 성에서 위샤트의 추종자에 합류 • 프랑스군이 스코틀랜드 프로테스탄트를 격파하고 녹스를 노예선의 노예로 끌고감	• 헨리 8세가 사망하고 9살의 에드워드 6세가 왕위에 오름 • 프랑스 앙리 2세 즉위	• 대마도주와 수호조약 개정(정미약조)
1549	• 서머셋과 크랜머에 의해 잉글랜드 국교회의 《제1공동기도서》 성립 • 녹스가 석방되어 잉글랜드로 가고, 에드워드 국왕 앞에서 설교	• 예수회 선교사 프란시스 사비에르가 가고시마에 상륙, 천주교 전파	• 상평창 면포를 백성에게 주어 곡식을 사게 함
1550	• 존 후퍼가 복장 논쟁을 일으킴 • 카를 5세가 종교개혁에 관한 글을 인쇄하거나 소유하는 것 금지함 • 네덜란드 종교재판소 설립	• 포르투갈 일본과 무역 시작	• 백운동서원이 명종으로부터 소수서원 편액을 하사받아 사액서원이 됨
1552	• 섭정 노섬벌랜드와 크랜머의 저술로 더 개혁적인 《제2공동기도서》 나옴		
1553	• 녹스가 프랑크푸르트로 피신해 잉글랜드 피난민에게 설교	• 에드워드 6세 사망 • 헨리 8세의 장녀 메리 튜더가 여왕 메리 1세로 즉위	
1554	• 녹스가 프랑크푸르트를 떠나 제네바로 이동	• 여왕 메리 1세가 에스파냐 왕자 펠리페와 결혼하여 파문 일으킴	• 경복궁 복구
1555	• 여왕 메리 1세에 의해 잉글랜드가 가톨릭으로 복귀하고 개신교도가 탄압받음 • 녹스가 스코틀랜드로 귀국해 종교개혁 확산시킴 • 최초의 개혁교회가 가톨릭 도시인 파리에서 조직됨 • 아우크스부르크 화의가 성립되어 신구교 선택권 허용함 • 존 후퍼가 화형당함	• 왜구가 명에 침입해 남경 안정문을 불태우고, 4,500명 학살	• 《경국대전주해》 완성 • 을묘왜변
1556	• 토머스 크랜머가 이단으로 정죄되어 화형당함 • 녹스가 제네바로 돌아가 영어권 설교자가 됨	• 카를 5세 퇴위, 페르디난트 1세 즉위 • 에스파냐에서 펠리페 2세가 왕으로 즉위	• 왜구에 대비하고자 무과 실시 • 이황, 《주자서절요》 완성
1558		• 메리 1세 사망 • 엘리자베스 1세 왕위 계승	

연도	종교개혁사	세계사	한국사
1559	• 엘리자베스 1세의 수장령 부활, 잉글랜드 국교회의 예배와 기도를 통일하는 〈통일령〉 반포		• 이황과 기대승 사이의 사단칠정에 관한 서신 왕래
1560	• 스코틀랜드에서 신교도가 장로교파 조직하고 잉글랜드 엘리자베스 1세와 제휴 • 필립 멜랑히톤 사망	• 명나라에서 복건 각지에서 유민이 봉기	• 이황이 도산서당 세움
1562	• 프랑스에서 위그노(칼빈파의 신도라는 뜻) 전쟁 발발(~1598)	• 오스만투르크의 헝가리 병합	• 임꺽정 황해도 토포사 남치근 등에 의해 포살 • 을묘왜변 진압
1564	• 종교개혁가 칼빈 사망	• 셰익스피어 탄생, 미켈란젤로 사망	
1567	• 프랑스에서 제2의 종교 전쟁 발생	• 스코틀랜드 메리 여왕의 왕권 박탈, 어린 아들 제임스에게 왕권 넘어감	• 선조 즉위
1572	• 성 바르톨로뮤 축일에 나바르의 왕 앙리와 샤를 9세의 누나 마르그리트의 결혼식에 참석차 파리에 모인 신교도들이 무참하게 학살되는 '성 바르톨로메오의 학살' 사건 발생, 위그노 전쟁 재개 • 신성로마제국 막시밀리안 2세가 신앙자유령 선포 • 존 녹스 사망	• 예수회 신대륙 선교를 시작함	• 조식, 기대승 사망
1587	• 존 폭스 사망	• 스코틀랜드 여왕 메리 처형	
1588		• 잉글랜드 해군이 에스파냐의 무적함대 격파 • 누르하치가 만주 전 지역 통일	• 선조, 성균관에 행차해 알성시 행함
1590	• 윌리엄 브래드포드 탄생		
1592		• 폼페이 유적 발견	• 임진왜란, 한산도대첩
1593	• 앙리 4세가 가톨릭으로 개종	• 오스만투르크와 신성로마제국의 전쟁	
1598	• 프랑스에서 낭트 칙령이 공포되고 신교도에 대한 신앙 자유가 인정되어 위그노전쟁 종결	• 도요토미 히데요시 사망으로 일본군 철수	• 이순신이 노량해전에서 사망
1599	• 올리버 크롬웰 탄생		
1603		• 엘리자베스 1세 사망 • 스코틀랜드 왕 제임스6세가 잉글랜드 왕 제임스 1세로 즉위	• 경재소 혁파
1605	• 테오도르 베자 사망		
1608	• 존 밀턴 탄생		
1619	• 102명의 청교도 필그림 파더스가 메이플라워호 타고 아메리카로 떠남	• 후금 누르하치가 심양에서 명군 대파	• 명의 요청으로 후금 정벌 원군 1만 100명 파견
1620	• 메이 플라워 호가 아메리카 플리머스에 상륙		
1624	• 조지 폭스 탄생		

연도	종교개혁사	세계사	한국사
1628	• 잉글랜드 의회에서 찰스 1세에게 의회의 권한을 확립하고 국왕의 절대성과 주권에 제약을 가하는 〈권리청원〉 제출 • 존 버니언 탄생		
1629	• 찰스 1세가 의회 해산		
1632	• 존 로크 탄생		
1637	• 스코틀랜드에서 영국국교회에 반대하는 민란 발생	• 데카르트, 《방법서설》 출간	• 인조, 청태종에게 삼전도에서 항복, 소현세자·봉림대군이 인질로 심양으로 잡혀감
1639	• 찰스 1세가 스코틀랜드를 지배하려 하자 제1차 주교전쟁 발발, 찰스 1세 패배	• 네덜란드가 에스파냐 해군 격파	• 청에서 왕의 입조를 요구했으나 거절
1640	• 스코틀랜드군대가 잉글랜드의 뉴캐슬과 덜함을 정복하여 제2차 주교전쟁 발발 • 찰스 1세가 전비 마련을 위해 의회(장기 의회) 소집, 왕과 의회 사이의 불화가 심해 청교도 혁명의 기운이 일어남		• 소현세자 일시 귀국
1641	• 캔터베리 대주교의 로드 투옥		
1642	• 찰스 1세의 왕당파와 의회파 사이에 전쟁 시작		• 청에서 임경업 압송 요청
1643	• 루이 14세의 즉위로 프랑스 신교도들이 탄압받기 시작함	• 태양왕 루이 14세 즉위	
1644	• 올리버 크롬웰이 마스턴 무어 전투에서 왕당파의 군대 격퇴 • 밀턴이 언론의 자유 주창	• 이자성에 의해 북경이 함락되고 의종(숭정제) 자살 • 청이 이자성 군대를 산해관에서 격파	• 소현세자 일시 귀국
1645	• 의회군이 네이즈비 전투에서 왕당군 격파	• 베스트팔렌 국제화평회의 개최	• 소현세자 아담 샬로부터 천문학, 산학, 천주교 관련 서적 등을 받아 영구 귀국 • 소현세자 사망
1647	• 찰스 1세가 스코틀랜드로부터 잉글랜드 의회군에 인도됨		
1648	• 10월에 베스트팔렌 조약 체결로 30년 전쟁이 종식됨 • 아우쿠스부르크 화의 원칙이 재확인되고 칼빈파의 공인과 독일 연방의 완전한 주권 인정 등으로 신성 로마제국이 실질적으로 소멸됨	• 잉글랜드에서 왕당군을 패퇴시킨 의회가 분열되어 독립파(중산 시민의 이해를 대표하는 파)가 장로파(제한 군주 정치를 실현하고자 하는 파)를 추방하고 의회를 구성하고 지배함(잔부의회)	
1649		• 찰스 1세 처형 • 잉글랜드에서 공화정 선포	• 김육이 충청도에 대동법 실시 주장

연도	종교개혁사	세계사	한국사
1650	• 찰스 2세가 유배지 네덜란드에 도착해 '엄숙한 동맹과 계약'에 서명해 스코틀랜드 왕으로 선언됨 • 크롬웰이 스코틀랜드로 진격해 대파하고 찰스 2세가 프랑스로 피난	• 오토 폰 게리케, 진공 펌프 발명	• 수차 제조, 전국 보급 • 충청도에 대동법 실시
1652	• 존 로크가 후견인인 존 오원이 부총장으로 있던 옥스퍼드대학에 진학	• 제1차 영국·네덜란드 전쟁 발발	• 강화에 행궁 수축
1653	• 크롬웰이 무력으로 잔부의회를 해산하고, 호국경이 됨 • 존 밀턴이 크롬웰의 라틴어 비서가 됨	• 러시아가 우크라이나를 병합	• 강화 방비의 강화를 위한 안흥진 설치
1657	• 윌리엄 브래드포드 사망		
1658	• 올리버 크롬웰 사망 • 크롬웰의 아들인 리처드가 권력 이어받음		
1659	• 위그노에 대한 적대감 증가 • 리처드 크롬웰 호국경 사임	• 태양왕 루이 14세 즉위	• 효종 사망, 현종 즉위 • 김장생, 《가례집람》 편찬
1660	• 많은 청교도가 반역죄로 투옥되거나 처형됨 • 밀턴이 소경이 되어 중벌을 면함 • 존 버니언 투옥 • 찰스 2세가 장로교회를 폐지하고, 주교를 임명하며 감독주의 확산	• 잉글랜드에서 왕정 복고가 이뤄져 찰스 2세가 왕위에 오름 • 최초의 일간지 《라이프치거 차이퉁겐》 발행	• 1차 예송논쟁
1667	• 존 밀턴, 《실락원》 출간	• 브레다조약 체결로 네덜란드 강화	
1674	• 존 밀턴 사망		
1678	• 존 버니언, 《천로역정》 출간	• 네이메헌 화약 성립으로 프랑스-네덜란드 전쟁이 종결	• 상평통보 주조, 금속화폐 전국 유통
1688	• 잉글랜드에서 명예 혁명 성공 • 제임스 2세 망명 • 〈권리장전〉 선포 • 비국교도에 대한 종교 자유령 선포 • 로크, 《종교적 관용에 관한 편지》 저술 • 존 버니언 사망	• 브란덴부르크 선제후 프리드리히 3세 즉위	
1691	• 조지 폭스 사망		
1704	• 존 로크 사망		

참고 문헌

공통

김홍기,《종교개혁사》, 지와사랑, 2004

서성록 외,《종교개혁과 미술》, 예경, 2011

오덕교,《종교개혁사》, 합동신학대학원출판부, 2010

올리비에 크리스탱, 채계병 역,《종교개혁》, 시공사, 2001

정준기,《청교도 인물사》, 생명의말씀사, 1996

톨스토이, 박형규 역,《톨스토이 민화집》, 삼중당, 1980(머리말에 들어간 〈지옥의 붕괴와 그 부흥〉은 이 책에서 인용했다.)

프란체스코 키오바로·제라르 베시에르, 김주경 역,《교황의 역사》, 시공사, 1998

Bainton Roland H.,《The Reformation of the Sixteenth Century》, Beacon Press, Boston, 1985 ;《16세기 종교개혁》, 크리스챤다이제스트, 1993

Fox, John, ed. Forbush. W. B.,《Fox's Book of Martyrs》, London, 1926 ; 한승용 역,《폭스의 순교사》, 말씀보존학회, 2011

Karl-Heinz zur Mühlen,《Reformation und Gegenreformation》, Göttingen, 1999 ; 정병식·홍지훈 역,《종교개혁과 반종교개혁》, 대한기독교서회, 2003

Lindberg, C. ed.,《The Reformation Theologians》, Blackwell Publishing Ltd, 2002 : 조영천 역,《종교개혁과 신학자들》, CLC, 2012

Lindsay Thomas M.,《A History of the Reformation》, Edinburgh:T. & T. Clark, 1907 ; 이형기 외 역,《종교개혁사》 I-II, 대한예수교장로회출판국, 1991

Wedgwood, C. V.,《The Thirty Years War》, New York Review Book, 2005 ; 남경태 역,《30년 전쟁》, 휴머니스트, 2011

1. 존 위클리프

_____,《De Civili Domino》, ed., R. L. Poole, London, 1885

_____,《교황권론(Potestate Pape)》, 1379

_____,《교회론(De Cclesia)》, 1378~79

_____,《하나님의 주권에 관한 3권의 책(De dominio divino libri tres)》

_____,《세속지배론(Tractatus de civili dominio)》

김봉수·백충현 공역,《개혁의 주창자들: 위클리프부터 에라스무스까지》, 두란노아카데미, 2011(제1부 중 위클리프의 글〈목회직론〉,〈성만찬론〉 참조)

A Companion to John Wyclif,《Late Medieval Theologian(Brill's Companions to the Christian Tradition: 4)》, ed., by Ian C. Levy. Leiden, Brill, 2006

John Adam Robson,《Wyclif and the Oxford Schools : The Relation of the "Summa de Ente" to Scholastic Debates at Oxford in the Later Fourteenth Century》, Cambridge University Press, 1961

Patrick Fraser Tytler(1826),《The Life of John Wickliff, Edinburgh: William Whyte and Co, and Maclachlan and Stewart》, published 1842, retrieved 2008

Stephen Edmund Lahey,《John Wyclif, Oxford》, Oxford University Press, 2009

2. 안 후스

_____,《교회론(De Ecclesia)》, 1413

_____,《성직 매매론》, 1413 ; 김봉수·백충현 공역,《개혁의 주창자들: 위클리프부터 에라스무스까지》, 두란노 아카데미, 2011

Richard Friedenthal,《Jan Hus. München》, 3. Auflage, 1984

Richard Friedenthal,《Jan Hus. Der Ketzer und das

Jahrhundert der Revolutionskriege》, 2. Auflage, 1987

Matthew Spinka, 《*John Hus : A Biography, Princeton, New Jersey*》, Princeton University Press, 1968

Josef Macek, 《*The Hussite Movement in Bohemia*》, Orbis Prague, 1958

3. 마르틴 루터

_____, 《그리스도인의 자유에 대하여(*Von der Freiheit eines Christenmenschen*)》, 1520 ; 지원용 역, 《루터선집》, vol. 5, 컨콜디아사, 1988

_____, 《노예의지론(*De servo arbitrio*)》 ; 이장식 역, 《루터선집》, vol. 6, 컨콜디아사, 1988

_____, 《교회의 바벨론감금(*Von der babylonischen Gefangenschaft der Kirche*)》, 1520 ; 지원용 역, 《루터선집》, vol. 7, 컨콜디아사, 1988

_____, 《독일 귀족 크리스찬에게 보내는 글(*An den christlichen Adel deutscher Nation*)》, 1520 ; 지원용 역, 《루터선집》, vol. 9, 컨콜디아사, 1988

_____, 《상담자 루터》 ; 지원용 역, 《루터선집》, vol. 11, 컨콜디아사, 1988

_____, 《루터의 탁상담화문(*Tischreden*)》 ; 지원용 편역, 《루터선집》, vol. 12, 컨콜디아사, 1988

_____, 김주한 역, 《루터와 에라스무스》 제2부, 〈노예의지에 관하여〉, 두란노 아카데미, 2011

Hans Lilje, 《*Luther*》, Rowohlt, Hamburg, 1997

Erikson, H.E., 《*Young Man Luther*》, The Norton Library, 1958 ; 최연석 역, 《청년 루터》, 크리스챤 다이제스트, 2000

Schib A., 《*Kinder des Ungehorsams*》, München, 1996 ; 이미선 역, 《불순종의 자식들》, 솔, 2011

4. 에라스무스

_____, 《격언집(*Adagia*)》, 1500

_____, 《엔키리디온(*Enchiridion militis Christiani*)》, 1503

_____, 《자유의지론(*De libero arbitrio*)》, 1524 ; 이성덕 역, 《루터와 에라스무스》, 두란노 아카데미, 2011

_____, 강민정 역, 《우신예찬(*Encomium Moriae*) : 바보 신 모리아, 어리석은 현자들을 비웃다》, 서해문집, 2008

롤란드 베인턴 저, 박종숙 역, 《에라스무스의 생애》, 크리스챤다이제스트, 2001

슈테판 츠바이크 저, 정민영 역, 《에라스무스 평전》, 아롬미디어, 2006

5. 멜랑히톤

_____, 《신학강요(*Loci communes rerum theologicarum*)》, 1521

Bimstein, U., 《*Der Humanist. Was Philipp Melanchthon Europa lehrte*》, Wichern, Berlin, 2010

Greschat, M., 《*Philipp Melanchthon, Theologe*》, Pädagoge und Humanist, Gütersloher Verlagshaus, 2010

Jung, H. M., 《*Philipp Melanchthon und seine Zeit* Vandenhoeck & Ruprecht》, Göttingen 2010

Schwab, Hans-Rüdiger, 《*Philipp Melanchthon. Der Lehrer Deutschlands. Ein biographisches Lesebuch*》, dtv, München 1997

6. 츠빙글리

Stephens, W.P., 《*Zwingli : An Introdution to His Thought*》, Oxford University Press, 1992 ; 박경수 역, 《츠빙글리의 생애와 사상》, 대한기독교서회, 2007

7. 칼빈

Strohm,C., 《*Johannes Calvin*》, München, 2009 ; 문명선·이용주 공역, 《개혁가 칼뱅》, 넥서스CROSS, 2009

Selderhuis, H., 《*Johannes Calvin*》, InterVarsity Press, 2009 ; 《칼빈》, 조승희 역, korea.com, 2011

Zweig, S., 《*Castellio gegen Calvin, S. Fischer*》, Frankfurt am Main, 1987 ; 안인희 역, 《폭력에 대항한 양심》, 자

작나무, 1998

8. 토머스 뮌처

Bloch, E., 《*Thomas Münzer als Theologe der Revolution*》, Frankfurt/M., 1977

Ebert K., 《*Thomas Müntzer*》, Frankfurt/M., 1987 ; 오희천 역, 《토머스 뮌처》, 한국신학연구소, 1994

9. 윌리엄 틴들

_____, 《토머스 경의 대화에 대한 응답(*An Answer to Sir Thomas More's Dialogue*)》, 1513

_____, 《그리스도인의 순종(*The Obedience of a Christen Man*)》, 1528

_____, 《악한 마몬의 비유(*The parable of the wicked mammon*)》, 1528

_____, 《고위 성직자들의 행태(*The practyse of prelates*)》, 1530

_____, 《토머스 모어의 대화에 의한 응답(*An Answer to Sir Thomas More's Dialogue*)》, 1531

Moynahan,B., 《*William Tyndale: If God spare my life*》, abacas, 2003 ; 김영우 역, 《신의 베스트셀러》, 황금가지, 2007

토머스 모어, 《이단에 관한 대화(*A Dialogue Concerning Heresies*)》, 1529

토머스 모어, 《틴들의 응답을 논박함(*The Confutation of Tyndale's Answer*)》, 1532~1533

10. 토머스 크랜머

Fox, John, ed., Forbush. W. B., 《*Fox's Book of Martyrs*》, London, 1926 ; 한승용 역, 《폭스의 순교사》, 말씀보존학회, 2011

Martin Bucher, 《그리스도의 나라에 관하여(*De regno Christi*)》, 1551

11. 존 녹스

_____, 《괴물 같은 여성 통치에 대한 첫 번째 나팔소리 (*The first blast of the trumpet against the monstruous regiment of women*)》, 1558

_____, 《스코틀랜드 종교개혁사(*The History of the Reformation in Scotland*)》, 1586~1587

_____, 서영일 역, 《하나님의 나팔수 : 존 녹스의 생애와 사상》, 기독교문서선교회

Rosalind Marshall, 《*John Knox*》, Edinburgh, Birlinn, 2000

Reid, W. S., (1974), 《*Trumpeter of God*》, New York ; 《*Charles Scribner's Sons*》, 1974

12. 존 폭스

Fox, John, ed., Forbush. W. B., 《*Fox's Book of Martyrs*》, London, 1926 ; 한승용 역, 《폭스의 순교사》, 말씀보존학회, 2011

13. 테오도르 베자

Muller, R.A., 《테오도르 베자》 ; Lindberg, C. ed., 《The Reformation Theologians》, Blackwell Publishing Ltd., 2002

《종교개혁과 신학자들》, 조영천 역, CLC, 2012

Alain Dufour, 《*Théodore de Bèze, poète et théologien*》, Droz, Genf, 2006,

Thomas Kaufmann, 《*Reformatoren. Vandenhoeck & Ruprecht*》, Göttingen, 1998

Vilaine Weben(Hrsg), 《*Théodore de Bèze. Un grand de l' Europe*》, Vézelay, 1519 ; Genève 1605. Édition, 《*Les bergers & les mages*》, Paris, 2000

14. 존 후퍼

_____, 《기독교 신앙의 경건한 고백과 항변》

_____, 《*The Seconde Booke of Tertullian unto his wyf*》, 1550

_____,《그리스도의 선포와 그의 공직(*A Declaration of Christ and his Office*)》, 1547

_____,《거룩한 십계명의 선포(*A Declaration of the Ten Holy Commandments*)》, 1548

H. Bullinger,《열 가지 설교들(*Decades*)》, 1549~1552

15. 윌리엄 브래드포드

_____,《플리머스의 식민 정착에 관하여(*Of Plymouth Plantation*)》, 1650

Philbrick, N.,《*Mayflower*》, New York, Penguin Group, 2006 ; 황정하 역,《메이플라워》, 바다출판사, 2009

16. 올리버 크롬웰

주연종,《영국 혁명과 올리버 크롬웰》, 한국학술정보, 2012

Martyn Bennett,《*Oliver Cromwell, Routledge*》, Abingdon 2006

Maurice Ashley,《*The Greatness of Oliver Cromwell*》, Macmillan, 1958

Peter Gaunt,《*Oliver Cromwell*》, Blackwell, 1996

17. 존 밀턴

_____,《종교개혁론(*Of Reformation*)》, 1641

_____,《스멕팀누스를 위한 반박(*Apology for Smectymnuus*)》, 1642

_____,《이혼론(*Doctrine and Discipline of Divorce*)》, 1643

_____,《잉글랜드 국민을 위한 두 번째 변호(*Defensio Secunda(Second Defence)*)》, 1654

_____,《감독제에 반대하는 이유(*The Reason of Church-Government Urged against Prelaty*)》, 1642

_____,《국왕과 관료들의 재직 조건(*The Tenure of Kings and Magistrates*)》, 1649

_____, 임상원 역주,《아레오파지티카》, 나남출판, 2001

_____, 김홍숙 편역,《실낙원》, 서해문집, 2006

박상익,《밀턴평전》, 푸른역사, 2008

조신권,《존 밀턴의 문학과 사상》, 동인, 2002

최재헌,《존 밀턴의 생애와 사상》, 역락, 2011

18. 조지 폭스

조지 폭스, 문효미 역,《조지 폭스의 일기》, 크리스찬 다이제스트, 1994

19. 존 버니언

_____,《공개된 몇 가지 복음의 진리들(*Some Gospel Truths Opened*)》, 1656

_____,《배드맨 씨의 생애와 죽음(*The Life and Death of Mr Badman*)》, 1680

_____,《거룩한 전쟁(*The Holy War*)》, 1682

_____,《*Pilgrim's Progress*》, The New American Library, Signet Classic, 1964 ; 이현주 역,《천로역정》, 범우사, 2004

_____,《*Grace abounding to the Chief of Sinners*》, Whitaker House, 1993 ; 이길상 역,《죄인 괴수에게 넘치는 은혜》, 규장, 2011

_____, 정은영 역,《대언자 되시는 예수 그리스도(*The Work of Jesus Christ as an Advocate*)》, 씨뿌리는 사람, 2007

20. 존 로크

_____,《*Two Treatises of Government*》, Cambridge University Press, 1967 ; 강정인 외 역,《통치론》, 까치, 1996

_____,《*Epistola de Tolerantia*》, London Oxford University Press, 1968 ; 공진성 역,《관용에 관한 편지》, 책세상, 2008

Udo Thiel,《*Locke*》, Rowohlt, Hamburg, 1990